现 代 出 版 学 精 品 教 材
XIANDAI CHUBANXUE JINGPIN JIAOCAI

现代书业企业管理学

第2版

朱静雯 主编

现代出版

苏州大学出版社

图书在版编目(CIP)数据

现代书业企业管理学／朱静雯主编. —2版. —苏州：苏州大学出版社，2013.2

现代出版学精品教材

ISBN 978-7-5672-0433-1

Ⅰ.①现… Ⅱ.①朱… Ⅲ.①图书—出版发行机构—企业管理—高等学校—教材 Ⅳ.①G231

中国版本图书馆 CIP 数据核字(2013)第 033376 号

现代出版学精品教材
Contemporary Publication Advanced Textbook

总策划

吴培华

现代书业企业管理学(第2版)

主　　编

朱静雯

责任编辑

薛华强

出版发行

苏州大学出版社
(苏州市十梓街1号　邮编　215006)

印　　刷

丹阳市兴华印刷厂
(丹阳市胡桥镇　邮编　212313)

开本　787 mm×960 mm　1/16
印张　18.5　**字数**　330千
版次　2013年2月第2版　2013年2月第1次印刷
书号　ISBN 978-7-5672-0433-1
定价　35.00元

苏州大学版图书若有印装错误，本社负责调换
苏州大学出版社营销部　电话：0512-65225020
苏州大学出版社网址　http://www.sudapress.com

编委会名单

出版者的话

“现代出版学丛书”自2003年出版第一辑后得到业界和教育界的广泛好评，根据编辑出版工作的实际需要和出版业人才培养的需求，我们又连续组织出版了三辑，共计四辑25种。

出版属于内容产业，创新是其不竭的灵魂。因此，对教材不断进行更新，以跟上出版业的快速发展是值得引起我们重视的一个重要课题。“现代出版学丛书”出版以来，出版业与出版工作已经发生了巨大的变化，首先，出版业转企改制工作已基本完成，出版业的管理理念、管理方法也随之发生了重大变化；其次，十七届六中全会提出了大力发展文化产业的要求，出版业面临着前所未有的发展机遇；而数字化出版的快速发展更是对出版业带来了巨大的冲击与挑战。在这样的背景下，业界同人纷纷建议对“现代出版学丛书”进行及时修订，鉴此，我们决定在原有基础上，根据学科建设的要求，精选其中10种，结合出版业的最新发展态势，进行了大幅度的修订补充，期望为我国的编辑出版专业打造一套高质量的现代出版学精品教材。

该套教材继续体现创新原则，吸收我国出版界的最新理论成果，反映出版界改革发展的最新动向。我们真诚地希望广大读者、教育工作者和理论研究者出于对这套教材的爱护，对其中的不足之处和疏漏讹误，不吝赐教。我们相信，我们对中国出版业的拳拳之心是共同的。

总　序

书籍，是人类传承文明的主要载体；近代兴起了报纸和杂志，于是文明传承又多了一种工具和媒介，从而新闻与出版并称。但是二者在传承文明过程中所起的作用和各自的特点有所不同。报纸杂志的时效性强、内容多样；书籍则传世久远、影响深远。二者相济，既及时反映了即时发生的情况，又引导人们思考过去、现在和未来，于是人类的文明得以播散和流传。

任何国家的新闻出版事业都是为自己国家的利益服务的，绝无功利的新闻出版事业从来不存在。过去，我国的新闻出版事业只注重了它的宣传作用，而忽略了它还有商品性的一面。这是计划经济导致的必然结果。改革开放以后，人们很快意识到了出版事业的二重性：意识形态属性和商品属性。我国的新闻出版业，一方面要发挥党和人民喉舌的作用，另一方面也要按照社会主义市场经济的规律去建设、发展、生产和流通，这两种属性是并行不悖、相辅相成的。只有按照市场经济的规律去建设、发展、生产和流通，才能更好地宣传科学的理论、正确的思想，弘扬正气，凝聚人心；也只有坚持正确的导向，乘市场经济的浪潮发展，才不致于迷乱了本性，才能为最广大人民的根本利益服务，才能在世界范围内形成自己的特色，参与国际出版业的激烈竞争。

无论是哪个国家的出版业，也无论从我国出版事业的哪一方面的属性来说，要使这一事业发展壮大，人才都是关键。特别是我国的出版事业正处在由传统的生产方式向现代生产方式转变的过程当中，人才的问题更加显得重要而急迫。

现代的出版业需求怎样的人才呢？我想，这样的人才除了应该熟悉现代新闻出版的经营方式方法之外，还需要有较高的理论素养、创新的意识和能力。后者也许比前者更为重要，因为经营的方式方法可以在实践中摸索、总结，而理论修养和创新能力却需要较长时间的积累和一定的悟性，需要良好的环境和条件的熏陶与培育。

如果以上述的标准衡量，应该承认，我国新闻出版界的人才结构和知识结构的确急需改善。同时我们应该看到，我国出版教育事业要承担起培养新型出版人才的历史重任，还有很多工作要做，还有很长的路要走。在诸多应该做的工作当中，编写出版具有理论深度的著作和具有时代特色的教材是其中最重要的基础性建设。

出版事业和社会生活几乎是同步前进的，在“知识爆炸”的今天，出版事业的发展可谓一日千里，也只有一日千里才能跟上时代。永远向前看，这是出版业的重要特征。因此，原有的读物显然已经不能完全满足当前的需要。现在出版的这套由我国新闻出版界一批著名专家策划并编写的“现代出版学丛书”，就是为了跟上出版业改革发展的形势，根据他们在这一领域中多年积累的经验、最新的发展动态、研究的最新成果和对未来的深刻思考编写而成的，供正在出版事业前沿努力奋斗的专业人员和有志于投身这一事业的年轻人学习之用。

参加策划和编写的专家，都在出版业的各个方面工作过多年，有的担任过出版业领导工作并长期从事出版理论研究，有的在出版教育领域耕耘时久，有的一直在出版部门从事实际工作。他们虽然分布在全国各地，专业也不尽相同，但是有着一个共同的特点，这就是始终紧跟时代的脚步，密切关注着国际上出版界的动态，苦苦思考着我国的出版业如何适应 **21** 世纪中国和世界的情况。

任何著作都不可能十全十美，因为就在作者研究、写作的时候，客观情况已经在变化了；再加上每个人占有的资料很难滴水不漏，观察的角度彼此或异，如果读者发现这套丛书还有什么不足和可议之处，我看应属正常。我们总不能等到一切都研究得完美了再来编写——实际上永远不会有这样一天，重要的是做起来，教起来，学起来。

我衷心希望这套丛书尽快出齐，在听取读者的意见后不断修改提高，使之成为具有权威性的读物和教材；我同时希望我国的出版教育界以这套丛书的出版为新的起点，加强科学研究，逐步形成和完善具有中国特色的出版理论体系，使我国的出版事业不仅在数量和质量方面达到与我国的国际地位相应的水平，出色地承担起传承人类文明的重任，而且在理论建树和人才储备方面也能令世界刮目相看。

許嘉璐
于日读一卷书屋

目录

第一章

1

绪　论

管理是人类最重要的活动之一。人类在与大自然抗争求生存的过程中,面临着诸多威胁和各种问题,单个的人几乎无法应对,于是,人们不得不结成群体,与大自然的威胁抗衡,从而获取个人无法获得的生存与发展机会。这一群体是组织最初的形式,而作为协调人群、促使每个人努力工作以便实现群体共同目标的活动——管理便产生了。也就是说,当人们只有并且必须通过群体的努力才能实现个人无法实现的目标时,管理的出现才是必要的,也是必然的。

管理的作用是随着社会的发展和组织规模的不断壮大而日益显著的。如果说简单的组织只需要简单的管理,管理的重要性还无法凸显的话,那么,在网络经济和经济全球化的时代,组织的规模越来越大,组织所面临的环境越来越复杂,组织的业务活动范围越来越广泛,因此,管理已成为影响组织存亡的关键要素。

虽然最早的管理实践可以追溯到远古的人类群居时代,但是,作为一门由系统理论构建的学科——管理学,至20世纪初才出现,其代表作是弗雷德里克·泰勒(Frederick W. Taylor)的《科学管理原理》。在管理学产生以后的一个世纪中,管理学理论经历了古典管理理论、行为科学和管理科学三个阶段,出现了科学管理学派、管理过程学派、系统管理学派、管理科学学派、社会系统学派、决策理论学派、权变理论学派等诸多流派,已形成庞大的管理学理论体系。从管理学学科的内容来看,战略管理、组织管理、人力资源管理、质量管理、营销管理、信息管理等构成了管理学的经典内容,这些内容还在不断地充实、细化、交叉和发展,成为独立的分支学科。

书业企业管理学作为管理学的一个分支学科,是研究书业企业管理活动及其规律的一门科学,它主要是从书业企业的外部环境和内部管理两个方面进行研究的。书业企业管理学是管理学的基本理论和方法与书业企业管理实践相结合的产物,因此,其基本的理论与框架,乃至一些具体的方法和手段,都与管理学基本一致,是管理学理论通用性的充分体现。但是,一门学科的存在,必然有其特殊性,书业企业管理学的特殊性在于其鲜明的产业特征,以及出版物这种商品特殊的精神文化属性。基于此,书业企业管理学一方面探讨如何将管理学的基本理论与方法有效地应用于书业企业管理的实践中;另一方面则研究书业企业管理实践的特殊性,以充实管理学的理论,并形成自己独特的管理方法和手段。总之,书业企业管理学的目的是通过研究书业企业管理活动及其规律,为书业企业管理实践提供理论上的支撑。

第一节 管理的内涵

一、管理的定义

管理是什么？自从管理学产生以来，很多管理学家都给管理下过定义，其中有代表性的包括以下几种。

科学管理之父泰罗认为，管理是“确切地知道你要别人去干什么，并使他用最好的方法去干”①。其理论的核心是：管理者如何激励员工努力工作以获得最大的工作业绩？员工如何寻找和掌握最好的工作方法以提高效率？

法国著名的管理学家亨利·法约尔认为，管理是所有人类组织（不论是家庭、企业或政府）都有的一种活动，这种活动由五项要素组成：计划、组织、指挥、协调和控制。② 这一定义的提出，在管理学领域产生了重大的影响，成为“管理”古典定义的代表。计划——预测未来和拟订一个行动计划；组织——建立一个从事活动的双重机构（人的机构和物的机构）；指挥——维持组织中人员的活动；协调——把所有的工作结合起来，使之统一并和谐；控制——使所有的事情都按照已定的计划和指挥完成。

美国著名的管理学家、诺贝尔经济学奖获得者赫伯特·西蒙认为，“管理即制定决策”③。其定义的核心是：管理者所做的一切工作归根结底是在面对现实与未来、环境与员工时不断地做出各种决策，使组织的活动可以有效地、正常地运行下去，直到获取满意的结果，实现令人满意的目标。

小詹姆斯·H.唐纳利等人在美国商学院使用频率很高的教科书《管理学基础——职能、行为、模型》一书中认为：“管理就是由一个或更多的人来协调他人的活动，以便收到个人单独活动所收不到的效果而进行的各种活动。”④

---

① ［美］泰罗．科学管理原理．北京：中国社会科学出版社，1980：157．

② ［法］法约尔．工业管理与一般管理．北京：中国社会科学出版社，1980：10．

③ ［美］赫伯特·西蒙．管理决策新科学．北京：中国社会科学出版社，1982：37．

④ ［美］小詹姆斯·H．唐纳利，等．管理学基础——职能、行为、模型．北京：中国人民大学出版社，1981：18．

从以上观点来看,管理应该包括三方面的内容:首先,管理是一种活动,是在特定组织、特定时空环境下发生、发展直至结束的动态过程;其次,管理是有目的的,这一目的与管理者欲达成的目标有关;再次,实现组织目标是需要资源的,但资源是有限的,因此,达成组织目标需要有一个成本与收益的比较,有一个投入与产出的衡量。

根据以上分析,我们可以给管理下一个定义——管理是在特定环境下,对组织的资源进行有效整合,以便实现组织既定目标的过程。

二、管理的特性

从管理的定义可以看出,管理活动包括以下四个方面的内容:第一,管理是为实现组织目标服务的,是一个有意识、有目的的过程。管理是任何组织不能或缺的,但又不是独立存在的,它只能服务于组织目标的实现。第二,管理活动的过程是由一系列相互关联的、连续进行的活动构成的,这些活动包括计划、组织、指挥、协调和控制,这些活动构成了管理的基本职能。第三,管理活动是通过整合各种资源来实现组织的既定目标的。第四,管理活动是在特定的环境下进行的,有效的管理必须充分考虑组织内外的特定条件。

管理的特性主要有动态性、科学性、经济性和创造性四个方面。

1. 动态性

管理的动态性特征源于两个方面:第一,管理活动运行的环境与组织是变化的;第二,在资源配置的过程中有许多不确定性。每个组织所处的环境不同,组织的目标与所从事的行业也不相同,这导致了每个组织中资源配置的不同和管理模式的不同。

2. 科学性

管理的科学性是指管理活动是有规律可循的。管理活动尽管是动态的,但是,还是可以将其分为两大类:一类是程序性活动;另一类是非程序性活动。程序性活动是指有章可循,照章运作就可取得预想效果的管理活动;而非程序性活动则是指无章可循,需要边运作边探讨的管理活动。这两类活动可以互相转换,程序性活动是通过对非程序性活动规律的科学性总结得来的,这正是管理科学性的体现。

3. 经济性

资源配置是需要成本的,因此,管理具有经济性。首先,管理的经济性体现在资源配置的机会成本上,选择一种资源配置方式是以放弃另一种资源配置方式为代价的;其次,管理的经济性体现在管理方式方法的选择上,不同的管理方式和方法,其所产生的费用是不同的;再次,管理是对资源进行有效整合的过程,而选择不同资源以及整合的方式,也存在成本问题。

4. 创造性

由于管理对象分别处于不同的环境、不同的行业、不同的资源条件等状况下,因此,对每一个具体管理对象的管理没有唯一的、完全有章可循的模式,特别是对那些非程序性的活动和全新的管理对象的管理,更是如此。具体管理活动的成效与管理者创造性和技巧的发挥密切相关,成功的管理体现了管理者设计和操作管理活动的创造性与艺术性,此外,对管理方式、管理手段以及管理风格的选择也体现了管理者的创造性。

三、管理的目标

1. 管理的目标与组织的目标

一般意义上的管理没有其独立的目的和目标,它必须与组织联系在一起,它是为实现组织的目标而存在的。也就是说,管理的目标是与组织的目标连接在一起的。在这个前提下,具体管理活动一定有一个欲实现的目标,它使这一具体的管理活动成为必要。具体管理活动的目标规定了它行进的方向,而这一方向又必须符合组织总体目标的规定。组织既定目标是通过一系列具体管理活动目标而逐步实现的。组织既定目标可按层级纵向分解或按不同领域横向分解,这些分解后的小目标既是具体管理活动的目标,又可以通过集合构成组织既定目标。

2. 功利性目标和非功利性目标

组织既定目标具有双重特性:功利性和非功利性。功利性是指组织既定目标设定的核心特性。例如,企业作为一个经济组织,其既定目标是最大利润或满意利润,这是企业运行的根本理由,是企业组织功利性的体现;又如,高等学校的既定目标是培养优秀人才和多出科研成果,这一目标也是功利性的。非功利性则是指在组织既定目标实现过程中所获得的非既定设想的其他价值。例如,企业在实现利润最大化的同时,创造了企业文化,培养了一批有专长的高级人才,承担了一定的社会责任,这些价值的获得体现了组织既定目标的非功利性。①

---

① 芮明杰.管理学:现代的观点.上海:上海人民出版社,1999:8.

3. 营利性与非营利性

根据组织的终极目标,可以将组织分为营利性组织和非营利性组织。以追求利润最大化和资本增值保值为终极目标的组织称为营利性组织;以满足社会利益和履行社会责任为终极目标的组织称为非营利性组织。营利性组织的终极目标的实现程度,可以通过市场这一绩效指标来衡量;而非营利性组织的终极目标的实现程度,往往需要通过一些定性的和相对主观的指标加以衡量。

4. 投入与产出目标

一个组织要进行运转,必须拥有一定的资源,这些资源包括人、财、物、信息等。组织获得这些资源的过程构成了组织的“投入”,对所获资源的运用所产生的成果,统称为组织的“产出”。其具体表现为医院治愈的病人、学校培养出的人才、出版企业生产出的出版物、服务企业提供的各项服务,等等。不同类型的组织,其“产出”的表现形式不尽相同,但是,大部分产出可以从以下几个方面加以衡量:①

(1) 产量与期限。产量是从生产多少产品或者提供多少服务项目来反映产出水平的。产品的数量可以用实物指标或货币指标(产值、销售额)来衡量。当然,任何产出都必须在规定的时间里完成才有意义,离开了时间的规定,任何数量指标都将失去意义。

(2) 品种与质量。无论是产品还是服务项目,都必须符合市场的需求。质量和品种是对产出更内在、更本质的规定。

(3) 成本。将产出控制在一定成本之内,这种控制通常是建立在单位产品或服务预算的基础上的。

5. 效率与效果

组织的绩效目标是对组织所取得的成果与所运用的资源之间转化关系的一种更全面的衡量。组织绩效的高低可以用效率和效果来衡量。②

效率(efficiency)是指投入与产出的比值,它可以用设备利用率、劳动生产率、资金周转率以及单位产品成本等来衡量,这些是对组织效率性的衡量。由于组织获取资源是有代价的,因此,管理者必须关心这些资源利用的效率。以同样的投入能获得更多的产出,就体现了高效率;同样,如果以较少的投入获得了同样的产出,也体现了高效率。然而,仅仅有高效率是不够的。高效率必须建立在

---

① 王凤彬,李东. 管理学(第2版). 北京:中国人民大学出版社,2003:7-8.

② 王凤彬,李东. 管理学(第2版). 北京:中国人民大学出版社,2003:8.

组织目标正确的基础上,这个正确目标就是效果(effectiveness)。效果的具体衡量指标有销售收入、利润额、利润率等。

效率和效果既有联系又有区别。效率涉及的是活动的方式,只有高低之分,没有好坏之别;效果则涉及活动的目标和结果,不仅有高低之分,而且还有好坏之别。好的效果意味着"做正确的事";高效率意味着"正确地做事"。因此,只有在好的效果的前提下,高效率才是有意义的。

四、管理的职能

管理是一种整合资源的活动,活动的主体是人,而活动的客体则是资源。作为管理客体的资源,不仅仅局限于组织内的人力资源,还包括组织拥有的物质资源、信息资源、金融资本以及这些资源的配置场所、对象和过程等。管理主体对管理客体实施管理以实现组织既定目标,即为管理过程。

管理过程包含着巨大的不确定性,其原因有以下三个方面:第一,管理客体的不确定性。这里的不确定性是指确定客体的条件是不确定的。例如,虽然作为组织内的人力资源是确定的,但是,这些人力资源能否达到最佳状态是不确定的,它受到个人当时心情、身体状态、思想、偏好等方面的影响。第二,管理运行时空的不确定性。管理过程是在特定的时空中展开的,这种时空既有确定性,又有不确定性。其不确定性主要体现在时空本身也在随着管理过程的展开而不断运动。时空的不确定性是战略管理中最难把握的。第三,管理效果的不确定性。

由于管理过程充满了诸多不确定性,这些不确定性阻碍了资源的有效配置和组织既定目标的实现,因此,管理主体必须寻找一些方法和手段降低管理过程中的不确定性,使实际结果与预期目标相一致。这些方法和手段就是贯穿于整个管理过程的计划、组织、指挥、协调和控制,它们被称作管理的职能。

1. 计划

计划(plan)是确定组织目标,制定整体战略以实现这些目标,并将目标逐层展开,以便协调和将各种活动一体化的过程。从计划的定义可以看出,计划既涉及目标的制定(做什么),也涉及达到目标的方法(怎么做)。计划的作用有以下五个方面:第一,计划是一个协调的过程,它给管理者和非管理者指明了方向。当所有组织成员了解组织目标以及实现目标的方法时,他们才能协调行动,互相合作,高效率地实现组织目标。第二,计划通过督促管理者展望未来,预见变化以及变化的冲击,从而制定有效的对策。第三,计划可以减少管理过程的不确定性,使管理者能够预见行动的结果。第四,计划还可以减少重叠性和浪费性行为。第五,计划通过设立目标和标准对管理过程实施控制。

计划可分为战略计划和作业计划、短期计划和长期计划、具体计划和指导性计划。战略计划(strategic plans)是指应用于整体组织的,为组织设立总体目标和寻求组织在环境中的地位的计划;作业计划(operational plans)是指规定总体目标如何实现的细节计划。短期计划(short-term plans)指一年以内的计划;长期计划(long-term plans)指2~5年甚至更长时间的计划。具体计划(specific plans)是具有明确规定的目标,不存在模棱两可,也不会引起误解的计划;指导性计划(directional plans)是指规定一些一般方针的计划,它指出重点但不把管理者限定在具体的目标或是特定的行动方案上。①

2. 组织

组织(organize)职能决定了组织要完成的任务是什么,谁去完成这些任务,这些任务怎么分类组合,谁向谁报告,各种决策应在哪一层级上制定,这一部分请参见本书第四章"书业企业组织管理"。

3. 指挥

指挥(command)是指领导组织内的所有成员同心协力地去执行组织的计划,实现组织的目标。指挥包含四个方面的功能:第一,及时根据外界环境的变化,指导组织内全体成员与资源配合去适应环境,并采取适当的行为;第二,调动组织内成员的积极性,激励他们奋发向上,为他们创造发展的机会;第三,有效地协调组织内的人际关系,创造一个良好的工作氛围,降低内耗;第四,督促组织内成员尽自己最大努力,按照组织既定的目标和计划,做好自己的本职工作。②

4. 协调

协调(coordinate)是指将资源按照规则和配比进行安排的一种活动,也是将专业化分工条件下各自工作主体的行为进行有序统一的活动。③ 专业化分工一方面可以提高工作效率,但另一方面,专业化分工也导致了不同工作主体之间配合问题的出现,如果配合不好,则可能使组织总体效率下降,甚至产生负效应。为了防范不同工作主体之间配合不好这种状况的出现,就需要对不同工作主体

---

① [美]罗宾斯(Robbins, S. P.),著;黄卫伟,等译.管理学(第四版).北京:中国人民大学出版社,1997:153.

② 芮明杰.管理学:现代的观点.上海:上海人民出版社,1999:10-11.

③ 芮明杰.管理学:现代的观点.上海:上海人民出版社,1999:11.

进行协调,以消除由于专业分工产生的不和谐因素。

5. 控制

控制(control)是监督各项活动的实施,以保证其按计划进行并纠正各种重要偏差的过程。① 所有的管理者都应当承担控制的职责,一个有效的控制系统能够保证各项行动的方向与组织的既定目标保持一致。控制系统越完善,管理者实现组织的目标就越容易。

第二节 管理理论的发展

管理理论的产生与发展,是管理主体和管理研究者在管理实践中对管理活动规律的认识与总结的过程,它与管理实践活动密切相关。管理理论通过对管理实践的总结,形成对管理活动系统化的认识,并进一步提升为管理理论和管理思想,这些管理理论和管理思想又反过来指导和推动管理实践活动。

一、古典管理理论

科学管理理论是19世纪末、20世纪初在美国产生的。科学管理的产生是管理理论发展史上的重大事件,是管理从经验走向科学的第一步,它对管理理论的发展起到了巨大的推动作用。对科学管理理论的产生与发展做出突出贡献的人物有泰罗、法约尔、韦伯,他们分别对生产作业活动的管理、组织的一般管理、行政性组织的设计提出了系统的理论。

1. 科学管理

1911年,泰罗的《科学管理原理》一书出版,这标志着现代管理理论的诞生。这本书阐述了科学管理(scientific management)理论,其核心是应用科学方法确定从事一项工作的"最佳方法"。这一理论很快被世界范围内的管理者普遍接受。泰罗的理论及其研究活动,确立了他作为科学管理之父的地位。

弗雷德里克·温斯洛·泰罗(Fredric Winslow Taylor,1856—1915)大部分

---

① [美]罗宾斯(Robbins, S. P.),著;黄卫伟,等译.管理学(第四版).北京:中国人民大学出版社,1997:476.

工作生涯是在美国宾夕法尼亚的米德韦尔和伯利恒钢铁公司度过的。当时美国的工商业迅猛发展,资本雄厚,但劳动力缺乏,企业管理水平低下。其突出表现为:工人劳动时间长、劳动强度大、生产效率低、工资低、劳资关系紧张等。泰罗作为一名机械工程师,对其所在公司工人的低效率时常感到震惊,于是,他开始寻求从事每项工作的“最佳方法”。其中最具代表性的实验是“生铁搬运试验”。他选择一个身体强壮的搬运工,系统地分析他搬运生铁的每一个动作及所花费的时间,从而总结出搬运生铁的最佳动作和有效方法。此外,他还将铁锹的大小与所铲材料的重量结合起来,从而大幅度提高了劳动效率。采用类似的方法,泰罗便能确定每一项工作的最佳方法,然后,选择适当的工人并培训他们严格按最佳方法从事工作。总体来说,泰罗通过“最佳方法”取得了生产率在200%甚至更高范围内的持续改进。

科学管理的核心在泰罗的科学管理四原则中得到了充分的体现:

(1) 通过动作和时间研究法对工人工作过程的每一个环节进行细致的观察和科学的分析,制定出标准的操作方法,用以规范工人的工作活动以及工作定额,从而提高劳动生产率。

(2) 科学地挑选工人,并对他们进行培训教育,以提高其劳动技能,使其能够按规定的工作标准进行操作。

(3) 真诚地与工人合作,以保证一切工作都按已形成的科学原则去办。

(4) 管理者和工人都必须对各自的工作负责。

2. 一般管理理论

与科学管理同时代的另一批管理思想家也在思考管理问题,不过,他们关注的不是作业过程,而是整个组织,他们中的杰出代表是法国的亨利·法约尔(Henri Fayol)和德国的马克斯·韦伯(Max Weber)。

1916年,法约尔出版了《工业管理与一般管理》一书,在书中他提出了各类组织管理的五大职能和有效管理的14条原则。法约尔将工业企业中的活动分为六大类,即技术活动、商业活动、财务活动、生产活动、会计活动和管理活动,管理活动本身又分为计划、组织、指挥、协调和控制五大职能。他认为成功的管理不完全取决于个人的管理能力,更重要的是管理者能够在管理实践中灵活地运用他所提出的14条管理原则。这些原则是:

(1) 工作分工。工作分工的专业化可以提高雇员的工作效率,从而增加产出。

(2) 权责对等。管理者必须拥有命令下级的权力,但这种权力又必须与责任相匹配。

(3) 纪律。雇员必须遵守和尊重管理组织的规则,领导者以身作则,使管理者和员工都对组织规章有清楚的认识,明智地运用惩罚,以对付违反规则的行为。

(4) 统一指挥。每一个雇员应当只接收来自一位上级的命令。

(5) 统一领导。每一组具有同一目标的组织活动,应当在一位管理者和一个计划的指导下进行。

(6) 个人利益服从整体利益。任何雇员或雇员群体利益不应当置于组织利益之上。

(7) 报酬。对雇员的劳动必须付给公平的报酬。

(8) 集中。集中是指下级参与决策的程度。决策制定是集中还是分散,只是一个适度的问题,管理当局的任务是找到每种情况下最适合的集中程度。

(9) 等级链。从最高层管理到最低层管理的直线职权代表了一个等级链,信息应当按等级链传递。但是。如果遵循等级链会导致信息延误,则允许横向交流,条件是所有当事人同意并通知各自的上级。

(10) 秩序。人员和物品应当在恰当的时间处在恰当的位置上。

(11) 公平。管理者应当友善地和公平地对待下级。

(12) 人员稳定。雇员的高流动性是低效率的,管理当局应当提供有规则的人事计划,并保证有合适的人选接替职务的空缺。

(13) 首创精神。允许雇员发起和实施他们的计划,这将会调动他们的热情。

(14) 团结精神。鼓励团队精神将会在组织中建立起和谐与团结。

3. 行政组织理论

马克斯·韦伯是德国的社会学家,他在20世纪早期提出了一种权威结构理论,并依据权威管理来描述组织活动,在此基础上,他提出一种被他称为官僚行政组织(bureaucracy)的理想组织模式。这种模式是一种体现劳动分工,有着明确的等级关系、详尽的规章制度以及非人格化的相互关系、人员的正规选拔及职业定向等特征的组织系统。对于这种组织的管理,他提出以下6条原则:

(1) 劳动分工。工作应当分解为简单的、例行的和明确定义的任务。

(2) 职权等级。公职和职位应当按等级来组织,每个下级应当接受上级的控制和监督。

(3) 正式的选拔。所有组织成员都是依据培训、教育或正式考试取得的技术资格选拔的。

(4) 正式的规则和制度。为了确保全体雇员活动的一贯性,管理者必须制定正式的组织规则。

(5) 非人格性。规则和控制的实施具有一致性,应避免掺杂个性和雇员的个人偏好。

(6) 职业定向。管理者是职业化的官员,而不是他所管理单位的所有者,他们领取固定的工资,并在组织中追求他们职业生涯的成就。

以上三种管理理论虽然侧重点不同,但它们有两个共同的特点:一是把组织中的人看做"机器",忽视了它们作为"人"的需要和行为;二是没有看到组织与外部的联系,只关注组织内部的问题。

二、行为管理理论

古典管理理论把人看做简单的生产要素,是像机器一样的"工具人",只考虑如何利用人来实现组织的目标,而忽视了人性的特点。20世纪20年代中期,产生了人际关系学说和行为管理理论,这些学说和理论开始注意到"人"具有不同于"物"的特殊性,需要管理者采取不同于物的方式进行管理。其中,埃尔顿·梅奥(Elton Mayo)的"人际关系学说"和道格拉斯·麦克雷戈的"人性假设理论"最具代表性。

1. 霍桑试验与人际关系学说

霍桑研究(Hawthorne studies)开始于1924年,是在美国西方电气公司(Western Electric)设在伊利诺州的霍桑工厂中实施的,也称霍桑试验。实验是根据科学管理理论中关于工作环境影响工人劳动生产率的假设,进行照明度与生产效率关系的研究,试图通过对照明强弱变化与产量变化之间关系的研究,为合理设定工作条件提供依据。但实验的结果却发现工作条件的好坏与劳动生产率的提高并没有必然的联系,这是科学管理理论无法解释的。基于这种结果,哈佛大学教授埃尔顿·梅奥进行了一系列的后续调查、试验和采访工作,结果表明:人的心理因素和社会因素对生产效率有极大的影响。通过对霍桑试验结果的研究和总结,1933年,梅奥出版了《工业文明中的人的问题》一书,提出了人际关系学说。

人际关系学说的主要观点:

(1) 以前的管理把人假设为"经济人",认为金钱是刺激其积极性的唯一动力;霍桑实验证明,人是“社会人”,是复杂的社会关系的成员,因此,要调动工人的积极性,还必须从社会和心理方面去努力。

(2) 以前的管理认为生产效率主要受工作条件和工作方法的制约,霍桑实验证实了工作效率主要取决于职工的积极性,取决于职工的家庭和社会生活及组织中人与人的关系。

(3) 以前的管理只注意组织机构、职权划分、规章制度等,霍桑实验发现除了正式团体外,职工中还存在着非正式团体,这种无形组织有它特殊的感情和倾向,左右着其成员的行为,对提高生产效率有举足轻重的作用。

(4) 以前的管理对工人的思想感情漠不关心,而霍桑实验证明,管理人员,尤其是基层管理人员,应该像霍桑试验人员那样重视人际关系,设身处地地关心下属,通过积极的意见交流,达到感情上的沟通。

2. 人性假设理论

1957 年,哈佛大学和麻省理工学院心理学教授道格拉斯·麦克雷戈发表了《企业的人性面》一文,提出了人性假设理论。麦克雷戈认为,管理者对员工有两种截然不同的看法,相应地,就会采取完全不同的管理方法,他将这两种不同的人性假设为“X 理论”和“Y 理论”。

X 理论认为:

(1) 一般人天性好逸恶劳,只要可能,就会逃避工作。

(2) 人天生就以自我为中心,漠视组织要求。

(3) 一般人缺乏进取心,逃避责任,甘愿听从指挥,安于现状,没有创造性。

(4) 人们通常容易受骗,易受人煽动。

基于这种对人做出的“性本恶”的判断,管理者必然会在管理中对员工采取强制、惩罚、解雇等手段,迫使他们工作。

Y 理论认为:

(1) 一般人天性并不好逸恶劳,工作中体力和智力的消耗就像游戏和休息一样自然,人们对工作的好恶取决于他们对工作带来的满足和惩罚的理解。

(2) 外来的控制和惩罚并不是促使人们为实现组织目标而努力工作的唯一方法,甚至可以说它不是最好的方法;相反,如果让人们参与制定自己的工作目标,则有利于实现自我指挥和控制。

(3) 在适当的条件下,一般人能主动承担责任,不负责任、缺乏雄心壮志并不是人的天性。

(4) 大多数人都具有一定的想象力、独创性和创造力。

(5) 在现代社会中,人的智慧和潜能只是部分地得到了发挥。

基于这种对人做出的"性本善"的判断,管理者在管理行为上会采取以人为中心的、宽容的、民主式的管理方式,使员工的目标与组织的目标有机地结合起来,并为员工发挥其智慧和潜能创造有利条件。

总之,行为管理理论的产生和发展,改变了人们对管理的思考视角,它使管理者将员工视为需予以保护和开发的宝贵资源,而不是简单的生产要素,从而强调从人的需求、动机、相互关系和社会环境等方面,研究管理活动执行结果对组织和个人成长的双重影响。

三、管理科学理论

管理科学理论又称为运筹学或定量管理理论,它产生于20世纪50年代。管理科学理论的主要特征有以下四个方面:第一,以决策为主要着眼点,认为管理就是决策;第二,以经济效果标准作为评价管理行为的依据;第三,依靠数学模型,即以数学形式来表达解决问题的办法,因此,建立合适的模型就成为管理行为可行性的前提条件;第四,依靠计算机运算,从而得出量的结论。

科学管理中所采用的数学模型可以分为两大类:描述性模型和规范性模型,其中又可各自分为确定性模型和随机性模型两种。目前,管理科学中比较流行的数学模型有:①

(1) 决策理论模型;

(2) 盈亏平衡点模型;

(3) 库存模型;

(4) 资源配置模型;

(5) 网络模型;

(6) 排队模型;

(7) 模拟模型。

随着社会经济的迅速发展和科学技术的进步,许多新的管理思想和理论不断涌现。例如,20世纪60年代出现的系统管理理论和权变理论,20世纪90年代出现的公司再造理论和学习型组织,这些理论为管理实践提供了全新的理念和方法。

① 芮明杰.管理学:现代的观点.上海:上海人民出版社,1999:45-46.

第二章

2

出版管理体制

书业企业作为市场经济活动的主体,与其经营管理有关的一系列活动,如经营范围、发展空间、企业活力、运作机制等无不受到国内外政治、经济、文化、科技等宏观环境的影响,其中国家的出版管理体制是最直接、最重要的因素。

出版管理体制是指国家在出版业管理机构设置、领导隶属关系、管理职能权限、管理制度和运行机制等方面一系列制度的总和。新中国成立以来,我国的出版管理体制随着国家政治、经济体制的变革发生了很大变化,这种变化既表现在管理机构的更替上,也体现在管理权限、管理内容的增减上。可以说,迄今为止,我国已经建立起相对完善的、适合我国特色的出版管理体制。在管理形式上,我国的出版管理体制是预防制(又叫预惩制)和追惩制相结合;在管理手段上,我国的出版管理体制包括法律、行政、行业、经济等多种手段,直接管理和间接管理相结合。

第一节 出版法规体系

出版法律法规,是调节出版活动中各种社会关系,保证出版活动中公民、法人的合法权益以及社会公共利益的法律规范的总称。根据立法机关和制定程序的不同、法规的效力和使用范围的差别,出版法规主要包括宪法、法律、行政法规、行政规章、地方性法规规章、国际条约、法律解释7种具体形式。①

改革开放以来,我国出版法制建设取得了长足的进步。出版立法、执法和普法愈来愈受到重视,在出版产业发展中发挥了重大作用。我国已在宪法中确认了公民的出版自由权利,并陆续颁布有关新闻、出版的专门法律、法规,同时不少有关出版的法律条文或规定散见于民法通则、刑法、保密法、未成年人保护法、档案法、治安管理处罚条例等法律、法规中。迄今为止,虽然还没有一部完整意义上的出版法,但已经初步形成一套较为完整并行之有效的,以《宪法》为基础、以《著作权法》为核心的出版法律法规体系。《出版管理条例》《音像制品管理条例》《印刷业管理条例》等法规的制定,与《著作权法》共同构建一个比较健康的法制环境,对规范出版业的发展起到重要作用,使出版进入法制管理轨道,从而

① 黄先蓉.出版法规及其应用.苏州:苏州大学出版社,2005:5-7.

为出版产业化发展提供了重要保证。

在我国出版法规体系中，著作权保护的分支体系较为完善。不仅有标志着中国著作权保护制度进入有法可依阶段的《中华人民共和国著作权法》（以下简称《著作权法》）（1990 年），还有配套实施的《中华人民共和国著作权实施条例》（2002 年）、《著作权行政处罚实施办法》（2003 年）、《著作权集体管理条例》（2004 年）以及相关的稿酬管理规定《出版文字作品报酬规定》（1999 年）等。

国务院 2002 年 2 月 1 日施行的《出版管理条例》，是出版领域的专项行政规定，是国务院颁布的有关出版管理的最高行政法规。① 由于《出版管理条例》不仅规定出版单位设立的审批登记制、对出版单位实行宏观调控制、确立出版单位法人制度、出版计划和重大选题备案制、出版物缴送样本制、年检报告制等基本制度，而且还对出版物的出版单位及印刷、复制、发行单位应遵守的制度和保障、奖励、行政处罚制度等做出了具体规定。

除《著作权法》和《出版管理条例》外，我国还有大量的其他关于出版方面的法规。这些出版法规对出版的各个领域都做出了具体规定。在出版环节上，有《中华人民共和国地图编制出版管理条例》（1995 年）、《图书出版管理规定》（2008）、《报纸出版管理规定》（2005 年）、《期刊出版管理规定》（2005 年）、《图书质量保障体系》（1997 年）、《图书质量管理规定》（1997 年）、《图书、期刊、音像制品、电子出版物重大选题备案办法》（1997 年）等；在印刷环节上，有《印刷业管理条例》（2001 年）②、《印刷业经营者资格条件暂行规定》（2001 年）、《印刷品承印管理规定》（2003 年）、《设立外商投资印刷企业暂行规定》（2002 年）等；在发行环节上，有《出版物市场管理规定》（2003 年）、《外商投资图书报纸期刊分销企业管理办法》（2003 年）、《出版物条码管理办法》（2000 年）、《出版物批发市场管理暂行办法》（2000 年）、《关于加强教材发行管理工作的通知》（2001 年）、《关于进一步完善出版物市场管理备案制度的通知》（2000 年）、《关于中小学教材发行费用标准的通知》（2001 年）、《出版社自办图书发行的暂行规定》（1991 年）、《图书总发行管理的暂行规定》（1991 年）等。针对音像、电子出版物所带来的生产和管理上的问题，对其生产、复制、进出口做出了相应的法律规范，

---

① 现行的《出版管理条例》于 2001 年 12 月 12 日经国务院第 50 次常务会议修订通过，自 2002 年 2 月 1 日起施行。1997 年 1 月 2 日国务院发布的《出版管理条例》同时废止。

② 现行的《印刷业管理条例》于 2001 年 7 月 26 日经国务院第 43 次常务会议通过，自 2001 年 8 月 2 日起施行，1997 年 3 月 8 日国务院发布的《印刷业管理条例》同时废止。

如《计算机软件保护条例》(2001年)、《音像制品管理条例》(2001年)①、《互联网出版管理暂行规定》(2002年)、《音像制品出版管理规定》(2004年)、《音像制品制作管理规定》(2008年)、《电子出版物出版管理规定》(2008年)、《音像制品进口管理办法》(2002年)、《中外合作音像制品分销企业管理办法》(2003年)、《音像制品批发、零售、出租管理办法》(2006年)等。

一、《著作权法》

1990年9月7日,中华人民共和国第七届全国人民代表大会常务委员会第十五次会议通过了《中华人民共和国著作权法》,并于1991年6月1日正式实施。这是新中国的第一部著作权法,它的诞生标志着我国著作权保护开始了新的一页。②

著作权法是知识产权法律制度的三大支柱之一,它与商标法、专利法共同构成了鼓励和保护创作发明的法律体系。著作权法是文化艺术和商品经济发展的产物,它不仅涉及作品的创作者、传播者、使用者以及公众等诸方面的利益关系,而且与文化艺术、新闻出版、科学研究、工艺美术甚至电子计算机软件的开发和运用等诸多领域密切相关。作为保护创作者与传播者合法权益的法律规范,著作权法规定作者和其他著作权人享有的著作权,规定出版者、表演者、录音音像制作者、广播电台、电视台享有的与著作权有关的权利,从而协调作者、传播者和公众之间的相互关系。

二、《出版管理条例》

出版法是国家为了加强对出版活动的管理,发展和繁荣有中国特色的社会主义出版事业,保障公民依法行使出版自由的权利,促进社会主义精神文明和物质文明建设而制定的法律。目前,在我国出版行业,对出版活动进行管理的法律主要是于2001年12月12日经国务院第50次常务会议修订通过,自2002年2月1日起正式施行的《出版管理条例》。在1997年1月2日国务院首次颁布施行《出版管理条例》之前,对出版业进行管理的主要是国务院颁布或批准颁布的

① 现行的《音像制品管理条例》于2001年12月12日经国务院第50次常务会议通过,自2002年2月1日起施行。1994年8月25日国务院发布的《音像制品管理条例》同时废止。

② 2001年10月27日,中华人民共和国第九届全国人民代表大会常务委员会第二十四次会议通过了《关于修改〈中华人民共和国著作权法〉的决定》。

专门行政法规以及新闻出版署制定的各类部门规章。这些部门规章在我国法规体制中等级较低，随着社会主义法制特别是行政法制的健全和发展，仅仅以规章进行管理已经不能适应形势。《出版管理条例》的颁布，及时填补了我国新闻出版法制的空白，是出版法制建设的重要进展。不仅如此，《出版管理条例》的颁布实施对出版的行政管理进一步走上法制化轨道也有很大的促进作用。

（一）《出版管理条例》概述

《出版管理条例》是出版方面的专项行政规定，是国务院颁布的有关出版管理的最高行政法规。作为行政法规，《出版管理条例》的重点是调整在出版活动中国家行政部门同出版单位、与出版活动有关的单位和从事出版活动的公民之间的法律关系，而不必对出版活动中形成的所有法律关系做出全面的规范。但即使是行政管理，《出版管理条例》仍然涉及出版活动的基本指导方针和出版自由等重大问题。相较于其他有关出版方面的行政管理规定而言，《出版管理条例》具有明显的特点：一是覆盖面广，具体表现为《出版管理条例》覆盖了迄今为止所有的出版物，包括报纸、图书、期刊、音像制品和电子出版物；二是内容全，具体表现为《出版管理条例》从基本原则、基本任务到出版活动的具体环节的管理程序、法律责任，即从宏观到微观，都做了全面的、明确的规定。

《出版管理条例》规定，出版活动包括出版物的出版、印刷或者复制、发行。这就从法律角度对出版活动的内涵进行了界定。出版物是出版活动的直接产物，包括图书、报纸、期刊、音像制品和电子出版物等。

《出版管理条例》把调整的重点放在出版活动中国家行政部门同出版单位、与出版活动有关的单位和从事出版活动的公民之间的法律关系上，而这方面法律关系的主要特征是管理和被管理。对出版管理的基本原则，《出版管理条例》做出了如下规定：

出版事业坚持为人民服务、为社会主义服务的原则。《出版管理条例》第三条规定了出版事业必须坚持为人民服务、为社会主义服务的方向，坚持以马列主义、毛泽东思想和邓小平理论为指导，传播和积累有益于经济发展和社会进步的科学技术和文化知识，弘扬民族优秀文化，促进国际文化交流，丰富和提高人民的精神生活。

坚持社会效益和经济效益最佳结合的原则。《出版管理条例》第四条规定，从事出版活动，应当将社会效益放在首位，实现社会效益与经济效益相结合。既要注意出版物影响精神世界和指导实践活动的社会效益，同时也要注意出版物作为商品出售而产生的经济效益。

各级人民政府保障公民依法行使出版自由的权利。《出版管理条例》第五条规定,公民依法可以在出版物上自由表达自己对国家事务、经济和文化事业、社会事务的见解和意愿,自由发表自己从事科学研究、文学艺术创作和其他文化活动的成果。但是必须遵守宪法和法律,不得反对宪法确定的基本原则,不得损害国家的、社会的、集体的利益和其他公民合法的自由和权利。

出版行业实行行业自律管理的原则。行业自律是指通过行业协会把市场主体组织起来,来协调市场主体的市场行为。一般来说,行业协会在市场经济中处于中介地位,它既不从事经营,又不介入管理,而是通过为市场主体服务、为市场管理服务,来促进经营,协调宏观调控。

国家对音像制品、电子出版物实行统一领导、分级管理的原则。音像制品和电子出版物经营单位的上级主管部门和主办单位应当依照国家有关规定,对所属的音像制品和电子出版物经营单位的经营活动进行监督。

(二) 出版单位与出版物的管理

1. 出版单位的设立

《出版管理条例》第九条规定,报纸、期刊、图书、音像制品和电子出版物等应当由出版单位出版。本条例所称的出版单位,包括报社、期刊社、图书出版社、音像出版社和电子出版社等。法人出版报纸、期刊,不设立报社、期刊社的,其设立的报纸编辑部、期刊编辑部视为出版单位。

设立出版单位,应当具备下列条件:有出版单位的名称、章程;有符合国务院出版行政部门认定的主办单位及其主管机关;有确定的业务范围;有30万元以上的注册资本和固定的工作场所;有适应业务范围需要的组织机构和符合国家规定的资格条件的编辑出版专业人员;法律、行政法规规定的其他条件。审批设立出版单位,除依照前款所列条件外,还应当符合国家关于出版单位总量、结构、布局的规划。

设立出版单位,由其主办单位向所在地省、自治区、直辖市人民政府出版行政管理部门提出申请;省、自治区、直辖市人民政府出版行政管理部门审核同意后,报国务院出版行政部门审批。

国务院出版行政部门应当自收到设立出版单位的申请之日起90日内,做出批准或者不批准的决定,并由省、自治区、直辖市人民政府出版行政部门书面通知主办单位;不批准的,应当说明理由。

设立出版单位的主办单位应当自收到批准决定之日起60日内，向所在地省、自治区、直辖市人民政府部门登记，领取出版许可证。出版单位经登记后，持出版许可证向工商行政管理部门登记，依法领取营业执照。

出版单位改变名称、主办单位或者其必要的上级主管机关、业务范围，合并或者分立，出版新的报纸、期刊或者报纸、期刊改变名称、刊期的，应当重新办理审批手续。出版单位其他事项的变更，应当经主办单位及其必要的上级主管机关行政部门申请变更登记，并由其转报国务院出版行政部门备案。出版部门终止出版活动的，由所在地省、自治区、直辖市人民政府出版行政部门注销登记，并向国务院出版行政部门备案。

2. 出版单位的管理

《出版管理条例》对出版单位的管理主要体现在以下几个方面：

出版社出版计划和重大选题备案制。图书出版社、音像出版社、电子出版物出版社的年度出版计划涉及国家安全、社会安定等方面的重大选题，应当经所在地省、自治区、直辖市人民政府出版行政管理部门审核后报国务院出版行政部门备案；涉及重大选题，未在出版前报备案的出版物，不得出版。具体办法由国务院出版行政部门制定。

出版单位的情况报告制。国务院出版行政部门和省、自治区、直辖市人民政府规定的县级以上地方人民政府有关行政部门应当加强对出版单位出版活动的日常监督管理。出版单位应当按照国务院出版行政部门的规定将从事出版活动的情况向出版行政部门提出书面报告。

严禁买卖书号。出版单位不得向任何单位或者个人出售或者以其他形式转让本单位的名称、书号、刊号或者版号、版面，并不得出租本单位的名称、刊号。

出版物样本送缴制。出版单位发行其出版物前，应当按照国家有关规定向国家图书馆、中国版本图书馆和国务院出版发行部门免费送交样本。

出版单位实行编辑责任制度，保障出版物刊载的内容符合本条例的规定。合法出版物受法律保护。任何组织和个人不得非法干扰、阻止、破坏出版物的出版。

《出版管理条例》第四十一条规定，出版物的进口业务由依照本条例设立的出版物进口经营单位经营；其中经营报纸、期刊进口业务的，须由国务院出版行政部门指定。未经批准，任何单位和个人不得从事出版物进口业务；未经指定，任何单位和个人不得从事报纸、期刊进口业务。

设立出版物进口经营单位，应当具备以下条件：有出版物进口经营单位的名称、章程;是国有独资企业并有符合国务院出版行政部门认定的主办单位及其主管机关;有确定的业务范围;有与出版物进口业务相适应的组织机构和符合国家规定的资格条件的专业人员;有与出版物进口业务相适应的资金;有固定的经营场所;法律、行政法规和国家规定的其他条件。

审批设立出版物进口经营单位,除依照前款所列条件外,还应当符合国家关于出版物进口经营单位总量、结构、布局的规划。

出版物进口经营单位应当在进口出版物前将拟进口的出版物目录报省级以上人民政府出版行政部门备案;省级以上人民政府出版行政部门发现有禁止进口或者暂缓进口的出版物的,应当及时通知出版物进口经营单位并通报海关。对通报禁止进口或者暂缓进口的出版物,出版物进口经营单位不得进口,海关不得放行。

出版物进口经营单位在境内举办境外出版物展览,必须报经国务院出版行政部门批准。未经批准,任何单位和个人不得举办境外出版物展览。依照前款规定展览的境外出版物需要销售的,应当按照国家有关规定办理相关手续。

3. 出版物内容的管理

在出版物的出版、印刷复制和发行及其内容的管理方面,《出版管理条例》也做出了具体的规定。

法律规定了许多严禁出版的出版物,包括:反对宪法确定的基本原则的;危害国家统一、主权和领土完整的;泄露国家秘密、危害国家安全或者损害国家荣誉和利益的;煽动民族仇恨、民族歧视,破坏民族团结,或者侵害民族风俗、习惯的;宣扬邪教、迷信的;扰乱社会秩序,破坏社会稳定的;宣扬淫秽、赌博、暴力或者教唆犯罪的;侮辱或者毁谤他人,侵害他人合法权益的;危害社会公德或者民族优秀文化传统的;有法律、行政法规和国家规定禁止的其他内容的。

以未成年人为对象的出版物不得含有诱发未成年人模仿违反社会公德的行为和违法犯罪的行为内容,不得含有恐怖、残酷等妨害未成年人身心健康的内容。

出版物的内容不真实或者不公正,致使公民、法人或者其他组织的合法权益受到侵害的,其出版单位应当公开更正,消除影响,并依法承担民事责任。出版物必须按照国家的有关规定载明有关作者、出版者、印刷者或者复制者、发行者的名称、地址,书号、刊号或者版号,出版日期、刊期以及其他有关事项。出版物的规格、开本、版式、装帧、校对等必须符合国家标准和规范要求,以保证出版物的质量。

中小学教科书由国务院教育行政部门审定或者组织审定，由国务院或者省、自治区、直辖市人民政府的出版行政部门指定的出版、印刷、发行单位承担出版、印刷、发行工作。

（三）违反《出版管理条例》的法律责任

1. 承担行政处罚责任的行为及责任形式

《出版管理条例》规定了应当处以行政处罚的违法行为有 11 种，发生这 11 种行为的应当承担以下行政处罚责任：

没收。包括没收出版物、没收违法所得、没收从事非法活动的专有工具和设备。

罚款。处违法所得若干倍的罚款。

依法取缔。主要是对“未经批准，擅自设立出版单位或者擅自从事出版物的出版、印刷或者复制、发行业务的”，“伪造、假冒出版单位或者报纸、期刊名称出版出版物的”，要予以取缔。

责令停业整顿或者吊销许可证。凡具有违法行为情节严重的，都有可能被责令停业整顿或者吊销许可证；一般由原发证部门决定是否吊销许可证。

2. 承担刑事责任的行为及主要责任形式

《出版管理条例》中有四处提到“构成犯罪的，依法追究刑事责任”。根据《刑法》的规定，在出版活动中，违反规定构成犯罪，依法追究刑事责任的主要有以下几种：

危害国家安全罪。出版物内容“煽动分裂国家、破坏国家统一的”，“以造谣、毁谤或者其他方式煽动颠覆国家政权、推翻社会主义制度的”，是危害国家安全罪。对这样的犯罪行为，处 5 年以下有期徒刑、拘役、管制或者剥夺政治权利；首要分子或者罪行重大的，处 5 年以上有期徒刑。

侵犯知识产权罪。有下列四种情况：一是未经著作权人许可，复制发行其文字作品，音乐、电影、电视、录像作品，计算机软件及其他作品的；二是出版他人享有专有出版权的图书的；三是未经录音录像制作者许可，复制发行其制作的录音录像制品的；四是制作、出售假冒他人署名的美术作品的。以营利为目的，有以上侵犯著作权情形之一，违法所得数额较大或者有其他严重情节的，处 3 年以下有期徒刑，并处或者单处罚金；违法所得数额巨大或者有其他特别严重情节的，处 3 年以上 7 年以下有期徒刑，并处罚金。

侵犯公民人身权利、民主权利罪。在出版物中刊载歧视、侮辱少数民族的内容,情节恶劣,造成严重后果的,对直接责任人员处3年以下有期徒刑、拘役或者管制。

制作、贩卖、传播淫秽物品罪。以牟利为目的,制作、复制出版、贩卖、传播淫秽物品的,处3年以下有期徒刑、拘役或者管制,并处罚金;情节严重的,处3年以上10年以下有期徒刑,并处罚金;情节特别严重的,处10年以上有期徒刑或者无期徒刑,并处罚金或者没收财产。为他人提供书号出版淫秽书刊的,处3年以下有期徒刑、拘役或者管制,并处或者单处罚金;明知他人用于出版淫秽书刊而提供书号的,依照前款的规定处罚。传播淫秽的书刊、影片、音像、图片或者其他淫秽物品,情节严重的,处2年以下有期徒刑、拘役或者管制。制作、复制淫秽的电影、录像等音像制品组织播放的,依照前款的规定从重处罚。

扰乱市场秩序罪。有以下几种情况:未经许可经营法律、行政法规规定的专营、专卖物品或者其他限制买卖的物品;买卖进出口许可证、进出口原产地证明以及其他法律、法规规定的经营许可证或者批准文件的;其他严重扰乱市场秩序的非法经营行为。发生以上情况之一的,可处5年以下有期徒刑或者拘役,并处或者单处违法所得1倍以上5倍以下罚金;情节特别严重的,处5年以上有期徒刑,并处违法所得1倍以上5倍以下罚金或者没收财产。

渎职罪。《出版管理条例》第五十四条规定,有关出版行政部门的工作人员滥用职权、玩忽职守、徇私舞弊,构成犯罪的,依法追究刑事责任;尚不构成犯罪的,依法给予行政处分。依法追究刑事责任的依据就是刑法的有关规定:"国家机关工作人员滥用职权或者玩忽职守,致使公共财产、国家和人民利益遭受重大损失的,处3年以下有期徒刑或者拘役;情节特别严重的,处3年以上7年以下有期徒刑。"

第二节 出版行政管理

政府有关部门依法对出版活动进行管理的行为称作出版行政管理。我国出版行政管理的根本任务是:保障公民享有出版自由的权利,保障和规范合法的出版活动,培育和规范出版物市场,惩处违法出版行为,促进中国特色社会主义出版业的健康繁荣和发展。

我国出版行政管理采取的是中央有关部门分工管理和中央政府与地方政府分级管理的方法,国务院以及县级以上地方各级人民政府的有关部门,在各自的职责范围内负责有关出版活动的监督管理工作。主管全国新闻出版业的政府部门是中华人民共和国新闻出版总署①,负责管理各省(市、区)新闻出版业的机构是各省(市、区)的新闻出版局,国家教委、解放军总政治部也设立了本系统内出版社的管理机构。同时,国务院文化、工商、公安等有关行政管理部门在各自的职权范围内,对出版活动也有一定的管理权。

一、出版行政管理机构

国务院出版行政部门负责全国出版活动的监督管理工作。国务院其他有关部门按照国务院规定的职责分工,负责有关出版活动的监督管理工作。县级以上的地方各级人民政府出版管理行政部门负责本行政区域内出版活动的监督管理工作。其中,国务院出版行政部门是国家新闻出版总署,地方出版管理部门是地方各级政府的新闻出版局(包括省、市、县三级)。

新闻出版总署是国务院出版行政部门,负责全国出版活动的监督管理工作。其主要职责有:参与起草有关出版活动的法律和法规,制定和实施出版行政部门的管理规章,制定和实施全国出版业的发展规划,制定全国出版单位总量、结构、布局的规划,审批出版单位的设立,对出版单位、出版物质量、出版物市场进行监督管理,等等。

2008 年 7 月,国务院下发了《关于印发〈新闻出版总署(国家版权局)主要职责内设机构和人员编制规定〉的通知》,内设机构由原来的 11 个增加到 12 个,原内设机构中的业务司局进行了较大规模的整合,打破过去按产品类型设置机构的模式,按照规划、生产、管理和服务等环节设置业务机构,新设立了出版产业发

---

① 1949 年 11 月,中央人民政府出版署成立,直属政务院领导,它是负责指导和管理全国出版事业的总机关。1954 年 11 月出版总署建制撤销,在文化部内设置出版事业管理局,负责全国出版、印刷、发行的日常管理工作。1966 年"文革"开始后,出版事业的发展中断,出版管理机构陷于瘫痪。1973 年,国务院批准成立国家出版事业管理局。1982 年 4 月,国家出版事业管理局再次并入文化部,改称文化部出版事业管理局,随之地方出版管理机构也大都并入文化厅(局)。1985 年,国务院批准文化部下设国家版权局,文化部原出版事业管理局改称国家出版局。1986 年 10 月,国家出版局脱离文化部,成为国务院直属机构。1987 年 1 月,国家出版局撤销,新闻出版署成立,直属国务院,统一管理全国的新闻出版工作。国家版权局与新闻出版署为一个机构两块牌子。2001 年 4 月,国务院将新闻出版署调整为新闻出版总署,升格为正部级。

展司、综合业务司和科技与数字出版司,所有部门的职能均有所调整,除版权管理司外,其他各司名称均有变化。内设机构的具体设置为:

办公厅——综合协调、办理机关政务、事务工作;承担机关文秘、档案、机要、保密、安全、保卫、信访、值班和应急管理工作;负责综合性工作会议及活动的组织、协调和服务工作;协调总署对口帮扶、援建援助工作。

财务司——配合国家财税部门制定、调整、完善新闻出版业有关经济政策并指导实施;拟定公益性新闻出版事业规划并指导实施;负责国家出版基金和行业专项资金的管理与监督,协调、组织有关申报、评审、验收等工作;负责总署中央预算内投资计划、基本建设决算的审核、编报工作,监督投资计划执行,对基本建设项目实施监督管理。

法规司——起草新闻出版、著作权管理的法律法规草案;起草、审核新闻出版和著作权管理的规章和规范性文件;承办总署行政处罚和行政强制文书的审核工作,承办总署行政处罚听证、行政复议和行政应诉事项;承担总署有关重要文件起草和调研工作。

综合业务司——组织协调总署行政审批工作;承办出版(含互联网出版)单位、有关出版物复制单位和总发行单位设立、变更的审批工作;承办新办报纸、期刊、国内媒体分支机构及报刊变更的审批工作;对网络文学、网络书刊和游戏出版物的网上出版发行进行前置审批,对开办手机书刊、手机文学业务进行审批;承办设立中外合资、合作和外商独资出版物分销企业以及出版物进口单位设立的审批工作;指导新闻出版行政审批改革工作。

出版产业发展司——拟定新闻出版业发展改革的方针政策;承办报业、出版和发行集团改革方案的审批工作;拟定新闻出版业和印刷业的发展规划、调控目标和产业政策;参与拟定新闻出版业和印刷业的有关政策和调控措施;制定印刷业总量、结构、布局的规划并组织实施。

新闻报刊司——拟定报纸和期刊总量、结构、布局的规划并组织实施;负责对报纸(报社)和期刊(刊社)出版活动的监管;承办报纸和期刊重大选题的备案工作;组织对报纸、期刊内容的审读和舆情分析工作;调控报刊结构和刊号总量;承担全国新闻单位记者证的监制审核、发放、备案和管理工作;承担国内报刊社、通讯社分支机构和记者站的监管,组织查处重大新闻违法活动。

出版管理司(古籍整理出版规划办公室)——拟定图书、音像、电子出版单位总量、结构、布局的规划并组织实施;承办出版单位年度出版计划和重大选题的备案工作;组织指导涉及党和国家重要文件文献、重点出版物和教科书的出版工作；组织对图书的审读和对音像制品、电子出版物的审听审看；承办国家古籍整理出版规划的组织协调工作；审查进口音像制品；负责对出版境外著作权人授权的电子出版物进行审批；组织调控出版物品种及书号、版号总量；指导对从事出版活动民办机构的监管工作。

印刷发行管理司——拟定出版物印刷、复制、发行单位总量、结构、布局的规划；负责对出版物的出版、印刷、复制和发行的监管，组织查处严重的违规出版物和重大违法违规出版活动；承办国家限制进口印刷设备的审核工作；组织指导党和国家重要文件文献、重点出版物和教科书的印刷、发行工作；推进新闻出版领域公共服务，指导和组织实施农家书屋、社区书屋工程。

科技与数字出版司——拟定新闻出版业科技发展规划并指导实施；组织、协调新闻出版业的科技进步工作；制定新闻出版业和印刷业行业标准并组织监督检查；制定互联网和数字出版的相关行业标准；负责对出版境外著作权人授权的互联网游戏作品进行审批，对网络文学、网络书刊进行监管，对开办手机书刊、手机文学业务进行监管；对网络和数字出版的出版内容、出版活动实施监管；拟定互联网出版和数字出版发展规划、管理措施并组织实施。

反非法和违禁出版物司（全国“扫黄打非”工作办公室）——拟定出版物市场和互联网“扫黄打非”的方针政策和计划并组织实施；组织、协调“扫黄打非”集中行动和跨部门、跨地区的“扫黄打非”工作；组织查处非法出版物和非法出版活动的大案要案；承办打击侵权盗版和“扫黄打非”举报奖励的有关工作；承担全国“扫黄打非”工作小组的日常工作。

版权管理司——拟定著作权管理、保护和使用的政策；组织推进软件正版化工作；承办设立著作权集体管理机构审批并指导其工作；监管作品的著作权登记和法定许可使用作品的工作，承担国家享有著作权作品的管理和使用；组织查处重大著作权侵权案件；承办著作权涉外条约有关事宜；处理涉外及涉港澳台的著作权关系；监管涉外著作权贸易、外国作品著作权认证及作品自愿登记工作；承办指定国（境）外著作权认证机关、外国和国际著作权组织在华设立代表机构的审批工作。

对外交流与合作司（港澳台办公室）——承办新闻出版和著作权方面的对外及对港澳台的交流与合作事务；承办政府间文化协定中有关新闻出版、著作权项目的执行工作；指导、协调出版物来华（进境）展览、展销和进口管理的工作；制定出版“走出去”的方针、规划，组织、推动出版物的出口。

人事司——负责机关的人事管理和直属单位署管干部的管理工作；负责机

关和直属事业单位机构编制、劳动工资及相关人事工作;拟定并组织实施新闻出版行业人才队伍建设规划,会同有关主管部门指导从业人员职业资格管理和职业技能鉴定工作。

机关党委——负责机关和直属单位的党群工作。

离退休干部工作办公室——负责机关离退休干部工作,指导直属单位的离退休干部工作。

二、出版行政管理的职能

出版行政管理是国家为了建立和维护出版物市场秩序,通过特设的行政管理机构对出版物市场主体及市场行为依法进行管理和监督。出版行政管理的主体是国家和国家特设的行政管理机构,其管理的对象即管理的客体是出版物市场的经营主体以及其市场经营行为和出版物。国家和国家特设的行政管理机构通过法律、行政和经济等手段对出版物市场主体及市场行为依法进行管理和监督,以建立全国统一开放、竞争有序的出版物市场并维护出版物市场的秩序。出版行政管理工作既包括事业管理,也包括出版单位和从业人员的管理,还有出版的生产、流通管理。既涉及企业单位,又有事业单位;既包括精神产品的生产,又包括物资生产和商品交换;出版物内容既涉及意识形态各个领域,又包括自然科学和社会科学的所有文化科学知识领域。

在我国,出版行政管理的主要主体是国家新闻出版总署和各省(市、区)的新闻出版局(科)。

国家新闻出版总署的主要职能是制定新闻出版、版权等方面的法律、法令和规章制度,对全国新闻、出版、印刷、发行和版权工作进行管理,保证社会主义新闻出版和版权事业的健康发展。具体而言,包括以下内容:

(1) 起草新闻出版、著作权管理的法律法规草案,拟定新闻出版业的方针政策,制定新闻出版、著作权管理的规章并组织实施;

(2) 制定新闻出版事业、产业发展规划、调控目标和产业政策并指导实施,制定全国出版、印刷、复制、发行和出版物进出口单位总量、结构、布局的规划并组织实施,推进新闻出版领域的体制机制改革;

(3) 监管出版活动,组织查处严重违规出版物和重大违法违规出版活动,指导对从事出版活动的民办机构的监管工作;

(4) 负责对新闻出版单位进行行业监管,实施准入和退出管理;

(5) 负责出版物内容监管，组织指导党和国家重要文件文献、重点出版物和教科书的出版、印制与发行工作，制定国家古籍整理出版规划并承担组织协调工作；

(6) 负责对互联网出版活动和开办手机书刊、手机文学业务进行审批和监管；

(7) 拟定出版物市场“扫黄打非”计划并组织实施，组织查处非法出版物和非法出版活动的大案要案；

(8) 拟定出版物市场的调控政策、措施并指导实施，指导对出版物市场经营活动的监管工作；

(9) 负责全国新闻单位记者证的监制管理，负责对国内报刊社、通讯社分支机构和记者站的监管，组织查处重大新闻违法活动；

(10) 负责印刷业的监管；

(11) 负责著作权管理工作，组织查处有重大影响的著作权侵权案件和涉外侵权案件，负责处理涉外著作权关系和有关著作权国际条约应对事务；

(12) 组织开展新闻出版和著作权对外交流与合作的有关工作，负责出版物的进口管理工作，协调、推动出版物的进出口；

(13) 承办党中央、国务院交办的其他事项。

各省、自治区、直辖市人民政府设立的新闻出版局，负责本省、自治区、直辖市的出版活动监督管理工作。其主要职责有：参与起草有关出版活动的地方法规和规章，制定和实施本省、自治区、直辖市的出版业发展规划，审核并报新闻出版总署审批出版单位的设立，对本省、自治区、直辖市的出版单位、出版物质量、出版物市场进行监督管理，等等。

省级以下的市、县人民政府也有专门设立新闻出版局（科）的。这些出版行政部门或独立设立、或与文化行政部门合署办公，主要负责管理本行政区域内的出版物市场以及印刷单位和发行单位的经营活动。

三、出版行政管理的手段

出版行政管理是国家为了建立和维护出版市场秩序，通过特设的行政管理机构对出版市场主体及市场行为依法进行管理和监督。出版行政机关的一切权力来自于国家的授权，行政机关通过国家授予的行政权力对我国的出版业进行管理和监督。出版行政管理的手段主要有行政许可、行政处罚等。

1. 出版行政许可

行政许可,是指行政机关根据公民、法人或者其他组织的申请,依法审查,准予其从事特定活动的行为。出版行业是一个特殊的行业,是追求社会和经济双重效益的市场经营主体,特别是要把社会效益放在第一位。出版社的建立和经营都要受到国家行政机关的管理和监督。其中,出版活动的许多主体行为或者从事某种业务的资格,都要经过有关国家行政机关的批准,拿到经营许可证,取得经营许可资格才能进行,否则就是违反国家出版法规。

2. 出版行政处罚

行政处罚是国家行政部门对于违规行为所给予的一种强制性的处罚。出版行政处罚是指国家出版行政管理机关对于出版活动中出现的违规行为所给予的行政处罚。大多包括以下几种形式:

警告。适用于情节较轻或尚未造成损害后果的违规行为。

罚款。是对违规行为的一种经济上的处罚,处违法所得若干倍的罚款。

依法取缔。主要是对违法的组织及其活动要予以取缔。如对"未经批准,擅自设立出版单位或者擅自从事出版物的出版、印刷或者复制、发行业务的"要依法予以取缔。

责令停止。即责令当事人立即停止侵害行动或者违规活动。

没收。包括没收违法出版物、没收违法所得、没收从事非法活动的专用工具和设备。

责令停业整顿或者吊销许可证。吊销许可证是指出版行政管理机关依据出版法规取消出版主体资格或者从事某种出版行为的资格,收回出版许可证。责令停业整顿,是指针对出版主体出现的具体情况强制其停业整顿,以解决内部的问题,直至完全解决再开始正常运作。

四、我国出版行政管理体制改革

虽然我国现已形成一个比较完备的出版行政管理法规体系,但其中也存在一些问题,主要是适应社会主义市场经济和加入世贸组织要求的出版法律法规体系、宏观管理机制尚未完全建立,出版行政管理部门管理与经营交叉混合、政企不分等。因此,应建立有中国特色、功能齐全、结构合理、运转协调、灵活高效的出版行政管理体系,进一步促进我国出版产业的健康发展,真正把出版行政管理部门的主要职能转移到统筹规划、政策引导和协调服务上来。

1. 由微观管理向宏观管理转变

出版行政管理部门不再参与企业的经营决策等微观活动,而是从全行业的角度出发,集中精力抓好宏观管理。要进一步增强从宏观上把握整个出版产业的能力,监督出版企业执行党和国家的方针政策,制定管理本行业的行政规章、宏观发展规划和发展战略,协调出版部门与其他部门、行业、产业的关系,提供有效的信息服务,等等。

2. 由直接管理向间接管理转变

一是要通过间接的管理手段对出版业进行管理,如充分运用国家出版经济政策中的税收、价格、财政、投资、金融、稿酬、书报刊价格补贴、印刷工价和发行折扣等政策,通过税务、财政、金融等非出版业行政管理手段,管理、扶持我国出版业的发展。二是要通过间接的管理主体,如出版传媒集团,对出版业进行管理。

3. 由部门管理向行业管理转变

行业管理是宏观经济管理与企业微观经济管理之间的管理层次,也是一种适应社会化大生产和市场经济需要的社会经济管理形式,是市场经济体制的有机组成部分。行业管理是指按照市场经济体制有效配置资源的要求,以维护本行业利益为目的,通过贯彻国家的产业政策、行业法规与行业契约对行业内企业的生产经营活动实行间接的规范化的管理。考察世界出版强国的出版业,其主要特点就是通过行业自律来实现管理和发展。有的国家是政府出版行政管理部门与行业协会相结合,如美国的新闻署与出版商协会,日本的文部省文化厅与书籍出版协会、杂志出版协会。有的国家则没有专门的政府出版行政管理部门,基本上依靠行业协会自律,如荷兰的皇家出版商协会、德国的书业协会等。由部门管理向行业管理转变,并不意味着不要部门管理,而是由于我国出版行业协会自律的基础较薄弱,要加强这方面的建设。

4. 由行政命令向法律监督转变

2004 年,国务院关于印发《全面推进依法行政实施纲要》的通知,提出“合法行政、合理行政、程序正当、高效便民、诚实守信、权责统一”基本要求,因此,新闻出版行政管理机构要求各行政部门加强法制建设,以法律手段来完善和提高对出版业的管理。依法行政是指行政机关必须根据法律法规的规定设立,并依法取得和行使其行政权力,对其行政行为的后果承担相应的责任。依法行政是市场经济体制条件下对政府活动的要求,是政治、经济及法治建设本身发展到一定阶段的必然要求。出版行政管理由行政命令向法律监督转变,是加入世界贸易组织的需要,也是建立有中国特色社会主义出版管理体制,在出版领域贯彻依法治国方针的重要体现。

2008年7月,国务院下发了《关于印发〈新闻出版总署(国家版权局)主要职责内设机构和人员编制规定〉的通知》(以下简称新"三定"规定),标志着国家新闻出版行政管理机构改革进入一个新的历史阶段,标志着新闻出版行政管理体制改革跨越到一个新的起点,同时也标志着新闻出版总署必将承担起更加繁重的职责和更加光荣的使命。

一是理顺新职能,履行新职责。新"三定"规定中,新闻出版总署的职责进一步扩大,职能明显加强,新闻出版工作的责任更加重大,任务更加繁重。其中,将文化部管理音像制品批发、零售、出租、放映的职责和音像制品进口管理的职责划入总署;将国家广播电影电视总局广播电视机构记者证的监制管理职责划入总署;增加对从事出版活动的民办机构进行监管的职责;加强了指导著作权保护工作的职责;负责在出版环节对动漫产业进行管理;进一步强化对国内报刊社、通讯社分支机构和记者站、记者的监管职责和组织查处重大新闻违法活动的职责。按照新增职责的要求,新闻出版总署及时调查研究,出台了相关的管理办法,积极推动各项工作的平稳过渡和持续发展。

二是行政审批制度改革推出新举措。新闻出版总署新设立"综合业务司",按照行政审批工作的需要,将分散于各业务司的行政审批事项集中统一管理,从受理、审核、评估、督办到批准、送达,均归口由该司负责协调办理,提前实现行政审批事项由"统一受理"向"统一办理"的转变。在切实转变政府职能、提高政府工作效率、建立阳光政府方面迈出了重要步伐。新闻出版总署还出台了《总署行政审批集中办理工作规程》。其中,快结审批件的办理时限由法定的90或60个工作日缩短为20个工作日。

三是新闻出版领域改革将进入新阶段。新闻出版总署新设立了"出版产业发展司",按照十七大关于大力加强文化产业基地、产业带、特色产业集群建设的要求,指导新闻出版领域改革,规划和推动产业发展,改善宏观调控,促进科学发展。目前,出版产业发展司已对新闻出版产业基本情况进行摸底调查,并对新闻出版"十一五"规划的实施情况开展中期评估。

四是对新媒体、新业态的发展和管理重点关注。新设立了"科技与数字出版管理司",加强对新闻出版领域内的新媒体、新业态的研究、开发和利用,制定互联网和数字出版的相关行业标准,加强对网络文学、网络书刊和手机书刊、手机文学的监管。该司已对部分省市科技、数字出版、网络出版和全国省级管理机构设立情况进行调研了解，并着手筹备全国科技与数字出版专题工作会议。①

第三节　出版行业管理

《出版管理条例》确立了我国出版行业实行行业自律管理的原则。行业自律是指通过行业协会把市场主体组织起来，来协调市场主体的市场行为。行业协会是按照同业公认的原则，由行业从业人员自愿组织起来，进行自我调节、自我服务的群众团体性机构。行业协会是市场经济的产物，也是市场经济体制的重要组成部分。我国已经加入世界贸易组织，政府的职能逐步从直接管理向间接管理、从微观管理向宏观管理转变，出版行业协会逐步承担以往由出版行政部门兼管的社会工作、职责和行业管理职能，发挥比以往更大的作用。

一、出版行业管理职能

出版行业协会是按照出版业公认的原则，由出版行业从业人员自愿组织起来，进行自我调节、自我服务的群众团体性机构。出版行业协会是企业与政府间联系的纽带，又是出版企业成员相互间协调的中介，更是出版业与其他行业之间、出版业与社会之间相互沟通的桥梁。一般来说，行业协会在市场经济中处于中介地位，它既不从事经营，也不介入管理，而是通过为市场主体服务、为市场管理服务，来促进经营，协调宏观调控。

出版行业协会有其独有的职能，而且这些职能是出版行政管理部门所不能替代的。我国出版行业协会的具体职能可以概括为：第一，贯彻政府的有关政策法规，促使全行业健康发展。开展对国内外行业基础资料的调查、收集、统计、研究，提出行业发展的建议，向政府反映会员的愿望和要求，协助政府制定有关出版行业的法令、政策，并督促协会成员执行。第二，制定行业自律规则，保护正当经营，制止不正当竞争和不道德的经营行为，维护行业内各企业的共同利益，协调行业经济效益和社会效益之间的矛盾，坚持把社会效益放在首位，在此前提下

① 新闻出版总署行政管理体制改革迈出重要步伐．中国共产党新闻网，2008－10－5，http://cpc.people.com.cn/GB/64093/64387/8129292.html.

争取行业的经济效益。第三,指导与协调会员的业务活动,规范协会成员的经营行为,促进会员之间的联系,组织会员产品的展览、推广和技术交流,促进行业技术进步和交流,组织成员交流经营经验,探讨经营规律,传播经营信息。第四,发展与国外相关行业组织的联系,开展国际间经济合作与交流。第五,组织开展职工教育培训活动,为会员企业培训各类人员,指导、帮助企业改善经营管理,提高企业素质。第六,发展本行业的公益事业,开展有益于本行业的其他活动。第七,代表出版行业或企业与政府对话,维护企业的合法权益。

1997年6月,国家新闻出版署发布了《图书质量保障体系》,其第四章"社会监督机制"第45条明确规定:"坚持出版行业协会监督制度。"并要求各出版行业协会"都应根据各自的特点建立和完善行规行约,从保护会员合法权益和履行应尽义务的角度,在图书质量保障方面,做好自我约束和调研、咨询、协调、监督工作,形成网络"。出版行业协会要做好监督工作,充分发挥监督职能,为保障图书质量做出应有的贡献,就涉及出版行业协会的社会定位与团体性质、出版行业协会的机构改革与行为规范、出版行业协会的服务功能与运作机制等。

行业协会在其专业实践活动中,已越来越显示出自身的优势,特点显著,具备履行监督职能的条件:

(1) 权威性。由于出版行业各协会的组成人员,大都是在职的各出版单位的业务领导、退居二线的领导骨干、部分出版行业的专家学者等,各协会体现出无可争辩的权威性。在组织领导方面具有"一元化"的特点,便于开展工作;在开展活动方面具有专业化的特点,利于研讨业务;在行使职责方面具有指令性特点,易于协调行为;在履行监督职能方面具有整体性特点,利于全面核查;在履行应尽义务方面具有团体性特点,便于自我约束。

(2) 广泛性。从纵向来看,各协会的构成和组织来自类型不同的出版单位,有中央一级的,亦有省市区一级的,还有地市级的;既有图书出版,亦有期刊出版;既有着重于社会科学出版方面的,亦有面向自然科学出版方面的,出版业务同中有异。而从横向来论,虽然各协会专业指向有所不同,主管的出版环节不同,然而,彼此又有着密不可分的联系,有着共同的服务宗旨,一样的行为规范,相同或相近的职责范围,息息相关,命运相连,可以说是异中有同。因此,各协会具有广泛性和代表性,其覆盖面遍及整个出版行业。这又是一大优势。

(3) 开放性。各协会由于属于社会学术团体性质,组成人员来自各个层面,经历不同,年龄、知识结构各异,有相当广泛的群众性。从某种意义上来说,亦兼有一种"民意机构"的性质,代表着出版行业乃至全社会的整体利益。通过自身的专业活动与监督职能的发挥，不但反映出版行业广大群众的意见，还同时体察社会各阶层人民群众的呼声，层层反映，以引起有关领导部门和领导人的重视。各协会亦是联系群众的桥梁与纽带，是一个开放性组织。既要用正确的出版思想和专业理论指导出版行业的实践，又要正确引导舆论，和一切违反出版行业政策、职业道德和法律法规的言行作斗争，为出版行业的繁荣和健康发展鸣锣开道，保驾护航。

(4) 自律性。群众性社会学术团体，要服从国家政策规定和受法律法规的约束，规范自己的协会行为。而出版行业协会更有其特殊性和重要性，有其高层次的要求。出版行业协会，根据自身的特点，主要任务是用正确的理论引导人，用科学知识武装人。特别是在市场经济条件下，对全行业的工作要起到调研、咨询、协调作用，发挥行业监督职能，以便促使出版行业为全社会提供健康有益的精神食粮，亦即各类精美的出版物。因此，更应做到廉洁自律，遵守职业道德规范，不断强化行业职业道德建设，团结教育广大从业人员，自觉抵制行业不正之风。这是出版行业协会严肃艰巨的长期任务。

(5) 时代性。出版行业协会注重使用最先进的技术在行业内得到运用。在信息社会中，出版行业协会尤其要重视信息技术的交流。各书业协会不仅定期召开有关会议交流书业信息，还编印自己的报刊，同时还经常和其他行业之间互通有无。如中国书刊发行业协会就重视宣传工作，把国家颁布的有关出版工作中的法律、法规、方针政策传达到全行业的各个单位，并认真加以落实，坚持编发《协会通讯》，开展业务交流。对于新技术的推广，中国书刊发行业协会也做出了积极响应，该协会重视信息平台的建设，从计算机与行业的结合入手，建立了可供机读的“可供书目数据库”。

(6) 国际性。出版行业协会是民间组织，它不仅可以在国内同行之间加强经济技术交流合作，而且在开展对外交流方面也比政府部门更为便利。由于行业协会可以非官方的身份开展经济技术交流，其活动方式更加灵活方便，而共同的行业特点也使得它在吸取国外先进技术、管理经验和信息情报方面更为直接、迅捷和有效。同时，由于行业协会可以按行业统一规划、管理，一致对外，从而避免重复引进和盲目发展。当今世界是一个开放的世界，任何行业都不可能在封闭的环境下求发展，对外交流是大势所趋。任何一国的出版活动也无法局限于其领土之内，只有进行充分的国际交流，本国出版业才能真正繁荣和发展。

二、出版行业管理方法

行业协会管理是市场经济条件下的一项重要内容,它可以代替政府行使某些管理职能,发挥更好的组织、协调和管理作用。出版行业协会可以根据本行业特点和国家产业政策,制定详细的"行规行约",来协调出版行业会员的利益关系,解决因竞争引起的矛盾,仲裁会员企业在经济活动中的纠纷,有权对会员企业进行监督,处罚违反"行规行约"的会员企业。如在制止不正当竞争和"打假"活动中,发挥公平、公正、中立的原则,自觉维护本行业按照市场经济规律办事,真正承担和发挥以仲裁和监督为主的行业自律功能。

行业协会在专业技术信息传播和集散方面可以发挥重要的作用。现代经济社会,时间就是金钱,信息就是财富。不少协会创办了信息刊物,如简报、杂志、报纸等,作为发布和交流行业内外信息的工具。不少协会还定期或不定期召开交流会和展览会,扩大信息交流,会员企业是信息资源的最大受益者。同时,政府也是协会提供信息的受益者。现阶段我国出版业主管部门的信息来源主要是纵向的,而出版行业协会能相对地掌握出版业内外、不同所有制之间的企业情况,使政府主管知根知底,决策时能做到心明眼亮,所进行的宏观指导也更符合出版行业的实际。

在行业技术水平提高上,仅仅依靠某个企业,往往受到资金、人才、信息方面条件的制约,而出版行业协会在这方面则能够发挥其技术、信息、人才集中的优势及组织协调的功能,促进企业技术水平的提高,从而推动全行业的技术进步。

三、我国出版行业协会管理的发展趋势

20 世纪 80 年代,由于改革开放的需要,我国先后建立起各种行业协会及行业协会联合会。出版业行业协会也自 1979 年起应运而生。随着出版事业的发展和逐步繁荣,从最先成立的中国出版工作者协会,到其后陆续成立的中国印刷技术协会、中国书刊发行业协会、中国编辑学会、中国期刊协会、中国音像协会、中国版权研究会、中国音乐著作权协会等一系列"国字号"出版行业协会,再到各省市自治区建立的对应机构,我国的出版行业协会也经历了一个从无到有、从小到大的发展过程,逐步扩展到出版领域的各个重要环节,基本上建立健全各类专业协会。这些出版行业协会组织,包括中央和地方的出版、印刷、发行协会在内,共近 100 家,做到上下贯通,形成网络。在其专业实践活动中,出版行业协会

已越来越显示出自身的优势。但我们还应看到,和一些出版业发达的国家如英国、美国、德国等相比,我国目前出版业行业协会的作用还非常薄弱,没有承担起应有的职能。

第一,在机构设置和人员安排上,行业协会的成员在各省市基本上都是一些离退休的老同志,大多没有单独的编制,具体干事的工作人员很少。因为人手少,能力有限,所以在工作开展上有一定困难。行业协会的管理与政府的管理有很大的区别,这是在市场经济条件下一种自发的、不可缺少的管理形式。随着经济的转轨和出版产业的发展,各级出版行业协会应当逐步改变目前依附于行政管理机关的状况,体现行业协会的独立性。这不仅可以使政府的管理顺利地由微观管理向宏观调控过渡,还可以使出版物的生产和流通环节得到很好的协调,使出版从业人员能够自觉自愿地接受政府的监督、管理和法律的约束。

第二,行业协会在职能作用方面还有待加强。我国出版行业协会组织虽然在贯彻党的出版方针、培训队伍、开展出版科学研究、编写史志、组织书展、进行优秀图书评奖等方面做了许多工作,但出版行业协会的工作并没有制度化、规范化。而西方一些国家由于市场经济已经发展到一定程度,与其他行业一样,出版业行业协会管理已成为这些国家进行出版管理的重要组成部分。如在美国和日本,出版行业协会管理都相当严格和重要,许多在我国由政府行使的管理职能,在这两个国家都是由行业协会行使的。这些国家的行业协会虽然是各出版单位自愿参加的民间组织,但因为它与每个会员单位的切身利益密切相关,能够协调和规范行业的生产经营活动,维护会员单位的利益,所以具有权威性。美国出版行业协会在维护会员利益,协调会员的关系,举办、参加有关书展,推广会员图书,交流信息,组织科学研究,组织全国图书评奖等方面发挥了重大作用。而日本的某些出版行业协会,甚至承担了出版社出版计划的审批、出版纸张的核准分配等工作,成为日本政府管理出版业的重要代言人。相比之下,我国的行业协会还没做到这一点。虽然由于政治和经济体制方面的原因,我国的出版业要做到这一点尚有难度,但其中仍有很多做法可供我们借鉴。

第三,在行业划分方式上,我国出版行业协会比较单一。国外很多出版行业协会是按企业规模、经营方式、书业经营专业、地区综合性经营等不同情况进行组织的,一个企业可以参加几个行业组织。而我国一个企业一般只参加一个行业协会。国外有很多书商协会和出版商协会,下设许多分支机构和子系统,书业企业可同时加入一家或几家协会。出版商协会和书商协会,再加上各国一般有作者联盟或协会,可以说协会组织是三足鼎立、相互制约的结构。在美国,外国书商也可以申请加入美国书商协会。而中国书业协会的具体工作则由书刊发行业协会、出版工作者协会或者编辑学会等社会团体承担,会员基本上不会跨会加入不同组织。

第四,在运作上,国外出版协会已经有比较成熟的运作模式,对行业的指导更为精细化。如德国书商协会从1952年起,每年都组织一次“德国最美的书”的评选活动,促进图书装帧艺术的发展,并设立德国书业纪念奖章等数种奖项。在我国,中国书刊发行业协会也已形成自己的固定评奖模式,成立了全国优秀畅销书评选委员会,提高了某些书的知名度,起到一定的导向作用;但在其他方面,如在建立全行业的威望和不可替代性方面,对会员单位的合法利益保护方面,中国出版行业协会目前尚达不到一些发达国家出版行业协会的作用程度。

随着我国出版体制改革的深化,我国书业企业经营机制发生了重大变化,书业企业已成为适应市场要求、依法自主经营、独立享有民事权利和承担民事义务的企业法人,拥有法人财产权。因此,书业企业对上级主管部门就不再是隶属和依赖关系。上级主管部门也因企业的脱钩而丧失经营管理职能,成为国有资产委托管理和行业宏观调控部门。而从主观上来说,加强出版行业管理不仅能减少政府的一些行政事务,减少政府与出版企业容易产生的某些矛盾,而且这种管理方式在一定程度上更为有效,因此,我们应该把行业管理看成是今后出版管理的一项重要内容。经济关系的变化要求有与之相适应的管理方式和管理手段。随着出版生产和流通格局的变化,有些已不适宜由政府行使的管理职能,完全可以由行业协会来承担,政府也没有必要承担过多过细的微观管理任务。

我国加入世界贸易组织以后,顺应与国际接轨的需要,也顺应政府转变职能的需要,原属出版行政管理部门的部分职能将转交给出版行业协会。考虑到我国出版行业协会自律基础较薄弱的现状,当前加强行业协会工作,提高行业协会的地位显得尤为必要。发挥行业协会作用,促进出版行业自律,将是我国加强出版业管理的主要方式之一。

第四节　出版经济管理

在我国出版业产业化的进程中，国家对出版业的管理应逐步加强经济管理手段，这既符合产业化运作规律，也便于中国出版业与世界出版业接轨。一个国家的出版业宏观经济管理主要从三个方面来考虑：出版业宏观经济调控的职能、出版产业政策和出版经济管理手段。出版业宏观经济调控的职能体现了政府在出版产业发展过程中的作用；而出版行政部门如何制定出版产业政策，如何运用宏观经济调控手段，体现了国家对出版产业的导向作用。更重要的是，国家可以运用这些经济政策和手段建立更有效的出版业宏观调控机制。

一、出版业宏观经济调控的职能

1．保持出版经济的综合平衡和稳定协调的发展

出版物市场调节实现的出版经济均衡是一种事后调节并通过分散决策而完成的均衡，它往往具有相当程度的自发性和盲目性，由此产生周期性的出版经济波动和出版经济总量的失衡。出版物市场主体——出版发行企业在激烈的出版物市场竞争中，为了谋求最大的利润，往往将资金投向周期短、收效快、风险小的出版产品和服务项目，从而导致出版产业结构和产品结构的失衡。这就需要出版行政部门运用宏观调节政策，适时改变出版物市场运行的变量和参数，以减少出版经济波动的幅度和频率，同时制定出版业发展战略和出版产业政策，或通过对若干重要出版领域进行投资来引导出版生产力的合理布局，优化出版产业结构，保持宏观出版经济稳定与出版经济总量平衡。

2．遏制出版物市场竞争走向垄断

当出版物市场竞争进入较为深入的阶段时，自由竞争往往会走向自己的反面——垄断，而垄断又会极大地限制竞争，从而导致对出版物市场竞争机制的扭曲，使其不能发挥有效的市场调控功能。在这种情况下，就需要出版行政管理部门充当公益人，对出版物市场主体的竞争予以适当的引导、限制，如教材价格管制、控制垄断程度等。

3. 补偿和纠正出版经济外在效应

所谓出版经济外在效应(externality)是指“单个的出版产品生产决策或出版服务消费决策直接影响他人的生产或消费,其过程不通过出版物市场”,如“搭便车”、“盗版”、“回扣”等。这类出版经济外在效应难以通过出版物市场价格表现出来,当然也就无法通过出版物市场交换的途径加以纠正。只有通过国家税收、补贴政策或管制,才能使出版经济外部效应内在化,如对教辅类读物收税、对科技书返税、给正版音像制品和电子出版物以政策支持与保护等,最大限度地减轻在出版经济发展和市场化过程中的外在效应。

4. 调节地区和出版企业间的收入与分配

一般来说,出版物市场机制能促进出版经济效率的提高和出版生产力的发展,但是它不能自动带来社会分配结构的均衡和公正。奉行等价交换、公平竞争原则的出版物市场分配机制,由于各地区、各出版企业发展的不平衡,造成收入水平的差别,产生事实上的不公平,而市场竞争规律往往是强者愈强,弱者愈弱,这导致发达地区与落后地区之间、不同类型书业企业之间收入差距加大,构成对出版经济持续增长的极大威胁。因此,出版行政管理部门应通过建立专项基金、税收和奖励政策来调节地区和出版企业间的收入与分配。例如,增值税先征后退、对建立农村发行网点的投入、对少数民族地区出版业的扶持等政策,都体现了这一点。

5. 划定出版物市场主体的产权和利益边界,维护出版经济秩序

在出版经济活动中,出版物市场主体经济行为的方式及其目的固然受到出版物市场各种变量的支配,并且这些变量以其特有的规律调整着出版物市场主体的行为,自发地实现着某种程度上的出版经济秩序。但是,书业企业——以谋求利益最大化为目标的市场主体,又总是在密切、广泛、复杂、细致的出版经济联系中进行竞争,产生利益冲突是不可避免的,而当事人以及出版物市场本身并不具备划分出版物市场主体产权边界和利益界限的机制,更不具备化解利益冲突的能力。在这种情况下,就需要以社会公共权力为后盾的出版行政管理部门充当仲裁人,制定体现和保障出版物市场原则的“游戏规则”,即以政策或法律的形式明确界定和保护不同利益市场主体的权利,保证出版物市场交易的效率和公正性,确保出版物市场机制运行的基本秩序以及出版物市场主体的合法权益不受侵犯。

二、我国出版业宏观经济调控政策

出版业宏观经济调控政策体现了国家对出版产业强大的调控力,国家通过制定政策来鼓励和引导出版业的健康发展。出版经济政策的种类很多,比如税收政策、财政补贴政策、价格政策等。

(一)出版税收政策

1. 出版税收政策沿革

税收政策是财政政策的一个重要方面。我国出版业相对于其他行业来说,有一定的税收优惠,如增值税税率为13%,比其他行业低4%,有些出版物的增值税先征后返。改革开放以来,中国的税收政策经过三次较大的调整,每次调整都涉及出版业。

1978年—1982年,国家税收政策沿用的是1972年颁布的《中华人民共和国工商税条例》,条例规定:新闻出版免纳工商税,出版社、杂志社、报社免税,新华书店缴纳3%的工商税,印刷厂缴纳5%的工商税。

从1983年开始,国家税制改革启动,实行利改税的政策,突破国营企业只能向国家缴纳利润,国家不能向国营企业征收所得税的禁区。在这次改革中,确定出版业应缴纳的税种有14种,包括:营业税、增值税、所得税、城市维护建设税、固定资产投资方向调节税、印花税、房产税、车船使用税、奖金税、土地使用税等。考虑到新闻出版业的特殊性,国家对新闻出版业的税收一直实行优惠政策:出版企业所得税只有35%,而国营企业所得税率为55%。

1987年,对出版物取消产品税和部分营业税,改征增值税,税率14%。1988年,国家税务局规定:中国共产党和各民主党派各级组织的机关报纸和机关刊物,各级人民政府报纸和机关刊物,各级人大、政协、妇联、工会、共青团报纸和刊物,军事部门的机关报纸和机关刊物,大中小学的学生课本和专为少年儿童出版发行的报纸和刊物、科技图书等免征增值税。对书刊印刷企业,1984年征收产品税,1989年改为10%增值税,1991年国家税务局对国家定点书刊印刷厂给予减征增值税的优惠政策。

1994年,国家进行第三次税制改革,改革企业所得税制,将过去对国营企业、集体企业和私营企业分别征收的多种所得税合并为统一的企业所得税,实施内外统一的流转税制,即以比较规范的增值税为主体,消费税、营业税并行。

2. 增值税

增值税基本税率为17%,低税率为13%,图书、报纸、期刊的增值税率为13%,音像制品、印刷厂的增值税率为17%。为了贯彻中共中央关于支持宣传文化事业发展的有关精神,从1993年开始对一些出版物实行税收减免政策,出版业只征收增值税,不再征收营业税;对中国共产党和各民主党派的各级组织的机关报纸和机关刊物,各级人民政府的机关报纸和机关刊物,各级人大、政协、妇联、工会、共青团的机关报纸和机关刊物,军事部门的机关报和机关刊物,大中小学的学生课本和专为少年儿童出版发行的报纸和刊物、科技图书和科技期刊等免征增值税;对少数民族地区的出版物销售减征或免征营业税。1995年,新华社的部分报刊免征增值税,并采取先征税后退税的办法。2007年1月1日,音像制品和电子出版物的增值税率由17%降至13%。

扩大增值税实行先征后退的范围。范围包括:科技图书、科技报纸、科技期刊、科技音像制品和技术标准出版物;专为少年儿童出版发行的报纸和刊物;中小学的学生课本;少数民族文字出版物;盲文图书和期刊;在内蒙古、广西、西藏、宁夏、新疆5个自治区内批准注册的出版单位出版的出版物;中国共产党和各民主党派的各级组织的机关报纸和机关刊物,各级人大、政协、政府、工会、共青团、妇联、科协的机关报纸和机关刊物,新华社的机关报纸和机关刊物,军事部门的机关报纸和机关刊物。

少数民族地区的印刷、制作业务实行增值税先征后退政策。少数民族文字的图书、报纸、期刊的印刷业务,少数民族文字的音像制品、电子出版物的制作业务,新疆维吾尔自治区新华书店和乌鲁木齐市新华书店销售的出版物实行增值税先征后退政策。

在图书发行领域的增值税免税政策方面,对全国县(含县级市、区、旗,下同)及县以下新华书店和农村供销社在本地销售的出版物免征增值税。对新华书店组建的发行集团或原新华书店改制而成的连锁经营企业,其县及县以下网点在本地销售的出版物,免征增值税。

为支持我国动漫产业发展,2006年5月,财政部、教育部、科技部、信息产业部、商务部、文化部、税务总局、工商总局、广电总局、新闻出版总署联合制定《关于推动我国动漫产业发展的若干意见》,并经国务院同意,对动漫产业的发展给予财税政策支持。动漫企业可申请享受国家现行鼓励软件产业发展的有关增值税、所得税优惠政策,按17%的税率征收增值税后,对其增值税超过3%的部分实行即征即退政策。

3. 所得税

2008 年以前,企业所得税税率为 33%,对于一些特殊的企业,有不同的所得税优惠。如动漫企业,2006 年开始实行企业所得税“两免三减半”的政策,即自获利年度起,第一年、第二年免征企业所得税,第三年至第五年减半征收企业所得税,动漫企业自主开发、生产动漫产品涉及营业税劳务税的(除广告业、娱乐业外),暂按 3% 的税率征收营业税。对古籍书店销售古旧书免征营业税和所得税等。2007 年 3 月,《中华人民共和国企业所得税法(草案)》通过,2008 年 1 月 1 日起实行,内外资企业统一实行 25% 的企业所得税税率,新闻出版企业所得税税率也降低为 25%。

(二) 出版基金制度

国家对新闻出版业的直接投入早期是以专项资金的方式,后来逐渐演变成基金的方式。1991 年 10 月,财政部和新闻出版署联合发出《关于建立出版企业发展专项资金的规定》,资金来源由财政按出版系统当年上缴所得税净额的 10%,由预算列支和出版企业按留利的 10% 集中。出版发展专项资金主要用于出版学术著作、国家重点图书,以及书刊印刷厂技术改造和图书发行网点建设。1993 年税制改革以后,该项资金来源以及构成有所变化。1993 年财政部门按新闻出版业上缴所得税的实际入库数列支预算,由中央财政建立“出版企业发展专项资金”,用于技术改造、网点建设和重点图书出版。

1997 年 3 月,国家科委、财政部、新闻出版署共同制定《国家科学技术学术著作出版基金管理办法》,基金来源于国家财政专项补助,各级政府部门、单位、社会团体和个人的赞助或捐赠等,主要用于支持优秀科技学术著作出版。2007 年中共中央宣传部、国家民族事务委员会、财政部、国家税务总局和新闻出版总署发出《关于进一步加大对少数民族文字出版事业扶持力度的通知》,决定设立少数民族文字出版专项资金,通过中央财政对少数民族地区的专项转移支付,加大对少数民族文字出版工作的扶持力度。重点补贴少数民族文字出版物(包括书报刊、音像制品和电子、网络出版物)的编辑出版、少数民族文字编译人才的培养、少数民族文字新闻出版单位设备更新和技术改造,以及少数民族文字出版“走出去”的项目等。

2008 年,国务院批准设立国家出版基金,基金的扶持对象主要是公益性的社会科学类出版项目,所扶持的项目是对繁荣我国社会主义文化、提高民族素质、增强综合国力具有重大历史、现实意义和重要社会价值的重大公益性出版项目。在出版形态上既包括图书出版项目,也包括音像、电子、网络等现代媒体形态出版项目,基金来源主要是中央财政拨款。2008年国家出版基金预算2亿元,出版基金开始制度化。

此外,2006年,中央财政还设立扶持动漫产业发展专项资金。专项资金主要用于支持优秀动漫原创产品的创作生产、民族民间动漫素材库建设,以及建立动漫公共技术服务体系等动漫产业链发展的关键环节。

(三)财政补贴政策

世界上许多国家通过财政拨款或补贴的方式鼓励出版业的发展,如加拿大、法国、美国等都通过政府拨款直接资助出版或资助书店,鼓励图书出版和发行。

在20世纪90年代以前,国家对出版、印刷、发行网点建设等方面给予财政拨款支持。20世纪八九十年代,国家对老少边穷地区图书发行网点建设给予一定的投入。从20世纪90年代开始实行补贴少数民族文字中小学教材出版发行的政策,对少数民族文字中小学教材出版发行出现的亏损给予补贴,由中央和地方财政各承担一半,每年年底据实结算。

2006年实施的新闻出版"东风工程",由中央财政和自治区财政专项拨款,每年按计划出版一定数量的少数民族文字出版物,主要是图书、党报、党刊、音像制品和电子出版物。"东风工程"主要由"民文党报、党刊、图书、音像制品、电子出版物免费赠阅项目"、"发行网点建设项目"、"党报印刷设备建设项目"等七个项目组成。以新疆维吾尔自治区为例,在2006年发行网点建设、党报印刷厂设备更新改造和音像制品、电子出版物制作设备建设等项目上,国家投资1.23亿元,其中,自治区自筹1 230万元;民文图书、党报党刊、音像制品、电子出版物免费向农牧区赠阅项目和新疆出版物市场监管及"扫黄打非"工作项目,每年国家补贴4 000万元,五年为2.045亿元,自治区五年自筹约1亿元。整个工程中央和自治区五年共投入资金4亿多元。

农家书屋工程2004年开始实施,2006年农家书屋工程写入《国家"十一五"时期文化发展规划纲要》。农家书屋工程计划在每个行政村建立一个农家书屋,在10年内,全国64万个行政村全部建成农家书屋。每个书屋至少提供1 500册图书,30种报刊,100种音像制品及相应的播放设备和阅读设备。农家书屋建设的资金主要来源于财政。2008年中央财政和各级地方财政投入10多亿元资金,其中中央财政投入6亿元,计划建成6万个农家书屋,使更多的农民受益。

(四) 出版价格政策

1. 出版物价格政策

1954 年以前,全国图书定价没有统一标准,1954 年根据周恩来总理提出的图书定价要"保本微利"的原则,按照印张定价的办法,确定了图书定价标准,后来又扩大到期刊定价,此标准逐渐在全国推行并沿用至 1984 年。

1984 年在全国经济体制改革的大背景下,开始改革图书价格。这次改革主要有两个方面:一是对书刊定价权实行分级管理,地方图书定价由地方管;对中央一级出版社的图书也不再实行单一定价标准,而是规定一个定价标准幅度,规定社会科学和文学艺术类图书每一个印张为 7 分 5 厘到 1 角 6 分,自然科学和生产技术类图书每一个印张 8 分至 2 角 3 分。这次改革放松了对书刊定价的管制,赋予了出版单位一定的定价自主权。

1988 年 3 月,新闻出版署转发《同意印数在 3 000 册以下的学术著作和专业著作可参照成本定价》通知,科学学术著作价格应采取开放政策,不宜采取补贴的办法,可以采取成本定价的方式。8 月,国家物价局发布《关于改革书刊定价办法的意见》,书刊定价仍按保本微利的原则,采取控制定价利润率的办法,利润率在 5% ~10%。学术著作定价权下放给出版社,由出版社根据实际情况自行确定售价,进一步推动了书刊定价的市场化进程。

1993 年,为适应社会主义市场经济体制的要求,书刊价格改革再次启动,4 月,国家物价局和新闻出版署联合发布了《关于改革书刊价格管理的通知》,提出书刊价格分类管理的思路:大中专教材和中小学课本实行国家定价;国家有关部门指定的教学参考书、复习资料、小学生必备字典,由出版单位提供定价标准和依据,由新闻出版行政管理机构和物价主管部门批准;党和国家重要文献由出版单位制定定价标准,报新闻出版署和国家物价局备案;其他图书价格由出版社根据成本、发行册数等自行定价。自此,一般书刊的定价进入市场化阶段。

教材价格管理,特别是中小学教材价格管理是按照国家有关教育改革的统一部署和整体政策进行的。从 2001 年开始,国家体改办、计委、财政部、教育部和新闻出版总署等部门陆续出台《关于降低中小学教材价格 深化教材管理体制改革的意见》及 9 个配套文件,对中小学教材价格做出了详细规定。从 2002 年起,教材价格按保本微利的原则,以租型、出版、发行等环节发生的行业平均成本和 5% 的成本利润率为基础,核定教材绝对金额。由国家计委统一制定教材印张中准价格和浮动幅度,地方主管部门应在规定幅度内确定具体印张价格,并制定教材的零售价格。为了加强对教材价格的监管力度,几家部委又联合发出通知,从2002年秋季开始,教材一律在封底标示零售价格。在对中小学教材出版严格管理和限价的同时,有关部门针对教辅材料过多过滥的问题规定:不得随教材搭售教辅材料,不得组织学生统一购买教辅材料。

2. 稿酬制度

我国的稿酬政策可以分为两个阶段,1999年以前,实行的是指令性的、统一的稿酬制度;1999年以后,实行的是市场化的、自由的稿酬制度。

1977年9月国家出版局提出《新闻出版稿酬及补贴试行办法的请示》并得到批准,从10月1日起恢复被废止10年之久的稿酬制度。当时实行的是一个低标准的制度,著作稿每千字2~7元,翻译稿每千字1~5元,作品重印、转载都不付酬。1980年经中央批准,对稿酬制度进行调整,不仅把著作的稿酬标准提高到每千字3~10元,翻译的稿酬标准提高到每千字2~7元,并且恢复了印数稿酬。

1984年10月,文化部出版局出台了《书籍稿酬试行规定》,将基本稿酬提高一倍,将印数稿酬分为两类,对有重要学术理论价值但印数少的专著,规定较高的计酬比例,增加了古籍整理、辞书条目、编辑加工、审稿、校订等的付酬标准,其中最重要的是增加了已故作者稿酬继承办法。

1990年6月,经国务院批准,国家版权局出台了《书籍稿酬暂行规定》,再次提高稿酬标准,著作稿一般每千字10~30元,最高不超过每千字40元,翻译稿一般每千字8~24元,最高不超过每千字35元,同时提高了印数稿酬标准和美术、摄影、音乐、影视作品稿酬标准。这个标准的出台,不仅是稿酬标准的提高,而且将稿酬工作纳入版权管理的范畴。

1990年9月,《中华人民共和国著作权法》正式公布,规定:使用作品的付酬标准由国务院著作权行政管理部门会同有关部门制定,但合同另有约定的,可以按照合同支付报酬,这实际上从法律上放开了稿酬标准,是稿酬制度的重大改革。

1999年4月,国家版权局颁布了《出版文字作品报酬规定》,取消原来的指令性标准,实行指导性标准为主、指令性标准为辅的原则,开启了稿酬标准市场化的大门,同时增加了版税、一次性付酬的付酬方式。此后稿酬进入了完全市场化的时代,稿酬由作者与出版者约定,既有千字千元的高稿酬,也有自费出版的情况存在,还有通过拍卖等方式确定稿酬的形式。

3. 书刊发行折扣

图书进发货折扣体现图书产销之间、发货店与销货店之间的经济利益关系,是出版业宏观经济管理的重要手段之一。新中国成立初期，在新华书店统一之前，各地新华书店的发货折扣是不统一的。从1950年至1988年间，我国新华书店系统采取的是统一进发货折扣，即发货部门向出版社进货折扣为70折，向县、市书店发货一般为78折，省级书店1959年储备图书的折扣为72折，由省级书店统一订货转发给所属销货店的折扣为74折。① 1988年，中宣部、新闻出版署发出《关于当前图书发行体制改革的若干意见》，打破了持续近40年的统一进发货折扣。1991年，新闻出版署为适应实行浮动折扣的要求，发出《关于图书发行浮动折扣的试行办法》的通知。《通知》指出：国家规定的包销类以外的图书，出版社、发货店可以在规定的幅度内实行浮动折扣。此外，为了促进少数民族地区出版事业的发展，新中国成立以来对少数民族地区书店的发货折扣一直采取优惠政策。

（五）其他经济政策

1. 出版物总量控制政策

书号使用总量宏观控制是出版宏观经济调控的重要内容。为了进一步优化出书结构，提高图书整体质量，压缩低质平庸图书品种，增强书号总量宏观控制能力，1998年12月，新闻出版署发出《关于加强书号总量宏观控制的通知》。《通知》在以下三个方面对书号总量宏观控制进行了规定：第一，书号总量核定、核发的原则和办法。全国各出版社新出图书的书号总量按年度核定，各出版社申请核发书号须报的材料，各出版社新出图书的书号总量仍按每位有发稿权的图书编辑年度5个书号量核定，新成立未满两年的出版社，每年书号总量不超过50个。两年后按上述原则办理。第二，书号总量控制原则和办法。优秀、良好出版社在核定的书号总量使用完后可适当追加，良好出版社追加数量不超过本社书号总量的10%，优秀出版社追加数量不超过本社书号总量的20%；出版社在书号的使用上，应首先保证国家重点图书、国家统编教材、科技专著、少数民族文字图书、外文版图书的出版，在出书结构合理的情况下，书号使用完后，可少量追加，追加数量一般不超过本社书号总量的10%；凡是在上年度受到停业整顿处分的出版社，核减其书号总量的10%～20%。第三，书号核发程序和管理办法。此外，国家在报刊领域对刊号的审批和使用也采取了相应的控制政策。

2. 经济制裁政策

1985年11月，文化部、财政部、国家工商行政管理局印发文化部《关于利用

---

① 根据1959年文化部颁发的《图书进发货试行章程》。

经济制裁手段加强出版管理的请示》。该规定从图书对青少年的某些消极影响、对纸张资源和印刷能力使用的控制以及对图书品种和印数的控制等方面进行考虑,决定在继续加强出版行政措施的基础上,辅之以经济制裁的手段。1988年9月,新闻出版署、国家工商行政管理局联合发出《关于重申利用经济制裁手段加强出版管理有关问题规定的通知》。该文规定:对违反出版管理规定,需要进行经济制裁的单位和个人,"由各地出版行政管理机关、工商行政管理机关分别执行:在编排、印刷过程中发现问题,由出版行政管理机关处理;在流通领域发生的问题,由工商行政管理机关处理,违反规定所牟取的非法所得和罚款由工商行政管理机关查收,交当地财政"。这两项政策的出台,对当时图书的编印发各环节违规行为范围和经济制裁手段进行了阐述,并对执行机构和罚款的处置也做出了明确的规定。

1988年8月,新闻出版署发出《关于被查封销毁图书经济损失赔偿办法的通知》,要求凡新闻出版署正式通知销毁的或由各地新闻出版局通知(限于所管辖地区的出版社)销毁的图书,其经济损失由出版该图书的出版社承担,并对图书销毁过程中的具体做法进行了规定。

3. 出版企业审计制度

为了加强对国有新闻出版企业法定代表人任职期间经济责任的审计监督,建立健全新闻出版企业法定代表人责任制度,根据《中华人民共和国审计法》、《中华人民共和国全民所有制工业企业法》和《国有企业财产监督管理条例》、《全民所有制工业企业转换经营机制条例》,结合新闻出版系统实际情况,1996年1月,新闻出版署发布《新闻出版企业法人代表人离任审计工作规定》。为了进一步加强该规定的实施,1998年1月,新闻出版署发布《新闻出版企业法人代表人离任审计工作规定实施细则》。《细则》对审计对象、经济责任、社会效益考核的参考指标进行了阐述。

第一,审计对象。包括新闻出版署和地方各级新闻出版管理部门所属的各级具有法人资格实行独立核算的出版、印刷、发行等企业(含事业单位企业化管理的出版社、公司、书店等)单位的经理、社长、厂长等。

第二,经济责任。它是指企业法定代表人任期内对企业经营管理应尽的职责和应承担的过失。其内容包括:实现经营目标和提高经济效益的责任;保护国有资产安全完整和保值增值的责任;遵守国家财经纪律的责任;正确反映会计与经济信息的责任;建立健全管理制度,特别是内部控制制度的责任。

第三,社会效益考核的参考指标。出版社:重点出版物完成率、出版物重版

(再版)率、获奖出版物比重、书刊印刷周期;书刊印刷企业:书刊印刷量、书刊印制所占比重、书刊印制合格率、书刊印制优质品率、书刊印制周期;发行企业:发行吨位、发行周期、人均购书额、课本课前到书率、一般图书销售所占比例、发行网点人口覆盖率;物资供销企业:新闻用纸供应量、新闻用纸供应质量合格率。

三、我国出版经济管理手段的加强

首先,要利用国家财政拨款加强国家对出版业的控制能力。国家财政拨款是国家对出版业管理的直接经济手段,其目的是对出版业的发展从经济上给予扶持。国家对出版业的财政拨款应借鉴美国政府印刷局的做法,将政府出版物从出版社中分离出来,专门成立一个机构,作为出版行政部门的组成部分,按照事业单位进行管理,其运作所需资金由政府财政拨款。这样,既可以保证政府出版物的及时出版,保证国家对舆论的控制权,又便于我国对出版企业进行分类管理,保证出版物市场竞争的公平与公正。此外,国家财政拨款还应用于资助我国出版物参加国际书展,资助出版企业在国外设立分支机构和进行扩张,给予中文出版物出口一定的补贴。

其次,要进一步完善出版基金制度。就我国目前的状况来看,出版基金的来源较少,出版基金数量偏少,资助力度较小,无法发挥宏观经济调控的作用。国家一方面应制定优惠政策,鼓励社会各界设立出版基金;另一方面还需制定出版基金的实施政策,规范出版基金的管理。在西方国家,通过政府财政拨款、财团资助、社会团体捐赠等渠道建立起来的出版基金,是出版业发展获得资助的重要来源。据不完全统计,在美国,对出版业提供直接或间接资助的基金会有100多个。这些基金会有财团设立的,也有政府设立的。其中,国家科学基金会(NSF)和国家人文基金会(NHF)是由政府设立并对出版业直接资助的两大基金会。国家科学基金会主要资助科技期刊的出版,国家人文基金会主要资助人文科学研究和科研成果的出版与发表。

在出版基金管理方面,应该借鉴法国和德国的管理模式。法国政府于1990年拨款1.11亿法郎设立“图书文化基金”,相当于当时法国图书出口贸易额的5%~6%。这笔款项主要用于以下四个方面:① 对出口图书补贴;② 资助出口图书专门组织参加国际书展;③ 鼓励出版商开展国际合作业务;④ 资助将法国著作翻译成外文。德国在出版基金的管理方面非常严格。例如,1989年由德国联邦研究与技术部所属的德国研究协会设立的“印刷补贴基金”,其补贴发放非常严格。第一,基金管理办法规定,该补贴只提供给发表最新学术研究成果的出版物;第二,基金补贴的审批程序也非常严格。在德国研究协会下设一个由4名学者和3名出版商组成的出版委员会专门受理基金资助申请。

最后,应充分利用税收政策,对我国出版业进行宏观调控。税收是国家管理出版业的重要经济手段,通过对不同的出版企业、不同的出版物采取不同税率的方式,来优化出版资源配置,引导出版业向着符合国家利益的方向发展,其所达到的效果是其他管理手段无法达到的。我国对出版产业的税收优惠力度是不够的,我国出版企业的税种偏多,税率较高,国外出版企业的增值税比其他行业要低得多,税率基本上都不超过10%,很多国家采取零税率,而我国的出版增值税达13%。而且考虑到我国的很多出版企业同时要向其主管部门上缴利润,我国出版企业的经济负担要远大于国外同行。国家应该在税收政策方面继续给出版产业以优惠,促进我国出版事业的繁荣和发展。这方面,英国、法国和美国的做法值得我们借鉴。

英国政府对出版物实行零增值税政策已经有100多年的历史了,这使英国出版业得到了长期的、稳定的发展,跻身于世界出版强国之列。这项政策的制定源于多数英国人认为图书有别于其他商品,具有特殊性。因此,对其他商品征收17.5%,而对出版物不征收增值税。不过,对于出版企业来说,还是要承担40%的企业所得税和国内执照税。法国政府对出版物征收的税率比一般商品要低,并且有逐步降低的趋势。20世纪80年代,法国政府对图书、期刊、报纸征收7%的增值税,并在此基础上进一步打折,报纸仅交2%的增值税,期刊仅交4%的增值税。到了90年代,法国政府将图书的税率由原来的7%下调到5.5%,比一般商品18.6%的增值税低2/3还多。对图书出口免征增值税,对进口图书征收7%的进口关税,但对音像出版物则征收33%的增值税。出版企业的所得税为50%。在美国,税收这一出版业宏观经济调控手段的作用最为明显。美国的出版机构按其营业的性质分为盈利性和非盈利性两大类。对盈利性出版企业,联邦政府没有特殊优惠政策,要像其他企业一样征税;而对非盈利出版机构,政府不仅不征税,而且还有许多资助。

第三章

3

书业企业战略管理

第一节 书业企业战略管理概述

一、书业企业战略管理的性质

1. 书业企业战略管理定义

书业企业战略管理,就是制定、实施和评价能保证书业企业实现目标且超越不同职能的决策方案的艺术与科学。① 书业企业战略管理是一项综合管理,是通过整合书业企业内部管理、营销、财务、生产、研发以及信息管理系统,对书业企业外部环境的变化做出快速反应,以谋求企业的效益最大化。书业企业战略管理包括战略制定、战略实施和战略评价三个阶段。战略制定包括拟定书业企业远景和使命、确认组织外部机会与威胁、分析内部优势与劣势、提出企业长期目标以及可供选择的战略方案;战略实施要求书业企业确定年度目标、制定政策激励员工和有效配置企业资源以保证既定战略得以实施,战略实施包括塑造支持战略的企业文化、建立有效的组织结构、规划营销推动、制定实上企业预算、建立信息管理系统以及员工的激励体系;战略评价包括检查作为当前战略基础的出版物市场环境和企业内部条件、衡量战略实施的业绩、采取纠正措施三项活动。对于大型书业企业和企业集团来说,战略管理在公司层、事业部和职能层三个层面展开,通过不同层次管理人员战略管理的沟通与交流,使书业企业成为一个竞争实体运作。对于中小型书业企业或没有分公司与战略事业机构的大型书业企业来说,战略管理主要在公司层和职能层两个层面上展开。

2. 书业企业战略管理过程

书业企业战略管理主要包括战略制定、战略实施、战略评价与控制三项内容,其具体过程如图3-1所示。②

---

① [美]大卫,著;李东红,等译.战略管理:概念部分.北京:清华大学出版社,2003:13.

② 项保华.企业战略管理——概念、技能与案例.北京:科学出版社,1994:18.

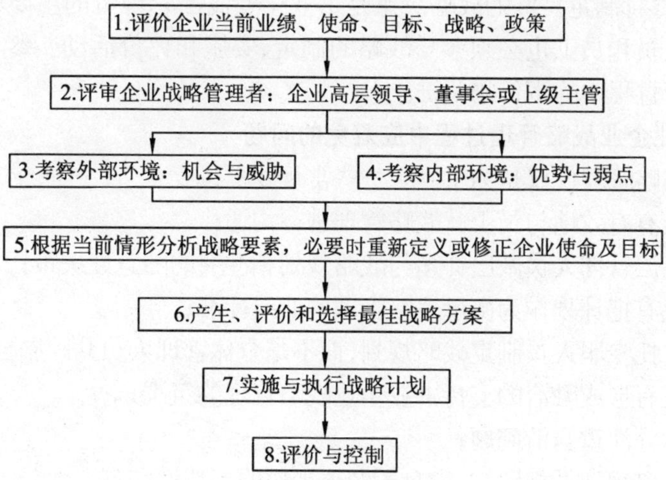

图 3-1 书业企业战略管理过程

二、书业企业战略管理的意义

1. 战略管理的意义

书业企业战略管理的意义在于：首先，它可以使书业企业主动而不是被动地创造企业的未来，使企业对变化的市场主动采取行动而不仅仅是被动地做出反应，从而把握企业自身的命运。书业企业战略管理是通过在战略选择过程中使用更为系统的、符合逻辑的、有理论依据的方法，帮助书业企业制定出更好的、更可行的战略。其次，通过沟通，让每一个员工充分了解书业企业的经营目标、业务方向、目标的实现过程、客户群体、竞争对手以及产品和服务计划，并承担起支持企业的职责，这是成功的战略管理的关键。当书业企业全体员工理解了企业正在做什么和为什么这样做的时候，特别是员工了解了他们的报酬与企业业绩之间的关系以后，他们就会感受到自己是企业的一部分，从而主动承担起支持企业的责任。在管理者和员工理解并努力支持书业企业的使命、目标和战略时，他们会迸发出超乎寻常的创造力和创新力。最后，战略管理过程提供了向员工授权的机会。在认识到战略规划工作必须有低层的管理人员和员工参与进来后，越来越多的企业正在推行战略分层管理。战略分层管理过程包括学习、帮助、教育和支持活动，而不仅仅是高层管理人员之间的文件传递活动，战略管理沟通远比一份精美的战略管理文件更为重要。

总之,尽管制定良好的战略决策是书业企业高层管理者的主要职责,但是,其他管理人员和员工也必须参与战略的制定、实施和评价活动。参与是确保员工承担变革过程中的责任的关键。

2. 书业企业战略管理过程中应避免的问题

(1) 战略管理仅仅是为了满足一些常规要求;

(2) 没有有效地与员工就战略管理进行沟通;

(3) 高层管理人员做出许多与战略规划相冲突的随意性决策;

(4) 没有把计划作为衡量战略管理的业绩标准;

(5) 委托专职人员制定战略规划,而不是全体管理人员共同参与其中;

(6) 没有形成融洽的支持书业企业战略管理的氛围;

(7) 过分注重当前问题;

(8) 战略规划循规蹈矩,窒息了各项工作的灵活性和创造性。

3. 有效战略管理的原则

即使在理论上和技术上最为完美的战略规划,如果不能有效地实施,也是没有价值的。在推行战略管理的过程中,要遵循必要的指导方针,以保证战略管理得到有效实施。

(1) 战略管理过程的简单化和非程式化。战略管理不能演变成僵化的官僚机制,而应该成为一个自觉学习的过程,这一过程促使各层次管理人员和员工熟悉与了解战略管理的关键问题以及解决这些问题的各种方案。在战略管理过程中,要避免形式主义的倾向,在对战略规划及应对措施进行解释说明时,用数字支持文字陈述比较有效。战略管理是一个进行学习和行动的过程,而不仅仅是为控制而提供的一种正式的系统。要努力避免行为僵化,要保证工作任务、团队关系、会议形式和规划进度安排的不断调整,增强其柔性。战略管理过程不应当只是预测未来,还要努力激发全体员工的创造性。要重视书面规划方案,以数字作为有力的支撑。

(2) 开放式思维。书业企业具备对新信息、新观点、新思维等进行考虑的意愿和热忱,这是有效战略管理的关键。要努力激发向当前书业企业战略提出挑战的思维和行动,塑造一种能够充分与企业战略相匹配的企业文化。一方面,企业高层管理者必须细心倾听和充分理解管理人员的岗位职责,以便对这些职位重新设置,进而使各级管理人员都能认同;另一方面,通过开放式思维和沟通,使全体员工能清晰地描述出书业企业的战略和使命。开放式思维可以促进管理者和员工双方对企业战略的理解和认同。

(3) 选择性。没有一个书业企业可以拥有无穷的资源,可以无限制地选择对企业具有潜在价值的全部战略,因此,书业企业战略决策往往不得不排除一些方案,在不同的方案之间进行资源配置。大部分书业企业在一定的时间内只能选择数量十分有限的公司层次战略。对于高层管理者来说,在同一时间选择过多的战略是十分危险的。战略决策需要在不同方案之间进行平衡,如社会效益与经济效益、长期发展规划与短期收益、企业利润与企业相关者的利益等,因此,在制定战略时要尽可能全面客观地考虑方方面面的利益,在各种利益之间寻求平衡。

第二节 书业企业战略制定

一、书业企业的使命

著名的战略管理大师彼得·德鲁克指出:"定义一个企业不是用它的名称或公司章程,而是用它的使命。只有那些清晰界定了使命和组织目的的企业,才能制定出明确、现实的经营目标。"由此可见,确定书业企业的使命对企业战略制定具有十分重要的意义。

1. 书业企业使命陈述的作用与要求

书业企业使命陈述就是阐明企业的根本性质与存在的理由,说明企业经营的宗旨、哲学、信念、原则,根据企业的意愿及服务对象的性质揭示企业的远景,为企业目标的确立与战略的制定提供依据。每一个组织客观上都应该有一个不同于其他组织的存在理由,使命陈述是书业企业"存在理由的宣言",深入挖掘、清楚表达书业企业的使命,对于书业企业的战略管理至关重要。书业企业使命陈述向管理者指明了超越个人、局部和短期需要的统一方向;它能够促进书业企业内部不同层级、不同年龄的员工树立共同的未来期望;它整合不同时期、不同个体和不同利益者的价值观,它提出明确的价值和目标取向,从而使书业企业外部人士易于识别和接受;它还明确书业企业应当采取负责任的行为,并使这些行为与企业内部员工提出的要求相一致。书业企业使命陈述是确定业务优先顺序、制定战略、拟订计划和分配工作的基础,是设计管理工作岗位和进一步设计管理组织结构的起点。企业使命陈述能够为书业企业有效配置资源提供基础和准则,从而对企业内部组织的冲突起到一定的缓解作用,为全体员工了解企业目标与发展方向提供机会,从而在企业内部树立起团结奋发的精神,使企业的战略管理得以有效实施。明确的使命陈述是书业企业有效树立目标和制定战略的精髓所在。

(1) 明确企业发展方向与业务主题。明确企业发展方向与业务主题,一方面,可以帮助书业企业界定战略方案选择的边界,排除某些严重偏离企业发展方向与业务主题并且前景不明的投资领域,从而做到目标明确,集中力量在关键业务领域获得优势;另一方面,使书业企业各级管理人员能在企业使命的范畴内,开阔思路,积极创新,从比较广泛的角度提出与形成多种可行性目标及战略方案,并进行方案的评价与选择,从而促进企业的快速成长和发展。

企业远景回答的问题是:我们想成为什么?企业使命陈述回答的问题是:我们的主营业务是什么?明确书业企业发展方向与业务主题,首先要建立整个书业企业的管理哲学,阐明书业企业内部和外部政策。书业企业外部政策主要是指其社会政策,它既取决于书业企业管理者对社会问题的态度和立场,同时还受到书业企业外部环境的影响。因此,在确定书业企业发展方向与业务主题时,既要考虑企业对股东的责任,又要考虑对于社会、顾客等企业利益相关者的责任。在进行书业企业使命陈述的时候,必须表明企业应当承担的社会责任,并将社会效益作为考核书业企业经营的重要指标。

(2) 协调书业企业内外部矛盾冲突。书业企业使命是通过经营哲学的形式来明确企业方向、树立企业形象、营造经营氛围的,因此,一个有效的企业使命必须清楚准确,能为企业及社会广泛接受和理解,能够激发企业员工的积极进取精神,创造充满活力的企业环境氛围,使员工自觉行动起来,为实现企业的目标而努力奋斗。在通常情况下,读者比较关心书业企业的社会责任,投资者较为关心投资回报,出版行政管理部门主要关心书业企业的宏观导向和社会效益,地方政府则关心本地的税收和就业状况等,这样,书业企业各种利益相关者所追求的目标之间就存在一定的矛盾冲突。因此,好的书业企业使命阐述应当能表达出企业致力于满足这些利益相关者的需要的努力,协调好这些矛盾冲突与经营目标之间的关系。具体来说,有两种做法:一种是通过强调对书业企业目标的认同来减少具体做法上的争议;另一种是以暂时回避的方式,对争议问题进行冷处理。对于书业企业长期目标通常不会有太大的争议,争议的焦点往往集中在实现目标的途径上,因此,在使命陈述中要注意协调好目标统一性与手段多样性之间的关系。

书业企业要获得可持续的发展，必须得到顾客、员工和社会的支持，企业使命能够帮助书业企业实现与内部和外部环境中相关利益者的有效沟通并赢得支持，通过对书业企业长期目标的表述，为各级管理人员超越局部利益与短期观念提供努力的方向，促进各部门员工之间形成共同的价值观，并随着时间的推移逐步加强，最终被书业企业外部环境中的组织与个人所认同和接纳，树立良好的社会形象。

（3）建立顾客导向思想。现代书业企业经营的出发点是以市场为导向，识别顾客需求，然后提供能满足这些需求的出版产品和服务。在进行书业企业使命陈述时，必须识别出版产品或服务对顾客所具有的价值，将满足社会和顾客需求作为书业企业存在的根本理由，并在这一前提下寻求企业自身的利益与发展。对于任何一个书业企业来说，从战略的角度来考虑，必须以市场为导向，明确提供出版产品和服务与满足社会及顾客需求之间的关系，这样，才能保证书业企业长期的生存和发展。著名战略管理大师德鲁克认为：企业想生产什么并不重要，特别是对企业的未来发展与成功经营来说，更是如此；而顾客想买什么、认为什么有价值，对于决定企业的业务、产品以及能否繁荣发展才是至关重要的。正是顾客的需求与愿意为物品或服务付费，才促使企业将经济资源变为物品或服务；当然，用户所购买的或认为有价值的绝不是产品或服务本身，而是体现在产品或服务中的效用，即产品或服务所能提供给用户的满足。① 因此，满足用户需求才是书业企业长期发展的基础与存在的理由。

2．书业企业使命陈述的特点和构成要素

尽管书业企业使命陈述在内容、格式、简略程度等方面，可以随着书业企业内外部环境要素的不同而有所不同，就特定的书业企业来说，理论上也不存在唯一性，但是，通过对一些成功企业使命陈述的分析，可以找到一些最基本的要素。这些要素试图回答的问题包括：

（1）书业企业的顾客。谁是书业企业的顾客？这一问题是书业企业使命陈述首先要考虑的。只有明确书业企业的顾客，弄清顾客的真正需求，才能开发出满足顾客需求的出版产品或服务。

（2）产品或服务。书业企业的主要产品和服务是什么？

---

① Peter Druke Management：Tasks，Responsibilities and Practices. New York：Harper & Row，1974.

(3) 市场。从地域角度考虑,书业企业在哪些区域具有竞争力?

(4) 技术。书业企业在技术方面是否紧跟时代步伐?

(5) 关注生存、发展和盈利能力。书业企业能否实现业务增长并获得合理的财务收益呢?

(6) 经营哲学。书业企业的基本信念、价值观、伦理道德倾向是什么?

(7) 自我认知。书业企业的特色能力与竞争优势是什么?

(8) 关注公众形象。书业企业对社会、读者和环境承担责任吗?

(9) 关注员工。员工是书业企业有价值的资产吗?

总之,书业企业使命的陈述是有关态度和展望的概括,而不是对具体细节的陈述。因此,书业企业使命陈述通常具有概括性,其原因有二:首先,书业企业使命概括性陈述能够激发并在一定范围内衍生出多个目标和多种战略选择,激发管理的创新性,而过多地对细节问题作出规定,会限制书业企业创造性增长的潜力。当然,使命陈述也不能过于概括,以至于不能将众多备选方案中的任何一个剔除。其次,书业企业使命概括性陈述能够有效地调和书业企业内部存在的各种差异,并吸引书业企业的不同利益相关者,包括对书业企业有特殊利益或对书业企业有不同要求的个人读者和团体读者。使命陈述不可能对各个利益相关者提出的不同要求给予同等程度的重视,只能表明对这些不同要求的相对关心程度。

二、外部环境分析

书业企业环境包括外部环境和内部环境两部分,外部环境由存在于组织外部、通常短期内不为书业企业高层管理者所控制的变量构成;内部环境则由存在于组织内部的组织结构、企业文化和企业资源三部分构成。

外部环境分析的目的在于确定有限的使书业企业收益的机会以及需要规避的风险。外部环境因素的变化会转化为对出版产品及服务需求的变化,从而影响到书业企业开发新产品的类型、出版物市场定位与细分、出版服务的类型以及书业企业的并购决策。外部环境因素还对书业企业的供应商和分销商有直接的影响。因此,识别和评价外部机会与威胁,有利于书业企业拟定清晰的使命,设计实现长期目标的战略,制定实现短期目标的策略。

(一) 关键外部因素

书业企业总是在一定的环境中运行的,环境的变化与发展会给某些书业企业带来机会，而给另一些书业企业造成威胁。因此，书业企业必须经常进行环境分析与评价，对环境中正在发生及可能发生的潜在变化保持充分的警觉，随时做好抓住机会和规避风险的准备。与书业企业运行相关的环境因素很多，书业企业不可能对每一个因素都进行详细分析和评价，而必须抓住其中的关键战略要素，即对书业企业活动最具潜在影响的环境要素，特别是那些过去和现在对书业企业运行产生重要影响，并且还将继续对书业企业的运行产生影响的战略要素。只有做好对这些关键战略要素的分析，书业企业才能抓住发展机会，降低运行风险。书业企业关键外部因素如图3-2所示。①

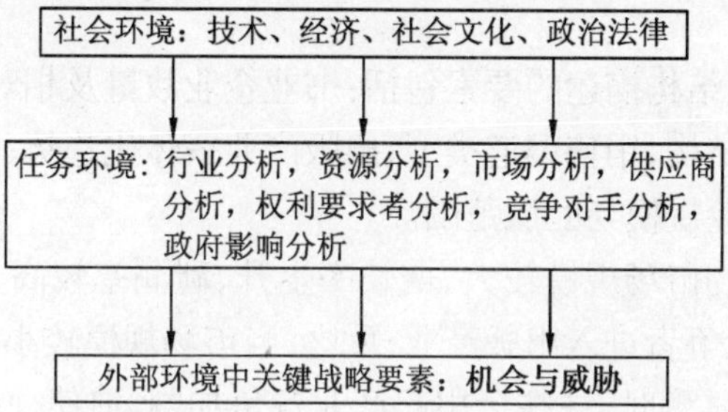

图3-2 企业外部环境关键要素分析

书业企业外部环境可分为社会环境和任务环境两部分。

社会环境是指那些对书业企业运行没有直接作用但能对企业决策产生潜在影响的要素，它主要包括与书业企业相联系的经济、文化、政治及法律、技术四个方面的力量。社会文化力量通过对书业企业利益相关者的作用，影响着书业企业的决策与运行；经济力量中的关键战略要素包括国民生产总值的变化发展趋势、利率水平、货币供给状况、通货膨胀率、失业率、工资/物价水平、汇率、能源供应与成本、市场机制完善程度等；政治与法律力量的关键战略要素包括国内外政治形势的稳定性、政府行政干预与控制、与企业经营有关的法律法规的健全等；技术力量中的关键战略要素包括全社会信息化进程，出版技术、印刷技术的变革等。任务环境泛指能够直接影响书业企业主要运行活动或为其所影响的要素及利益相关者。

（二）出版产业分析

“产业是由一群生产相近替代产品的公司组成的。”②产业分析的首要任务

① 项保华. 企业战略管理——概念、技能与案例. 北京：科学出版社，1994：52.

② ［美］迈克尔·波特，著；陈小悦，译. 竞争战略. 北京：华夏出版社，1997：4.

是探索出版产业长期利润潜力及发现影响出版产业吸引力的因素。产业分析主要讨论以下几个问题:出版产业是如何组织的?引起出版产业变化的推动力以及这些变化的重要性是什么?哪些经济要素与经营特色对于出版产业竞争的成败最具影响力?在出版产业中,书业企业如何获取更大的盈利空间并取得成功?出版产业面临的战略焦点与问题是什么?准确回答这些问题有助于书业企业管理者明确引起出版产业变化的因素,对出版产业发展的方向及其原因做出更为客观的预测,对出版产业未来组织结构的变化做出较为准确的判断,从而明确出版产业的吸引力与利润前景。

1. 产业结构

具体用于产业结构描述的要素包括:书业企业数量及相对规模的大小、市场领先者情况、读者结构、销售渠道类型、出版产业一体化趋势、进入与退出出版产业的难易程度、产业规模与区域范围。

第一,当出版物市场规模较大、增长率上升、利润率较高、生产能力不足时,往往会吸引新的竞争者进入出版产业;反之,当市场规模较小、增长率减缓、利润率较低、生产能力过剩时,往往会引起产业竞争加剧,迫使一些书业企业退出出版产业。

第二,较高的进入、退出障碍,在行业高利润时,能够保护现有书业企业市场地位与盈利水平,而在全行业亏损时则会加剧书业企业之间的竞争;进入该行业的资金量越大,其进入与退出的难度也越大,使得投资决策变得非常重要,从而要求书业企业必须慎重考虑投资时机的选择。

第三,纵向一体化会提高运作资金需求量,在完全、部分或没有一体化的领域,书业企业间较易形成竞争力量与成本优势等方面的差异;而在纵向一体化的环境下,产业规模的经济性则要求书业企业为了获得成本竞争优势而必须达到一定的产量和市场份额。

第四,出版技术创新速度的加快,会增加书业企业的经营风险。书业企业对于技术与设备的投资可能还没有完全折旧就已过时;而出版产品创新速度的加快,使出版物老化速度加快,缩短了出版产品的生命周期,从而使书业企业在某一出版领域领先地位保持的时间缩短。

2. 产业推动力

产业推动力是指那些决定出版产业变化的力量,它们主要包括产业长期增长率、创新能力、成本与效率的变化、政府宏观调控政策和读者阅读倾向与购买方式等。

产业长期增长率的变化将影响出版产业内外企业的投资决策，引发企业进入或退出该产业，从而改变整个产业的相对供求关系与竞争强度，而一旦超大型企业或企业集团进入或退出该产业，往往会引起该产业竞争格局的根本改变。

出版产品与服务创新能够拓宽出版物市场需求，增加各发行商之间的产品差异，吸引行业外企业进入出版产业；出版工艺和流程创新能够大大降低单位出版产品的成本，形成规模效益；营销创新可以进一步扩大出版物市场需求。创新对出版产业结构变化能够产生重要的推动作用。

成本与效率的变化对出版产业会产生重要影响。规模经济和管理水平的不断提高所引起的单位出版产品成本的迅速下降，使其成为书业企业竞争优势的关键所在，从而推动各个书业企业竞相采取扩大生产能力的运作模式，使增长竞争成为出版产业快速发展的主要推动力。

政府宏观调控政策的变化对出版产业结构的变化会产生重要影响。例如，出版总量控制政策、国家对不同类别出版物所采取的不同的税收政策、中小学教材出版发行招标制度的实施等，对我国出版产业的结构调整起到了重要的作用。

读者阅读倾向和购买方式的变化可能会带来新的出版市场需求，从而要求整个产业以及书业企业要有新的战略与之相适应。

3. 产业吸引力

书业企业分析产业结构、认识产业环境的目的是为了认清影响整个出版产业短期与长期环境的关键因素，从而指导书业企业战略的制定。影响出版产业吸引力的主要因素有：出版物市场规模、增长潜力，出版产业所处的生命周期；出版物市场需求的稳定性；产业的价格、成本、利润等经济要素；大企业进入退出的难易程度；出版产业中企业对于投资规模的要求；技术与创新因素；产业推动力对出版产业产生的有利或不利影响；宏观环境对出版产业吸引力的影响；出版产业结构；出版产业内的机会与威胁；等等。

（三）竞争态势分析

形成竞争战略的实质在于将一个书业企业与其环境联系起来。尽管书业企业相关环境的范围广泛，有来自社会的、经济的、政治和法律的等各方面的因素，但书业企业环境的最关键部分就是其投入竞争的产业——出版产业或文化产业。产业结构强烈地影响着竞争规则的确立以及潜在的可供书业企业选择的战略。根据著名战略管理学家迈克尔·波特（Porter，M. E.）的竞争战略理论，一个产业内部的竞争状态取决于5种基本竞争作用力,如图3-3所示。①

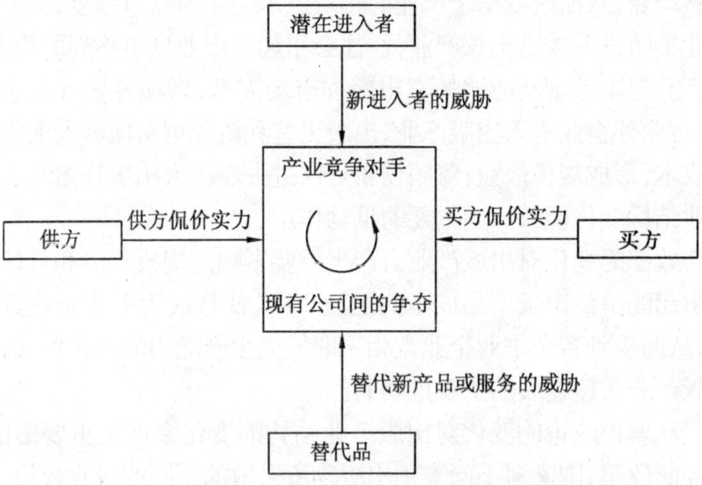

图3-3 驱动产业竞争的力量

进入威胁、替代威胁、买方侃价能力、供方侃价能力、现有竞争对手的竞争——这些作用力汇集起来决定着出版产业的最终赢利能力。赢利能力是以长期投资回报来衡量的,并会随着这5种作用力合力的变化而发生根本性的变化。产业竞争不断将投资资本收益率压低到竞争平衡保底收益水平,而高于竞争平衡保底收益水平的将受到资本市场的追捧,刺激资本的流入。出版产业中竞争作用力的强弱决定了这种投资的程度以及整个出版产业的利润率,最强的一种或几种占据着统治地位,并在书业企业战略中起着关键性作用。

出版产业结构分析的焦点在于辨识根植于出版经济与技术中的基本的、深层次的产业特征,书业企业的竞争战略就是在出版产业经济与技术构成的竞技场中形成的。书业企业在适应出版产业结构方面有各自的强项与弱项,出版产业结构也会随着时间的推移逐渐变化,然而,辨识产业结构永远是战略分析的起点。

1. 现有书业企业间的竞争

出版产业内现有书业企业间的竞争是5种竞争力量中最重要的。现有书业企业间的竞争通常采用人们所熟悉的方式进行,如价格竞争、出版产品和服务创新竞争、国外出版产品引进竞争、广告竞争等。发生这种竞争的主要原因有二:

① 迈克尔·波特,著;陈小悦,译.竞争战略.北京:华夏出版社,1997:3.

一是竞争者求生存的压力;二是看到了改善自身生存状态的机会。

现有书业企业间的竞争程度取决于以下几个因素:

第一,众多的或势均力敌的竞争对手。当出版产业内存在众多势均力敌的中小书业企业时,企业间的竞争程度比较激烈;另一方面,当出版产业达到高度集中化或由少数大集团控制时,在产业中比较容易建立一种秩序。

第二,高固定成本或高库存成本。当存在剩余生产能力时,高的固定成本对所有的书业企业将会产生巨大的压力,要求其充分利用生产能力,由此会导致压价行为的升级。例如,小印刷企业生产能力过剩导致的恶性竞争。此外,当出版产品实效性很强,一经生产就必须在短时间内卖出时,其库存成本就很高,例如畅销书和各类考试辅导书等。

第三,高额战略利益。如果在某一领域的成功对书业企业具有很高的战略利益,则这一领域的竞争活动将变得激烈。例如,教材出版发行领域、教辅领域、畅销书出版领域等。

第四,退出障碍。退出障碍包括经济上的、战略上的、社会责任方面的因素,这些因素使得书业企业即使在收益甚微或者为负的条件下,仍然坚持在该领域竞争。退出障碍具体包括专用性资产、固定成本、政府和社会的约束、内部战略以及感情等方面。

2.进入威胁

对于一个产业来讲,进入威胁的大小取决于进入壁垒以及进入者可能遇到的反击。在进入威胁中,有六种主要壁垒源。

第一种壁垒来自于规模经济。大规模的经济性表现为一定时期内产品的单位成本随总产量的增加而降低。规模经济的存在阻碍了对产业的侵入,因为它迫使进入者或者一开始就以大规模生产并承担遭受原书业企业强烈抵制的风险,或者以小规模生产而接受产品成本方面的劣势,而这两者都不是新进入者所期望的。

第二种壁垒来自于产品差异化。产品差异化是指现有书业企业在长期的运作过程中所形成的顾客服务、出版产品特色等方面的优势。产品差异化迫使新进入的书业企业耗费大量的资金消除原有书业企业顾客的忠诚度,这种努力通常带来初始阶段的亏损,并且通常要经历一个延续的阶段,使新进入者的投资带有较大的风险。

第三种壁垒来自于资本需求。竞争需要的大量投资构成了一种进入壁垒,特别是高风险或不可回收的前期广告、研究与开发、阅读习惯的培养等,如杂志、电子出版产品等领域的投资。

第四种壁垒来自于转换成本。转换成本是指新进入者从原产品或服务领域转换到另一领域时所遇到的一次性成本,它包括员工培训成本、辅助设备成本、检测考核新供应商的时间及成本等方面。

第五种壁垒来自于分销渠道。在某种程度上说,理想的分销渠道已被原有的企业所占有,新进入者必须通过压价、分担开发市场费用等方法促使分销渠道接受其出版产品,而这些方法的采用会降低新进入者的利润水平。

第六种壁垒来自于与规模无关的成本优势。包括书业企业专有的出版权、出版产品技术、政府补贴与支持、地理位置、学习或经验曲线(指出版产品生产与服务的成本会随着书业企业经验积累的增加和管理水平的提高而下降)等。

3. 替代产品压力

广义地看,所有书业企业都与生产替代产品的企业有竞争关系。例如,数字出版产品就是传统纸质印刷品的替代产品。当替代产品的相对价格降低或顾客转换成本降低时,来自替代品的竞争压力会逐步加大。对替代品竞争优势的衡量办法是测算其进入出版市场后的市场份额,了解其扩大再生产的能力以及其市场渗透的能力。应当引起书业企业极大重视的替代品应具有以下两种特征:第一,具有改善出版产品和服务性价比,从而排挤原出版产品的趋势;第二,这些替代品的盈利水平较高,有可能引起原有出版产品的价格下跌或性能的改善,从而使替代品脱颖而出。这方面的分析决定了书业企业是采取压制性战略还是将替代品的生产作为战略计划的一部分。

4. 买方侃价实力

买方的产业竞争手段是压低价格、要求较高的出版产品质量或索取更多的服务项目,并从书业企业竞争者彼此对立的状态中获利。出版产业主要买方的侃价实力取决于出版市场的特性,也取决于这种购买对于书业企业整个业务的相对重要性。如果买方具有以下几个特征,那么,它的侃价能力是强有力的:

(1) 相对于书业企业的销售量来说,购买是大批量的和集中进行的;

(2) 买方从书业企业中购买的产品占其成本或购买数额的相当大一部分;

(3) 买方转换成本低;

(4) 买方盈利低;

(5) 买方采取后向整合的现实威胁;

(6) 书业企业的产品对买方的产品质量与服务无重大影响;

(7) 买方掌握充分的信息。

当然,上述因素会随着时间或书业企业战略决策的变化而变化,而买方的侃价实力也会随之改变。此外,书业企业在销售中对客户群的选择应视为企业重要的战略决策,因为书业企业可能由于找到侃价实力最弱的客户群体,而使企业的战略形势改观。

5. 供方侃价实力

书业企业的供应商可能会通过提价或降低产品或服务质量向书业企业施加压力,这种压力可以迫使一个书业企业因无法使价格跟上成本的增长而失去利润,甚至导致企业的倒闭。这里的供方可以是出版材料供应商、出版社、发货店,甚至是书业企业的人力资源。具备以下特征的供方企业对书业企业的侃价能力最强:

(1) 供方产业集中度高于出版产业;
(2) 供方领域替代品的威胁较小;
(3) 书业企业不是供方的主要客户;
(4) 供方产品是书业企业生产或服务的关键产品;
(5) 供方产品已经差异化;
(6) 供方已建立起转换成本;
(7) 供方有前向整合的趋势。

三、书业企业内部分析

书业企业内部环境分析主要包括企业组织结构、企业文化、企业资源三部分,它涉及书业企业管理、营销、财务、生产运行、研发、信息等职能领域的诸多要素,其主要任务是通过对这些职能和要素的分析,找到影响书业企业未来发展的关键战略要素,以及书业企业的优势与劣势。

企业不容易被竞争对手超过并模仿的优势称为企业特色能力(distinctive competencies)。书业企业建立竞争优势需要利用自身的特色能力,例如,金盾出版社的特色能力是市场营销能力和市场渗透能力。战略设计的目的之一是弥补书业企业的劣势,将劣势变为优势,甚至转换成特色能力。目前,出版物市场竞争愈演愈烈,读者阅读倾向不断变化,满足读者需求的相关技术也在不断演化。在这种复杂多变的外部环境下,仅仅依据外部环境分析作为书业企业战略制定的基础是不可靠的,必须对书业企业内部环境进行分析,挖掘其自身特有的资源和能力。只有将书业企业内、外部环境分析结合起来,在此基础上制定的书业企业战略才是可行的。

1. 管理职能分析

书业企业战略管理贯穿于书业企业各项职能活动之中,战略管理成功的一个关键要素是各职能领域的管理人员之间有效协调和相互理解。通过参与书业企业内部环境分析,各部门管理人员能够有机会了解自己所在部门对整个企业的作用,了解本部门的工作对其他业务领域的影响,了解其他业务领域中决策的性质和影响,这些,对于书业企业战略的实现有益并且必要。内部职能活动分析包括管理职能、营销职能、财务职能、质量管理、创新能力分析。

书业企业内部管理职能分析主要从计划、组织、领导、控制等方面进行。

书业企业计划包括确定目标、制定战略、将计划逐层展开以便协调和将各种活动一体化。它具体分为三个层次:高层管理者主要负责制订长期发展规划(2~5年)、中层管理人员主要负责制订年度计划、基层管理人员负责制订日常运作计划(6个月以下)。当然,各层次的计划制订要相互协调、相互联系。而计划分析的关键在于如何使自上而下的计划制订与自下而上的计划实施有效地对接与协调起来,使各层次的计划能够统一于企业总体战略目标。

组织的目的在于通过任务与权力的界定,将整个书业企业各方面的力量有机地协调起来,它主要包括组织设计与授权。组织分析的关键在于分析组织设计与授权是否能够解决以下几个问题:组织要完成的任务是什么?谁去完成这些任务?这些任务怎样分类组合?谁向谁报告?各种决策应在哪一级管理者那里制定?

每一个组织都是由人组成的,领导的职能就是指导和协调组织中的人。分析领导职能主要从以下几个方面入手:激励机制是否有效?各项计划与决策是否能迅速顺利地实施?沟通方式和沟通渠道是否有效?能否有效地解决部门之间、员工之间的冲突?

控制职能的主要目的是保证书业企业实际运行状况与计划所预期的状况相符合。为了保证书业企业的业务按既定目标进行,管理者必须有效地监控组织和员工的绩效,并能随时与企业的战略目标进行比较。控制职能分析主要包括四个方面的内容:建立绩效标准;衡量个人和组织的绩效;将实际绩效与计划绩效标准相比较;采取纠正措施,使整个企业的运作与企业的战略目标保持一致。

就书业企业内部管理分析来看,可通过回答以下问题来认识书业企业在管理职能方面的优势或劣势:

(1) 书业企业是否引入战略管理理念?

(2) 书业企业的目标是否可衡量并且易于沟通?

(3) 各层级管理者是否有效地开展了计划管理工作?

(4) 各层级管理者是否进行了适当的授权?

(5) 书业企业组织结构是否合适?

(6) 工作说明和工作规范是否清晰?

(7) 员工士气是否高涨?

(8) 激励机制与约束机制是否有效?

(9) 控制机制是否有效?

2. 营销职能分析

书业企业市场营销是指界定、预期、创造和满足顾客对出版产品、服务需求的过程,它包括7种职能:读者分析;出版产品或服务销售;出版产品或服务计划;定价;分销;营销研究;机会分析。书业企业市场营销是通过对外部环境以及出版物市场需求的分析,对出版物市场进行预测,并制定相应的策略满足和引导这些需求。

读者分析(reader analysis)是指检查与评价读者的需要、欲望和要求。这一过程涉及的主要内容有:组织读者调查、分析读者信息、评价出版物市场定位战略、进行读者群体分析及选择最佳出版物市场细分战略。出版产品或服务销售包括广告宣传、产品与服务推广、推销、销售队伍管理、与读者和分销商关系的处理等。不同的营销手段对于不同类型出版物所起到的效果是不同的,因此,要具体分析哪一种或几种营销手段对于本企业营销活动起着至关重要的作用。出版产品与服务计划主要包括赠阅、产品和品牌定位、质量保证条款、出版物类型、特色、风格、包装及质量标准等。特别是在书业企业采用出版物开发或多样化战略时,出版产品与服务计划尤为重要。出版物定价与其利益相关者有关,即与读者、政府、供应商、经销商和竞争者有关。书业企业进行定价决策时要综合考虑读者的消费水平、政府出版物价格政策、供应商和经销商的侃价能力以及竞争者的价格政策。书业企业尤其要关注其竞争者在销售折扣、信用条款和销售条件方面的变化。出版物分销(publication distribution)主要包括仓储、分销渠道、经销商覆盖面、零售网点、销售区域、库存水平和布局、运输工具、批发和零售等方面。营销研究(marketing research)是指对与出版物或服务有关的营销活动相关数据进行系统收集、记录和分析的活动。营销研究有利于揭示书业企业的关键优势与劣势。机会分析(opportunity analysis)主要包括评价与营销决策有关的成本、收益与风险。

总之,对书业企业营销职能的分析应该回答以下几个问题:

(1) 书业企业所做的市场细分是否有效?

(2) 书业企业在出版物市场竞争中的定位是否恰当?

(3) 书业企业的市场份额有所增长吗?

(4) 现在的分销渠道可靠吗? 该渠道的成本效率高吗?

(5) 书业企业是否拥有有效的营销组织?

(6) 书业企业是否开展营销研究工作?

(7) 出版产品与服务质量的评价如何?

(8) 出版产品与服务的定价合理吗?

(9) 书业企业是否已制订有效的促销和广告计划?

(10) 营销计划和经费预算是否可行?

(11) 营销部门管理者是否有足够的经验积累和接受过专门的训练?

3. 财务职能分析

财务状况通常是衡量书业企业竞争位势和整体投资吸引力的最佳指标。确定财务方面的优势和劣势是有效制定书业企业战略决策的必要条件,它包括投资决策、融资决策、股利决策三个方面。书业企业在分析企业财务职能时,最常用的方法是财务比率分析(financial ratio analysis)。财务比率分析能集中体现书业企业各职能领域间关系的复杂性,能在一定程度上反映书业企业在管理、营销、研发、信息系统等方面的优势与劣势。投资决策(investment decision)是关于书业企业资本在项目、产品、资产和业务分部之间的分配和再分配的决策,用以保证书业企业战略的实施。融资决策(financing decision)是为书业企业选择最佳筹资组合和资本结构,它主要从书业企业资金与营运资本的短期与长期需要方面来考虑,一般用权益负债率和资产负债率来衡量书业企业融资决策的有效性。股利决策(dividend decision)是有关向股东支付股利比例以及股票回购和发行问题。股利决策决定书业企业留存收益和股东分红之间的比例关系,其评价指标有三项:每股收益率、每股股息率和市盈率。

衡量书业企业的关键财务比率:

(1) 流动性比率(liquidity ratios):度量书业企业偿付到期短期债务的能力。

(2) 杠杆比率(leverage ratios):度量书业企业负债程度,包括资产负债率、权益负债率、权益长期负债率、已获利息倍数。

(3) 运营比率(activity ratios):度量书业企业资源利用效率,包括存货周转率、固定资产周转率、总资产周转率、应收账款周转率和平均收账期。

(4) 盈利比率(profitability ratios):通过销售收益和投资收益值度量书业企业总体经营效果,包括毛利率、经营利润率、净利润率、总资产收益率、股本收益率、每股收益、市盈率。

(5) 增长比率(growth ratios):度量书业企业在经济和出版产业增长中保持经济地位的能力,包括销售收入增长率、净利润增长率、每股收益增长率、每股红利增长率。

在对财务管理进行评价时,书业企业应当回答以下问题:

(1) 通过财务比率分析,书业企业财务的优势和劣势表现在哪几个方面?

(2) 书业企业能够获得短期的资金吗?

(3) 书业企业能够通过发行股票或举债获得所需的长期资金吗?

(4) 书业企业有充足的流动资金吗?

(5) 书业企业财务预算过程有效吗?

(6) 书业企业同投资者及债权人之间的关系融洽吗?

(7) 书业企业的股利支付政策合理吗?

(8) 书业企业财务主管是否经验丰富并受过良好的正规训练?

此外,还要对书业企业的质量管理、创新能力进行分析。书业企业质量管理主要包括出版产品生产和出版服务过程中的质量管理,请参看本书第六章。书业企业创新能力可以从选题开发能力、出版技术创新能力、管理创新能力等方面进行分析。书业企业创新活动通常分为三种形式:一种是自主创新;一种是委托外部机构创新;一种是联合投资创新。以选题为例,有出版社自主开发的选题、有委托工作室开发的选题,也有与工作室或国外出版机构共同开发的选题。当然,在出版技术创新方面更多的是后两种形式。

4. 企业文化分析

企业文化是渗透到书业企业各职能部门和业务部门的共同内部现象,书业企业各项业务活动间的相互联系可以在企业文化中得到集中体现,"企业文化是一种企业在学习适应外部环境、整合内部资源过程中形成的、行之有效的行为模式。它被作为认识、思考和感知事物的正确方式传授给企业新的成员"①。书业企业文化包含了形成书业企业工作环境的微妙的、不可捉摸的、在很大程度上难以察觉的因素,正因为如此,企业文化很难被改变,也很难被模仿,是书业企业

① Edgar Schein . Organizational Culture and Leadership . San Francisco:Jossey-Bass,1985:9.

核心竞争力的重要组成部分。

形成企业文化的要素包括:价值观、信念体系、礼仪、创业史话、英雄人物、道德准则、心理期望、象征、语言、比喻等,这些要素是影响书业企业战略制定、实施和评价的杠杆。企业文化就像人的个性,每个人都有不同的个性,每个书业企业也有自己的文化,文化与个性一样,是稳定的,不易改变、不易模仿的。企业文化能够渗透到书业企业的各个职能和业务领域中,始终与书业企业的战略紧密地联系在一起,成为书业企业内部分析的重要组成部分。企业文化能够促进书业企业战略的实施,但也有可能在两个基本层面上阻碍书业企业战略管理:第一,由于被固有的、强烈的信念遮住了视线,书业企业管理者时常对外部环境的变化熟视无睹;第二,在特定的、行之有效的企业文化中,书业企业管理者会变得过于坚持企业传统文化,即使是在发生重大战略变化时仍然如此。也就是说,如果对书业企业文化因素处理不当,会严重妨碍书业企业战略的制定、实施和评价,因此,成功的书业企业管理者往往比较重视企业文化的建设,并将管理理念、行为规范等融入企业文化之中,并借助企业文化的力量来实施企业战略。

对书业企业文化的分析,首先,要深入了解书业企业文化的现状,了解其形成的过程,从中找出企业文化的优势方面与劣势方面;其次,分析企业文化与企业战略的相容度,企业文化与企业战略是否相容,对于书业企业战略管理来说至关重要;最后,分析如果企业战略需要企业文化发生改变,应采取哪些措施使全体员工对此达成共识,并对企业文化进行重建。

第三节 书业企业战略的类型与内容

一、三种基本战略

在激烈的出版物市场竞争中,有三种基本战略方法能使书业企业成为同行业中的佼佼者,即迈克尔·波特提出的总成本领先战略、差异化战略和目标集聚战略。这三种基本战略被波特称为一般战略(generic strategies),见图3-4。①

① [美]迈克尔·波特,著;陈小悦,译.竞争战略.北京:华夏出版社,1997:38.

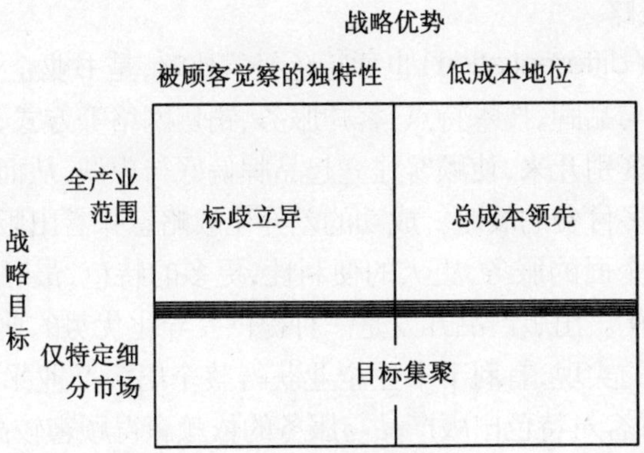

图 3-4　三种基本战略

1. 总成本领先战略

总成本领先战略(overall cost leadership)也称低成本领先战略,是以极低的单位成本向对价格敏感的顾客提供产品或服务,在出版产业中赢得总成本领先的战略。总成本领先战略要求书业企业建立起达到有效规模的生产与服务设施,全力以赴降低成本,严格控制成本与管理费用,最大限度地减少选题开发、服务、广告推销等方面的成本费用,使成本低于竞争对手。

总成本领先战略的实现可以获得以下几个方面的收益:第一,使书业企业获得高于出版产业平均水平的收益;第二,使书业企业在激烈的出版物市场竞争中得到保护,因为当竞争对手在竞争的过程中失去利润时,它仍然可以获利;第三,形成强有力的侃价实力;第四,以规模经济和成本优势建立起进入壁垒。

总成本领先战略在以下的市场环境下会比较有效:市场由许多对价格敏感的顾客组成,出版产品与服务的市场需求具有价格弹性;实现产品和服务差异化比较困难;购买者不关心品牌;市场中存在很多侃价能力很强的购买者;买方的转换成本较低。书业企业实施总成本领先战略的条件是:第一,书业企业要具备较高的出版物市场份额或其他方面的优势;第二,高额的前期投资。投资主要用于购买先进设备、低定价和初始亏损。

总成本领先战略可能面临的风险:出版技术变革导致的成本或工艺的突破,使书业企业为保持低成本领先地位的投资与效率优势完全丧失;读者阅读倾向的改变导致的对非价格因素和出版产品与服务差异化的重视,使价格竞争优势减弱,低成本变得不再重要;替代产品的引入导致原有成本节约技术和设备的失效。

2. 差异化战略

差异化战略(differentiation)也称特色经营战略,是书业企业通过企业形象、出版产品的特性与品牌、技术特点、客户服务、销售网络等方式,将自身的产品和服务与竞争对手区别开来,使顾客建立起品牌偏好与忠诚,从而愿意为差异化的出版产品与服务多付费的战略。成功的差异化战略意味着出版产品有更大的灵活性、兼容性,更全面的服务,更大的便利性,更多的特色,最理想的是能够在几个方面形成差异化。出版产品开发是一种提供差异化优势的典型战略。

差异化战略的实现,有利于书业企业获得整个出版产业平均利润之上的超额利润,并通过顾客对特色出版产品与服务的依赖赢得顾客较高的忠诚度,构筑进入的壁垒。

差异化战略可能面临的风险:第一,实施低成本战略与实施差异化战略的书业企业之间的成本差距过大,以至于读者会舍弃差异化产品或服务来节省开支;第二,出版产品特色可能会带来功能过剩,或者读者根本不需要额外追加的出版产品与服务的特色,从而不接受该产品与服务的高价位,造成出版产品积压;第三,由竞争者模仿产品与服务特色造成的风险。差异化战略对书业企业的要求则主要表现在企业的创新能力方面。

3. 目标集聚战略

目标集聚(focus)战略也称专门化战略,是通过满足特定顾客群的需求、占领出版物某一细分市场或某一个地区市场,来形成书业企业竞争优势的战略。目标集聚战略适用于以下几种情形:出版市场上有一些特殊的读者群,他们对出版产品与服务有其独特的需求;没有或极少的竞争者专注于这一市场的开发;书业企业现有资源不允许其采取较宽泛的市场开发策略;整个产业有足够的规模、良好的增长潜力、较高的利润率,竞争力量参差不齐,使某些细分市场更具开发潜力。为了保证目标集聚战略的实施,要求书业企业具备从事专门化及满足特定市场目标需求的特殊技能,以便为出版物市场的某一部分提供专门化服务,从而在局部市场上获得产品差异和低成本领先的优势。市场渗透和市场开发可为书业企业带来巨大的集聚优势。

目标集聚战略可能面临的风险:大范围提供出版产品和服务的竞争对手与实施目标集聚战略的书业企业间成本差距变大,从而使针对某一狭窄目标市场的出版产品与服务丧失成本优势或差异化优势;战略目标市场与整体出版物市场之间对所期待的出版产品与服务的差距缩小;竞争对手在战略目标市场上又找到新的细分市场,使原有的目标集聚战略显得不够集聚;特定读者群阅读倾向与需求的改变。

成功地实施三种战略需要不同的资源和技能，它意味着在组织安排、程序和控制创新体制上的差异，与此同时，还需要不同的管理风格，并体现为不同的企业文化和企业氛围，从而吸引不同类型的人才。

二、可供书业企业选择的战略

可供书业企业选择的战略包括一体化战略、强化战略、多元化战略、防御战略、合资与组合战略五种，书业企业应根据内外部环境和自身的资源条件进行战略选择。

（一）一体化战略

前向一体化、后向一体化和水平一体化统称为纵向一体化战略（vertical integration strategies），它有利于书业企业对分销商、供应商和竞争者实施有效的控制。

1．前向一体化战略

前向一体化（forward integration）战略是指企业获得对分销商或零售商的所有权或控制力的战略。如果书业企业的分销商不可靠、要价太高或不能满足需要，那么，书业企业就要考虑采用前向一体化的战略。有效的前向一体化战略适用于以下几种情况：

（1）书业企业的分销商要价太高，或者不大可靠，或者不能及时满足书业企业分销出版产品的需要；

（2）书业企业可以利用的合格的分销商十分有限，进行前向一体化战略可使书业企业获得竞争优势；

（3）出版产业增长迅速；

（4）书业企业拥有前向一体化的资金和人力资源；

（5）可获得出版产品与服务的高稳定性；

（6）分销商或零售商获利丰厚。

2．后向一体化战略

后向一体化（backward integration）战略是指企业获得对供应商的所有权或控制力的战略。如果书业企业的供应商不可靠、要价太高或不能满足需要，那么，书业企业就要考虑采用后向一体化的战略。有效的后向一体化战略适用于以下几种情况：

（1）书业企业的供应商要价太高，或者不大可靠，或者不能满足书业企业对

物资供应及出版产品的需要;

(2) 供应商数量少而下游企业数量较多;

(3) 出版产业增长迅速;

(4) 书业企业拥有后向一体化的资金和人力资源;

(5) 能够获得保持价格稳定的优势;

(6) 供应商获利空间很大;

(7) 企业需要尽快获取供应商所供资源。

3. 水平一体化战略

水平一体化(horizontal integration)战略是指获得对竞争者的所有权或控制力的战略。将水平一体化战略作为企业增长战略,是当今战略管理中最显著的趋势之一。在书业企业竞争者之间进行合并、收购和接管,有利于实现整个出版产业规模经济效应,提高出版产业集中度,有利于促进出版资源的优化配置。同一产业内竞争者之间的合并与收购,比跨行业的兼并更容易产生效益,因为这种兼并可以避免重复建设,并且收购者更容易了解被收购者。有效的水平一体化战略适用于以下几种情况:

(1) 书业企业可以在特定的地区或领域获得垄断(在法律允许的范围内);

(2) 出版产业呈快速增长态势;

(3) 可以借助规模经济效益的提高提升书业企业的竞争优势;

(4) 拥有有效管理规模扩大后的书业企业的资金和人力资源;

(5) 被收购者因缺乏管理人才或因需要获得某种特殊资源而陷入困境的(如果被收购者效益不佳是因为整个出版产业不景气造成的,不适合采用水平一体化战略)。

(二) 强化战略

强化战略是通过不断地努力提高书业企业现有出版产品及服务竞争地位的战略,它由市场渗透、市场开发和产品开发组成。

1. 市场渗透

市场渗透(market-penetration)战略是指书业企业通过更大的营销努力,谋求提高现有出版产品或服务在出版物市场上的份额的战略。市场渗透战略是通过增加销售人员、增加广告费用、推出强有力的促销项目、加强公共关系工作等措施来实现的。有效的市场渗透战略适用于以下几种情况:

(1) 特定的出版产品与服务在当前的出版市场中尚未达到饱和;

(2) 当前读者对出版产品或服务的需求增长可能会显著提高;

(3) 整个出版产业的销售总额在持续增长,而主要竞争对手的市场份额则处于持续下降中;

(4) 从历史数据来看,该出版产品或服务的销售额与营销费用密切相关;

(5) 可以借助规模经济效益的提高获得更大的竞争优势。

2. 市场开发

市场开发(market development)战略是指将现有出版产品或服务导入新的地区市场的战略。有效的市场开发战略适用于以下几种情况:

(1) 存在新的、书业企业可获得的、可靠的、要价不高的、高质量的分销渠道;

(2) 书业企业在其主营业务领域非常成功;

(3) 存在着新的、未开发或未饱和的出版物市场;

(4) 书业企业拥有管理扩大业务所需的资金和人力资源;

(5) 书业企业生产能力过剩;

(6) 书业企业的主营业务处于正在全球化的产业之中。

3. 产品开发

产品开发(product development)战略是指书业企业通过改进现有出版产品或服务谋求增加销售额的战略。有效的产品开发战略适用于以下几种情况:

(1) 书业企业现有的出版产品非常成功,但处于生命周期的成熟阶段,采用该战略可吸引老顾客尝试新的、改进后的出版产品,因为他们对现有的产品与服务很满意;

(2) 与出版有关的技术发展迅速;

(3) 主要竞争对手以适当的价格提供质量更优的产品;

(4) 出版产业高速增长;

(5) 书业企业具有很强的创新能力。

(三) 多元化战略

多元化战略(diversification strategies)包括三种基本类型:同心多元化、水平多元化和集中多元化。

1. 同心多元化

同心多元化(concentric)战略是指企业增加新的、相关的产品或服务的战略。有效的同心多元化战略适用于以下几种情况:

(1) 书业企业所在领域增长缓慢或零增长;

(2) 增加新的、显著相关的产品,能够促进现有出版产品的销售;

(3) 书业企业能够以富于竞争力的价格水平提供新的、相关的产品;

(4) 新的、相关的产品销售具有季节性波动的特征,这一波动正好可以弥补书业企业现有产品的波动;

(5) 书业企业现有产品正处于生命周期的衰退阶段;

(6) 书业企业拥有强有力的管理团队。

2. 水平多元化

水平多元化(horizontal)战略是指为现有顾客增加新的、不相关的产品或服务。有效的水平多元化战略适用于以下几种情况:

(1) 增加新的、不相关的产品或服务,会显著提高书业企业现有产品与服务的收入;

(2) 整个产业竞争激烈、增长缓慢、利润率和投资收益率很低;

(3) 书业企业的分销渠道可以用来向现有顾客推销新产品;

(4) 和书业企业现有的产品相比,新产品的销售波动能够产生一定的互补效应。

3. 集中多元化

集中多元化(conglomerate)战略是指企业增加新的、不相关的产品与服务的战略。同心多元化与集中多元化的关键区别在于:前者以业务的市场、产品或技术共性为基础;后者则更多地以利润方面的考虑为基础。有效的集中多元化战略适用于以下几种情况:

(1) 书业企业主营业务所在产业正经受着年销售额和利润下降的冲击;

(2) 书业企业拥有在新的产业中成功开展竞争所需的资金和管理人才;

(3) 书业企业拥有收购一个不相关、但投资机会诱人的企业的机会;

(4) 在收购与被收购的企业之间,存在着资金上的协同性;

(5) 书业企业现有的市场已经饱和。

(四) 防御战略

除一体化战略、强化战略和多元化战略外,书业企业还可选择防御战略。防御战略包括收缩、剥离和清算三种战略。

1. 收缩

收缩(retrenchment)战略,又称转型(turnaround)或重组(reorganization)

战略,是指企业通过成本和资产的减少对企业进行重组以扭转销售额和利润下降局面的战略。收缩是为了利用有限资源,增强书业企业的基本特色能力。其具体措施有:出售建筑物以变现、压缩产品线、关闭不盈利的业务单元、关闭废弃不用的工厂、推动工艺自动化进程、裁员和费用控制系统的采用等。在某些情况下,破产可能是有效的收缩战略。有效的收缩战略适用于以下几种情况:

(1) 书业企业特色经营能力明显,但在一段时间内未能实现既定的战略目标;

(2) 在出版产业中,企业处于竞争方面弱者的地位;

(3) 书业企业处于效率低、获利水平低、士气低的状态,而股东要求改进业绩;

(4) 书业企业在一段时间内未能有效地利用各种机会和资源,管理者不称职;

(5) 书业企业规模迅速扩张,需要进行大规模改组。

2. 剥离

剥离(divestiture)战略是指企业将业务分部或一部分出售的战略。该战略可以使书业企业致力于加强自己的核心优势,降低多元化程度,帮助书业企业从以下的业务中解脱出来:不盈利的业务、需要太多资金的业务、与企业其他活动不匹配的业务等。有效的剥离战略适用于以下几种情况:

(1) 书业企业已采取了收缩战略,但未能取得预期效果;

(2) 单个事业部为获得竞争力而需要的资源超出书业企业的供给能力;

(3) 单个事业部与书业企业其他业务部门不匹配;

(4) 书业企业急需一大笔资金,但又无法从其他途径获得。

3. 清算

清算(liquidation)战略是指企业为了变现而将全部或部分资产分割出售的战略。有效的清算战略适用于以下几种情况:

(1) 书业企业已采取了收缩和剥离战略,都未成功;

(2) 书业企业唯一可选择的就是破产;

(3) 书业企业股东可以通过出售企业资产将损失降至最低限度。

(五) 合资与组合战略

1. 合资企业

合资企业(joint venture)是指两家或两家以上的企业为共同利用某种机会

而建立合作伙伴或结成联盟的战略。通常的情形是,两家或更多的发起企业组建一家独立的新企业,发起企业共同拥有新企业的股份。其他形式的合作关系还有研发项目合作、签订共享分销渠道协议、签订共享许可经营协议、签订共享生产协定和联合竞标等。合资企业和合作经营在世界范围内越来越广泛地被采用,因为这种经营形式有利于促进书业企业改善沟通,建立经营网络,由竞争变为竞合,降低经营风险,实现"双赢"。有效的合资企业战略适用于以下几种情况:

(1) 国内与国外书业企业共同组建合资企业;

(2) 合资双方或多方企业的特色能力具有很强的互补性;

(3) 项目潜在获利空间很大,但项目对资源的要求和可能出现的风险远远超出书业企业自身能够承受的限度;

(4) 两家或多家小书业企业在同大企业的竞争中遇到困难;

(5) 书业企业必须迅速引进新技术。

2. 组合

组合(combination strategy)战略是指书业企业同时采取两种或多种战略的战略。由于企业的资源是有限的,没有一家书业企业能够选择所有的可以使企业受益的战略,它必须做出选择,必须确定战略选择中的优先顺序。组合战略主要出现在两种情况下:一是在大型多元化的书业企业或书业企业集团中,多个不同的事业部采用不同的战略;另一是为谋求生存,书业企业所采取的防御战略组合。

第四节 书业企业战略评价与控制

随着书业企业内外环境的变化,即使设计完美、实施得当的战略也会因时间的推移出现问题。因此,书业企业高层管理者系统地检查、评价和控制企业战略的实施,是战略管理中必不可少的环节。战略评价对书业企业而言至关重要,因为及时地评价可以使高层管理者在局势恶化之前对现有问题和潜在问题采取有效的措施。书业企业战略评价与控制主要包括三项基本活动:检查企业战略的内在基础;比较实际结果与预期目标;采取纠正措施。

一、书业企业战略评价的标准

充分和及时的信息反馈是有效战略评价的基础和前提条件,但是,战略评价不可能确切证明战略是否为最佳选择或真正有效,它只能帮助书业企业发现战略的缺陷,以便采取纠正措施。战略管理学家理查德·鲁梅尔特(Richard Rumelt)提出了战略评价的四项标准:一致性、调和性、可行性和有利性。调和性和有利性主要用于外部评价,而一致性和可行性主要用于内部评价。

1. 一致性

一致性(consistency)是指战略提出的目标和实施政策应保持一致。组织的冲突、部门之间的扯皮往往是管理失序的表征,但也可能是战略不一致的表现形式。判断书业企业存在的问题是否由战略不一致所引起的,主要依据以下几个表征:

(1) 尽管更换了人员,但管理问题仍然存在;

(2) 书业企业一个部门的成功意味着另一个部门的失败;

(3) 政策问题与管理事项不断被提交到高层管理者那里寻求解决。

2. 调和性

调和性(consonance)是指在战略评价时,既要考察单个事件的发展趋势,又要考察出版产业的总体趋势。在书业企业战略制定与实施的过程中,影响企业关键内部要素和关键外部要素相匹配的事件,大多是多种趋势相互作用的结果,因此,进行书业企业战略评价时,必须将它们结合起来进行考察,以保证评价的科学性与合理性。

3. 可行性

可行性(feasibility)是指所选择的战略能否依靠书业企业自身的资源得以实施,并做到既不过度耗费可资利用的资源,也不会给企业带来无法解决的问题。书业企业的财力是最容易定量考察的,通常也是决定采用何种战略的第一制约要素,对于书业企业战略选择影响更大,而定量性较差的制约因素是人才与组织能力。在进行战略评价时,需要考察书业企业在过去的运作过程中,是否已具备既定战略所需要的核心能力、人才和技能。

4. 有利性

有利性(advantage)是指所选择的战略能够使书业企业在战略所选择的业务领域内塑造或保持竞争优势。竞争优势通常来自于书业企业在以下三个方面的领先性:资源、技能、位势。对资源的合理配置能够提高书业企业的综合效益,而一旦获得了有利的竞争位势,书业企业的防御功能就会发挥其作用。获取这一位势需要付出巨大的代价,以至于令竞争对手望而却步,只要书业企业内外部因素不发生变化,其位势将自我维系。有利的位势的基本特征是:能使书业企业从所选择的战略中获得优势,而不在这一位置的竞争对手却不能从中获益。

二、战略评价框架

战略评价的过程可以用战略评价框架图来表示,见图 3-5。①

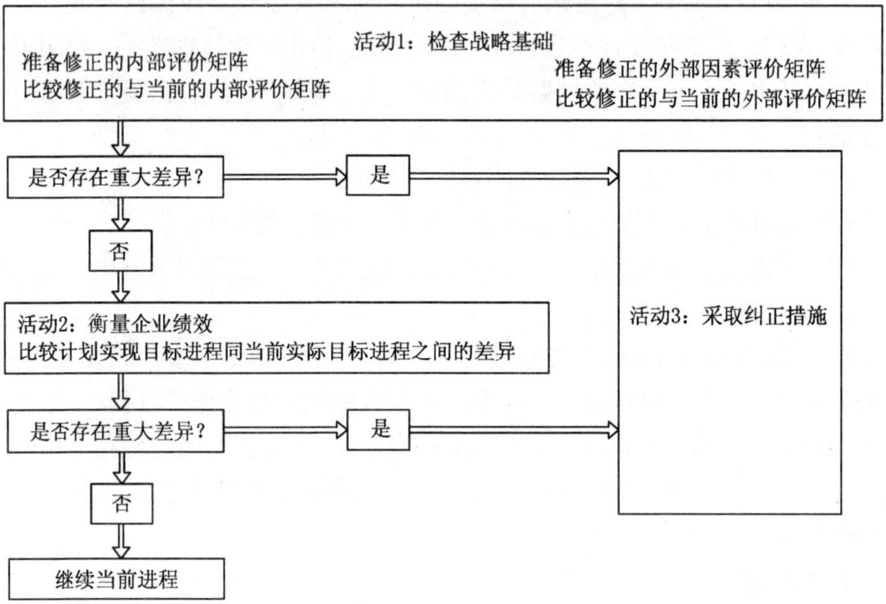

图 3-5 战略评价框架

1. 检查战略基础

第一项重要的战略评价活动是检查战略基础。检查战略基础主要从分析竞争对手和书业企业自身两方面进行。

对竞争对手的分析需对以下问题进行回答:

(1) 竞争对手对我们的战略是如何反应的?

① [美]大卫,著;李东红,等译.战略管理:概念部分.北京:清华大学出版社,2003:13.

（2）竞争对手的战略发生了哪些改变？

（3）主要竞争者的优势与劣势发生变化了吗？

（4）竞争者为何进行战略调整？

（5）为什么有些竞争者的战略比其他竞争者的战略更成功？

（6）竞争者对现有的市场地位和盈利水平的满意度如何？

（7）主要竞争者在进行报复之前有多大的容忍空间？

（8）如何才能有效地与竞争者合作？

对书业企业自身的分析需对以下问题进行回答：

（1）我们的内部优势仍然是优势吗？

（2）我们是否增加了新的内部优势？如果是，是什么？

（3）我们的内部劣势仍然是劣势吗？

（4）我们现在是否有其他的内部劣势？如果有，是什么？

（5）我们的外部机会仍然是机会吗？

（6）我们现在是否有其他的外部机会？如果有，是什么？

（7）我们的外部威胁仍然是威胁吗？

（8）我们现在是否有其他的外部威胁？如果有，是什么？

2．衡量企业绩效

第二项重要的战略评价活动是衡量书业企业绩效。这一活动主要包括：将实际结果与预期效果相比较；考察战略实施进程与计划的差距；评价个人绩效；检查在实现既定目标过程中已经取得的成绩。在衡量书业企业绩效的过程中，普遍采用对长期目标和年度目标的衡量，其评价标准应是可衡量的和易于证实的。战略评价基于定量和定性两种标准。通常采用的定量标准是各种财务比率。一般利用财务比率进行三种重要的比较：第一，比较书业企业在不同时期的经营业绩；第二，与竞争者比较企业业绩；第三，将书业企业业绩与出版产业平均水平进行比较。具体有以下8个指标：

（1）投资收益率；

（2）股本收益率；

（3）盈利率；

（4）市场份额；

（5）权益负债率；

（6）每股收益；

（7）销售增长率；

(8) 资产增长率。

虽然定量标准易于衡量,但是,它存在一些潜在问题:首先,绝大多数定量标准都是为年度目标制定的,而战略目标是长期的;其次,对于上述8项指标来说,不同的会计方法计算出来的结果是不同的;第三,评价时还存在非定量因素。基于此,还需要采用定性的方法对书业企业战略进行评价。

书业企业战略评价定性的标准主要有以下几个方面:

(1) 战略与书业企业内部条件一致吗?

(2) 战略与书业企业外部环境一致吗?

(3) 战略与书业企业可利用的资源相匹配吗?

(4) 战略所设计的风险程度可以接受吗?

(5) 战略实施的时间表适当吗?

(6) 战略可行吗?

此外,还需要对以下问题进行判断:

(1) 书业企业在高风险项目和低风险项目之间的投资是否平衡?

(2) 书业企业在长期项目和短期项目之间的投资是否平衡?

(3) 书业企业在缓慢增长市场和快速增长市场之间的投资是否平衡?

(4) 书业企业在各事业部之间的投资是否平衡?

(5) 战略在多大程度上体现书业企业的社会责任和社会效益?

(6) 书业企业关键内部战略因素与关键外部战略因素之间的关系如何?

(7) 主要竞争者可能对战略做出的反应如何?

3. 采取纠正措施

最后一项重要的战略评价活动是采取纠正措施,它要求书业企业通过变革的方式实施纠正措施。纠正措施应当将书业企业置于能够发挥内部优势和利用外部机会的有利位置,能够使书业企业规避或减少外部威胁和风险,能够弥补书业企业内部劣势。纠正措施应当有明确的执行时限,并且与书业企业内部条件及所承担的社会责任保持一致,从而达到增强书业企业主营业务在出版产业中的竞争地位。纠正措施主要包括:调整组织结构、更换关键人员、修改企业使命陈述、修改既定目标、重新配置资源、制定新的管理政策和绩效奖励办法等。当然,采取纠正措施并不一定要放弃现行战略或制定新的战略。

三、战略评价系统与权变计划

由于外部环境的变化是难以预测的,其复杂性不断提高,突发事件不断增

多,使书业企业战略的评价难度不断加大。战略评价难度加大主要源于以下几个趋势:

(1) 书业企业外部环境的复杂性急剧提高;

(2) 准确预测未来的难度加大;

(3) 影响书业企业经营的变量增多;

(4) 影响书业企业经营的国内外突发事件增多;

(5) 各种计划、规划和战略的有效期都在不断缩短。

战略评价活动应当是连续进行的,而不是在特定时期的期末或出现问题之后。采用连续而不是定期的评价方法,有利于书业企业有效地监测战略实施的整个过程,发现问题,及时采取纠正措施。正因为如此,书业企业需要建立有效的战略评价系统和制订权变计划。

1. 有效评价系统的特征

有效评价系统的特征主要包括以下几个方面:第一,战略评价系统必须经济实用,太多的信息如同太少的信息一样有害,太多的控制同样弊大于利;第二,战略评价系统要有实际意义,即战略评价应当与书业企业的经营目标结合起来,战略评价应当向高层管理者提供有关影响、控制书业企业战略实施的信息;第三,战略评价系统应当能够提供即时信息;第四,战略评价系统应当能够再现书业企业的实际运作状况;第五,战略评价系统应当是简单的,而不是复杂的,也不要有太多的约束,当然,大型的书业企业或企业集团需要完备、缜密的战略评价系统。不存在理想的战略评价系统,只存在有效的战略评价系统,书业企业的特征、规模、管理风格、目的、问题、优势、劣势等,决定着书业企业战略评价系统的最终设计方案,也决定了它是否有效。

2. 权变计划

权变计划(contingency plans)是指在特定关键事件未能按预期设想发生时可以生效的替代计划。有效的战略管理的基本特征是书业企业能够事先提出有利与不利的应对措施。许多书业企业只是为了应对不利事件才准备权变计划,这是一个误区,因为将威胁降至最小和充分利用机会同等重要。权变计划只针对哪些影响书业企业战略实施的关键事件和变化,下面是书业企业需要做出权变计划的事件和变化:

(1) 一个主要的竞争者正在从特定的出版物市场中退出,我们将采取何种措施?

(2) 如果销售目标未能实现,书业企业应采取何种措施以避免亏损?

(3) 如果市场对新产品的需求超出了原计划的预期,书业企业应采取何种措施以满足更高的需求?

(4) 如果出现突发事件,如计算机系统瘫痪、受到恶意收购、专利保护到期或不可抗拒的灾难,书业企业应采取何种措施?

(5) 如果一项新技术的进步使书业企业的某一新产品提前被淘汰,书业企业应采取何种措施?

书业企业制订权变计划有以下几个步骤:

(1) 识别可能使书业企业战略失效的有利和不利的事件;

(2) 具体确定突发事件的导火线,以便计算可能发生的时间;

(3) 评价每一突发事件的影响,估算其可能带来的好处和坏处;

(4) 制订权变计划,并保证与现有战略的兼容性和可行性;

(5) 评价各个权变计划的相互影响,通过定量确定它们的潜在价值;

(6) 确定突发事件早期的预警信号,并监控这些信号;

(7) 对于已出现预警信号的突发事件,制订事先行动计划,以争取主动。

第四章

4

书业企业组织管理

组织管理是书业企业管理的重要内容。组织管理是书业企业实现其经营管理目标的组织保证,它不仅关系到企业工作的效率和效果,也关系到企业员工能否充分地发挥其才能和迅速地适应企业内外环境。有效的组织管理,不仅有利于书业企业内外关系的良好协调、各方面积极性的充分调动和各项工作的顺利开展,而且也有利于提升企业组织系统的整体效应,取得最佳业绩。

第一节 书业企业组织体系

一、组织与组织管理概述

(一) 组织

组织的含义可以从不同的角度去理解,古今中外很多管理学家对组织进行了不同的解释。哈罗德·孔茨把"组织"定义为"正式的有意形成的职务结构或职位结构"①,而被称为现代管理理论"鼻祖"的切斯特·巴纳德认为,"组织就是有意识地协调两个或两个以上的人的活动或力量的协作系统"②。组织有正式组织和非正式组织之分。正式组织一般是指在一个正式组织中有意形成的职务结构,而非正式组织"并不是由正式组织建立或需要的,但由于人们互相联系而自发形成的个人和社会关系的网络"③。

一些学者将组织区分为有形组织与无形组织,其中,作为组织活动结果的那种无形"组织"的概念,有别于作为有形实体(如工商组织、事业单位、政府部门等机构或组织)存在的"组织"概念。为区别起见,我们通常将有形组织称作组织机构,而将那种无形的、作为关系网络或力量协作系统的组织称作组织活动。无形的组织活动与有形的组织机构是一种手段与目的的关系。也就是说,作为"力量协作系统"而存在的无形的组织,本身并不具有自己的目的,它不过是为了完成组织机构的目标而存在的。④

① 哈罗德·孔茨,等.管理学.北京:经济科学出版社,1995:190.

② 杨文士,张雁.管理学原理.北京:中国人民大学出版社,1994:170.

③ 哈罗德·孔茨,等.管理学.北京:经济科学出版社,1995:190.

④ 芮明杰.管理学.上海:上海人民出版社,1999:75.

1. 组织实体

从实体的角度看,组织是为实现某一共同目标,经由分工与合作,集不同层次的权力和责任制度而构成的人群集合系统。这个概念包含以下三层含义:

首先,组织必须有目标。任何组织都是为实现某些特定目标而存在的,不论这些目标是隐含的还是明确的,目标是组织存在的前提和基础。组织最基本的目标是有效地配置有限的资源。如:企业的目标是追求企业价值最大化;大学的目标则是传授知识,培养高级人才。而一些非正式组织,它们隐含的目标就是使组织成员受到保护,满足成员在某些方面的特殊要求。

其次,组织必须有分工和协作。分工与协作关系是由组织目标限定的。一个组织为了达到目标,需要有许多部门,每个部门都专门从事一种或几种特定的工作,各个部门之间又需要相互配合,这就是分工和合作。只有把分工与合作结合起来,才能提高效率。

再次,组织要有不同层次的权力与责任制度。组织内部必须有分工,而在分工之后,就要赋予各部门及每个人相应的权力,以保证其实现目标。但在赋予权力的同时,必须明确各部门或个人的责任。有权力而无责任,就有可能导致权力滥用,从而影响组织目标的实现。权力和责任是达成组织目标的必要保证。

2. "组织"活动

"组织"活动是管理的重要职能,它是无形的,指的是在特定环境中为了有效地实现共同目标和任务,确定组织成员、任务及各项活动之间的关系,对资源进行合理配置的过程。组织活动的目的,是为了建立一种能产生有效的分工合作关系的结构。正是借助于组织活动,各类组织机构内部才有可能形成一个"力量协作系统",使个体的力量得以汇聚、融合和放大,从而体现组织的作用。书业企业作为具有特定目的的组织,其人员要素与物的要素必须有效结合才能充分发挥其功效,而这两者的结合正是通过组织管理来实现的。

3. 组织的功用

组织的功用主要体现在三个方面,即组织力量汇聚、组织力量放大和个人与机构之间的交换。组织力量汇聚就是把个体汇聚成集体,用集体的力量去完成任务;组织力量放大比组织力量汇聚更进一步,如果说组织力量汇聚产生的是一加一等于二的效果,那么组织力量放大则产生的是一加一大于二的效果,也就是我们通常所说的整体大于各部分之和。对组织来说,借助于组织力量的放大作用,才能取得"产出"远大于"投入"的经济效益。

个人与机构之间的交换作用表现在个人和机构对彼此要求的满足上。个人加入某一机构并对其投入一定的时间、精力和技能,其目的不外乎想从机构中得到某种利益或报酬;而机构之所以愿意为个人提供这些利益或报酬,是希望个人对机构有所贡献,以实现机构的既定目标。为了防止个人和机构之间要求过高的情况发生,就必须借助组织活动合成效应的发挥,使总体力量大于所有组成人员个体力量的简单相加。这样一来,个人与机构之间就可以建立一种基于相辅相成、平等交换基础之上的和谐关系。正是在这个意义上,人们将"组织"称为与人、财、物三大生产要素并重的"第四大生产要素"。

(二) 组织管理

所谓组织管理,是指把成员组织起来,以有效地实现组织既定目标的过程。书业企业的组织管理活动则是根据已经确定的企业目标,对必须进行的各项业务活动加以分类和组织,据此设计出不同的管理机构和部门,划分不同的管理层次,明确规定各个部门、机构、层次及人员的管理职责以及它们之间的相互协作关系,并加以合理授权的过程。

这个过程包括以下几个步骤:① 确定书业企业的整体目标;② 对书业企业经营管理目标进行分解,形成目标体系;③ 对为实现目标所必需的各项业务活动加以分类和组合;④ 划分各个职能部门,设置管理机构,进行合理分工;⑤ 明确各部门的职责与权力;⑥ 合理配备人员;⑦ 建立和维持一个畅通的信息联系渠道;⑧ 规定规章制度,确立运作机制,保持书业企业的灵活性、适应性、开放性和相对稳定性。

这一过程也体现了书业企业组织管理活动的内容。具体而言,书业企业组织管理活动的内容包括以下几个方面:根据企业目标的要求建立一套与之相适应的组织机构;明确规定各部门的职权关系;明确规定各部门之间的沟通渠道与协作关系;在各个部门之间合理地进行人员调配;根据书业企业外部环境的变化,适时调整组织的结构和人员配置。

二、书业企业组织设计

组织设计是组织工作最重要、最核心的一个环节,它着眼于建立一种有效的组织结构框架,对组织成员在实现组织目标中的分工协作关系做出正式、规范的安排。书业企业组织设计的目的,就是要形成实现书业企业目标所需要的正式组织。

（一）书业企业组织设计的基本原则

对书业企业进行组织设计，必须遵循一些基本的原则。这些原则大致可以归纳如下：

1．任务目标原则

这是组织设计总的指导原则。因为一方面组织设计是一种手段，其目的是为了更好地实现书业企业的经营任务和目标；另一方面书业企业经营任务和目标完成的好坏，又是衡量组织设计是否正确有效的最终标准。

2．精干高效原则

正确地进行组织设计，应当在完成企业任务目标的前提下，力求做到机构要精，用人要少，管理效率要高。

3．分工协作原则

书业企业组织机构的设置要实行专业分工的原则，以利于提高管理工作的质量和效率；在实施专业分工的同时，又要重视部门间的协作配合，加强横向协调，以发挥管理的整体效率。

4．指挥统一原则

书业企业组织设计，应保证行政命令和生产经营指挥的统一，避免指挥的分散和多头。由此，派生出首脑负责、正职领导副职、实行逐级指挥、实行直线职能制等原则。

5．有效幅度原则

为保证领导的有效性，领导幅度不能过大。应当在保证有效管理幅度的前提下寻求减少管理层次的途径。

6．责、权、利相结合原则

组织设计应保证每一管理层次、部门、岗位的责任和权力要对应，防止权大责小或权小责大两种偏差；同时，责任制度的贯彻还必须与相应的经济利益结合起来。

7．集权、分权原则

在处理上下管理层次的关系时，要做到将战略决策权集中于高层管理者与把执行权分散到中下层，即集权与分权结合起来，两者不可偏废。

8．稳定与适应结合原则

书业企业组织设计，首先要有一定的稳定性，即要有相对稳定的组织结构、权责关系和规章制度，以利于生产经营活动的有序进行和效率的提高；同时，企业组织结构又必须有一定的适应性,即企业组织要有良好的适应能力,克服僵化状态,以适应书业企业迅速变化的外部环境和内部条件。

9. 执行与监督分开原则

书业企业的执行机构同监督机构(如质量监督、财务监督等)应当分开设置,这样才能保证监督的有效性。

以上这些原则是书业企业组织设计的普适性原则。然而,依据这些原则设计的书业企业组织模式则不应当是千篇一律的,而应当各不相同,各具特色。现代组织理论的精髓,不是那些普遍适用的共同原理,而在于依据权变理论,从具体的权变因素出发,来具体运用这些普遍原理,设计出符合各种书业企业要求的组织结构。

(二) 书业企业组织设计的基本程序

组织设计是一个动态的过程,要根据组织设计的内在规律有步骤地进行,才能取得良好的效果。书业企业组织设计有三种情况:一是新建的书业企业需要进行组织设计;二是原有组织结构出现较大问题或企业的战略目标发生变化,例如书业企业转企改制后,原有企业组织结构需要重新评价和设计;三是组织结构需要进行局部调整和完善。这三种情况虽然有一定的差别,但其组织设计的大致程序是相似的,其中,以新建书业企业最为完整。

1. 确定书业企业组织设计的基本方针和原则

要根据书业企业战略目标以及企业的内外部环境,确定企业组织设计的基本思路,规定一些设计的主要原则和参数。例如,公司一级的管理幅度是宽些还是窄些?部门分工形式是采用事业部制还是采用职能制?是实行集权管理还是分级分权管理?这些都是进行组织设计的基本依据。

2. 进行职能分析和职能设计

根据组织设计的基本方针和原则,确定为完成书业企业任务、目标而需要设置的各项经营与管理职能,明确其中的关键性职能;不仅要确定企业总的管理职能及其结构,而且要将其分解为各项具体的管理业务和工作;在确定具体的管理业务时,还应进行管理流程总体设计,以优化流程,提高管理工作效率。

3. 设计组织结构的框架

在进行职能分析和职能设计的基础上,还要设计承担这些管理职能和业务的各个管理层次、部门、岗位及其权责。框架设计有两种方法:① 自下而上的设计方法。即先确定企业运行所需的各个岗位和职务,然后按一定的要求,将某些岗位和职务组合成多个相应独立的管理部门(科室和部处),再根据部门的多少和设计的幅度要求,划分出各个管理层次。② 自上而下的设计方法。同上一种方法相反,首先根据企业的各项基本职能及集权管理的设计原则,确定企业的管理层次,再进一步确定各个管理层次应设置的部门(如职能处室),最后,将每一个部门应承担的工作分解成各个管理职务和岗位。由于管理层次、部门、岗位及其权责是相互关联、相互制约的,所以在实践中上述两种方法一般是结合起来使用,相互修正,经过多次反复才能最后将组织结构的框架确定下来。

4. 联系方式的设计

在组织结构框架确定以后,需要设计上下管理层次之间、左右管理部门之间的协调方式和管理手段。这一步骤十分重要。如果说框架设计的重点在于把整个企业的经营活动分解成各个部分,那么,这一步就是把各个组成部分连接成一个整体,使整个组织结构能够步调一致地、有效地实现企业管理的整体功能。

5. 管理规范的设计

在确定了书业企业组织结构的框架及联系方式的基础上,要进一步确定各项管理业务的工作程序、工作标准和管理人员应采取的管理方法等。而这些将通过管理规范的形式表现出来,成为各管理层次、部门和人员的行为规范。这一步骤是组织结构设计的细化,它使设计出来的组织结构合法化和规范化,起到巩固和稳定组织结构的作用。

6. 人员配备和训练管理

完成上一步骤以后,组织结构本身的设计工作可以说已经完成。但是,组织结构最终要通过人来实施和运行,所以,组织结构运行的一个重要问题是配备相应的人员。一般来说,结构设计时先暂不考虑企业现有人员的具体情况,而是在设计实施时按设计要求的数量和质量来配备各类管理和业务人员。

7. 各类运行制度的设计

书业企业组织结构的正常运行还需要有一套良好的运行制度来保证,这一步骤的内容包括部门和管理人员的绩效评价和考核制度;管理人员的激励制度,包括精神激励和物质激励,如人员的奖惩制度、工资和奖励制度及人员补充和培训制度等。

8. 反馈和修正

完成了上面7个步骤后,书业企业组织设计的过程可以说基本完成了。但组织设计是一个动态的过程,在组织结构运行的过程中,会发现前述步骤中尚有不完善的地方,新的情况也会不断出现,这就要求对原有的设计进行修正。书业企业要将组织结构运行中的各种信息反馈到前述的各个环节中去,定期或不定期地对原有组织设计进行必要的修正,使之不断完善,以适应新的环境。

上述组织设计程序可以归纳为表4-1。

表4-1 组织设计的程序

设计程序	设计工作内容
1. 设计原则的确定	根据企业的目标和特点,确定组织设计的方针、原则和主要参数
2. 职能分析和设计	确定经营、管理职能及其结构,层层分解到各项管理业务中,进行管理业务的总体设计
3. 结构框架的设计	设计各个管理层次、部门、岗位及其责任、权力,具体表现为确定企业的组织系统图
4. 联系方式的设计	进行控制、信息交流、综合、协调等方式和制度的设计
5. 管理规范的设计	主要设计管理工作程序、管理工作标准和管理工作方法,作为管理人员的行为规范
6. 人员配备和训练	根据结构设计的具体情况,定质、定量地配备各级各类管理人员
7. 运行制度的设计	设计管理部门和人员绩效考核制度,设计精神鼓励和工资奖励制度,设计管理人员培训制度
8. 反馈和修正	对运行过程中的信息进行反馈,定期或不定期地对上述各项设计进行必要的修正

第二节 书业企业组织结构

一、书业企业组织结构分析

每个组织都要分设若干个管理层次和管理机构,表明组织内各部分的排列顺序、空间位置、聚散状态、联系方式以及各要素之间的相互关系,这就涉及企业的组织结构问题。组织结构是企业全体员工为实现企业目标,在管理工作中进行分工协作,在职务范围、责任、权力等方面所形成的结构体系。组织结构的本质是员工的分工协作关系,设计组织结构的目的是为了实现企业的目标,因此,组织结构是实现企业目标的一种手段。组织结构的内涵是企业在职、责、权方面的结构体系,所以组织结构又可以简称为权责结构。这个结构体系的内容主要包括：

（1）职能结构，即完成企业目标所需的各项业务工作及其比例和关系；

（2）层次结构，即各管理层次的构成，又称组织的纵向结构；

（3）部门结构，即各管理部门的构成，又称组织的横向结构；

（4）职权结构，即各层次、各部门在权力和责任方面的分工及相互关系。

组织结构特性可以被分解为三种成分：复杂性、正规化和集权化。

（1）复杂性。复杂性是指组织分化的程度。一个组织越是进行细致的劳动分工，具有越多的纵向等级层次，组织单位的地理分布越是广泛，则协调人员及其活动范围就越是困难。

（2）正规化。正规化是指组织依靠规则和程序引导员工行为的程度。有些组织的规范准则较少，其正规化的程度就较低；而另一些组织，规模虽然很小，却规章制度齐全，指示员工可以做什么和不可以做什么，这些组织的正规化程度就较高。

（3）集权化。集权化是决策权力的集中制度。在一些组织中，决策是高度集中的，自上而下传递给高层人员，再由他们制订合适的行动方案。

了解一个书业企业的组织结构，不仅要了解组织结构的内部特征，而且还要了解形成这种内部特征的外部条件和环境，即组织结构的权变因素。正确了解这些因素，是科学地进行组织设计的前提条件。组织结构设计的影响因素主要有以下几个方面：

（1）企业战略。组织结构是帮助管理者实现其目标的手段。因为目标产生于组织的总体战略，所以，战略目标与组织结构紧密配合，结构应服从战略。如果管理者对组织战略做出重大调整，那么就需要重新设计组织结构，以适应和支持这一调整变革。

（2）企业规模。组织规模对其结构具有明显的影响作用。大型组织倾向于比小型组织具有更高程度的横向及纵向的分化，但是，随着组织的不断扩大，规模的影响力会呈现出递减的趋势。

（3）企业技术。任何组织都需要采取某种技术，将投入转化为产出。为达到这一目标，组织要使用设备、材料、知识和富有经验的员工，并将他们组合到一定类型和形式的活动之中。

（4）企业环境。环境也是组织结构设计的一个重要影响因素。从本质上说，机械式组织在稳定的环境中运作较为有效；有机式组织则与动态的、不确定的环境最匹配。环境—结构关系的有关理论可以帮助许多管理人员改组他们的组织,使之精干、快速和灵活,以便使组织变得更具有机性。

(5) 人员素质。组织结构的设计,一般来说,不应当因人设事,但也应从实际出发,考虑企业在短期内招收到合格人员的现实性,以及现有职工培训提高的可能性。企业人员素质包括员工的价值观、工作作风、业务知识、管理技能、工作经验以及年龄结构等。人员素质制约着组织结构的设计,影响到集权程度、分工形式、人员编制等方面的诸多问题。不少企业组织结构改革的经验已经表明,人员素质是影响企业结构能否顺利构建的一个重要因素。

(6) 企业生命周期。分析这一因素,就是要弄清楚企业在其成长发展过程中处于哪一个阶段或时期,如创业阶段(幼年期)、集合阶段(青年期)、正规化阶段和精细化阶段(中年期和成熟期)等。处于不同的发展阶段,企业组织结构面临不同的主要矛盾和问题,因而组织设计的主要任务也就不同。

二、书业企业组织结构的基本类型

书业企业组织结构的构建是为了更有效地实现组织的目标。在整个管理系统中,组织结构可以发挥一种类似于人体骨骼的"框架"作用,有了它,组织系统中的人流、物流、信息流才能正常流通,组织目标的实现才有可能。

组织原则是通过组织结构形式来体现的。书业企业内不同管理部门和不同的管理层次相结合,就形成了复杂的组织结构。采取怎样的组织结构形式,主要应考虑如何处理好企业各个不同职能管理部门与业务部门之间的关系,使之形成有机整体,以适应企业经营的需要,提高组织机构的办事效率,保证企业经营活动的正常进行。

组织结构是随着生产力和社会的发展而不断发展的。常见的组织结构的类型有:直线型、职能型、直线职能型、事业部制、矩阵制、流程型等。这些组织结构在书业企业中也基本上适用。

1. 直线型结构

直线型结构又称线型结构,是早期的企业管理组织结构形式,来源于老式军队组织。它指的是每个机构有一个上级机构和若干个下级机构,一切问题都通过一条联系渠道去解决,实行自上而下的垂直领导,形成企业组织的直线领导关系的组织结构。这是一种权力集中的管理形式,也是最简单的组织结构形式,我们以出版社为例来描述其基本结构,如图 4-1 所示。

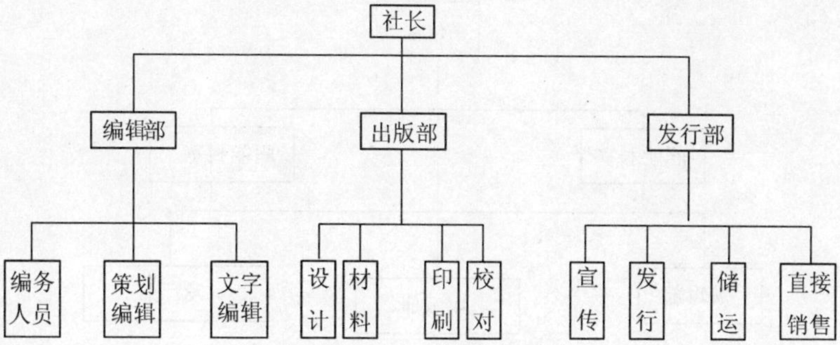

图 4-1　直线型组织

这种组织结构在企业内表现为高层管理者(社长或经理)直接领导若干个业务组,业务组直接领导业务人员,不分管理职能部门,事无巨细皆由高层管理者负责处理。它一般只适用于小规模的书业企业,其特点是任务单一,专业分工要求不高,管理者可以负责到底,行政指挥统一。其优点是领导和被领导的关系明确,企业内部信息传递反馈迅速,责任明确,解决问题及时,管理效率比较高;其缺点是企业的高层管理者事无巨细,都得亲自过问、处理,因而要求企业主管通晓多种知识和技能,是"全能领导",而事实上难以做到。这样做,妨碍企业最高领导者集中精力进行企业重大经营决策,难以深入研究经营管理方面一些比较重大的问题,难以适应日益复杂的经营管理要求,也不利于调动下属的积极性和主动性。因此,这种形式一般只适用于任务不甚复杂、规模较小的出版社和书店,并且多采用两级管理。

2. 职能型结构

职能型组织又称"U 型"组织(unity form),这种企业组织结构是由著名管理学家泰罗提出来的,虽然在实践中并未完全实行,但是,他提出的职能型组织结构,对于克服直线型组织结构的缺点,强化管理的作用,推动企业管理的发展有重要的意义。这种管理模式是在各级管理者之下,设置若干专业性的管理职能机构,赋予它们在一定专业范围内领导和管理下级机构或人员的职能,各级管理者一般通过这些职能机构对基层单位实行领导。这种组织结构的特点是以职能分工的管理办法来代替直线型的全能管理者。每一专业管理者都可以在自己的业务范围内行使指挥职能,向下级传达命令。下面仍以出版社为例来描述其基本结构,如图 4-2 所示。

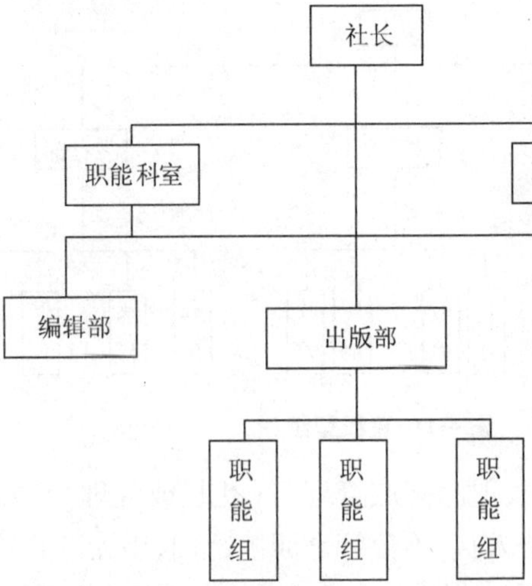

图 4-2 职能型组织

这种组织形式在管理职能上分工较细,设置机构较多,管理权限比较分散。其优点是有利于发挥企业内部各类专业人员的作用,使各级管理者从许多繁杂的日常事务中摆脱出来,致力于战略决策和重大经营管理问题的处理,从而提高专业管理水平。但是,如果每个职能部门都认为它所主管的工作是重要和必要的,要求下级直至每一个员工都要执行,这样势必导致多头领导,政出多门,使下属员工无所适从,从而违反了一个人或一个部门只接受一个直接上级的命令的组织原则。在各项管理工作互有牵连时,也可能造成专业职能管理机构之间互不协调甚至相互扯皮、相互掣肘、责任不清的现象。因此,采取这种组织结构时,特别需要管理者加强对管理职能机构的宏观管理和控制。

3. 直线职能型结构

直线职能型结构是把直线型和职能型组织结构结合起来加以运用的,是这两种组织结构相结合的产物。它能够发挥直线型和职能型组织结构的优势,克服两者的缺点。直线职能型组织结构是:在各级管理者之下,设立一定的专职职能部门,它们同企业的业务经营部门是平行的,而不是上下级的隶属关系,因而不具有指挥职权,一般只起监督和指导作用。业务经营部门和职能管理部门均实行从上至下的垂直领导,由主管领导统一指挥。职能部门和职能管理人员是主管领导的助手和参谋。

这种组织结构有着许多明显的优点,一是直线授权,能够保证统一指挥和集中管理；二是分工专业化、标准化，部门职责清晰、任务明确，避免机构重复设置和产生冗员，便于建立岗位责任制；三是各级领导者都有相应的职能部门为自己出谋划策，克服了自身知识的局限性，使管理组织能够适应日益复杂的组织活动；四是管理层次少，信息沟通快捷，组织执行力强；五是能充分发挥组织的集团效应，增强对外部环境的适应性。我国出版社大多属于中等规模，采用这种组织结构的比较多，一些图书发行企业也采用这种组织结构。下面仍以出版社为例来描述其基本结构，如图 4-3 所示。

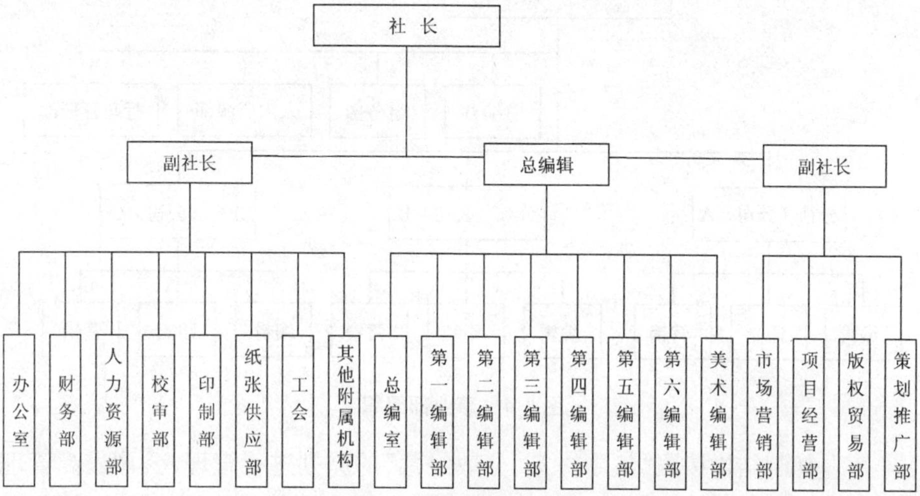

图 4-3 直线职能型组织

这种组织结构的主要缺点是各职能管理机构之间常因主管领导的分工不同使彼此之间直接联系和沟通信息的机会减少，职能人员与指挥人员的目标不易统一，容易在工作上发生脱节。这种组织结构的弊端日益暴露，一是权力高度集中于最高领导层，各职能部门领导只是执行上级下达的任务，缺乏必要的自主权；二是各部门各自为政，缺少横向联系，信息沟通不畅，容易产生矛盾和摩擦，协调工作困难，各部门为了完成自己的利润指标，不愿与其他部门共享资源，本位主义严重；三是社长与总编辑两条垂直指挥系统相互重叠，造成"多头领导"，引起管理混乱；四是组织成员过于专业化，缺乏处理全局性、关键性问题的能力，不利于培养高层次管理人才。

4. 事业部制结构

事业部制结构又称部门化结构，简称 M 型结构（multidivisional form），是美国通用汽车公司总裁斯隆于1924年提出来的一种高度集权下的分权组织制度。事业部制是分级管理、分级核算、自负盈亏的一种组织形式,即一个公司按地区或按产品类别分成若干个事业部,从产品的设计、原料采购、成本核算、产品制造,一直到产品销售,均由事业部及所属工厂负责,实行单独核算,独立经营,公司总部只保留人事决策、预算控制和监督大权,并通过利润等指标对事业部进行管理和控制。其组织结构形式如图4-4所示。

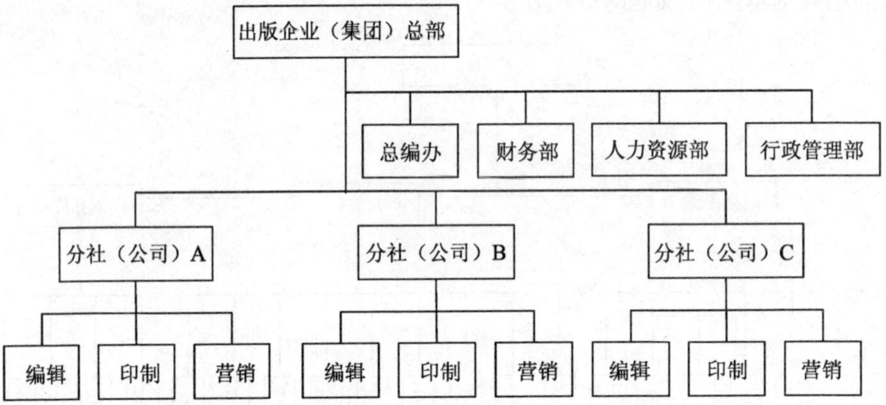

图4-4 事业部组织

事业部制结构按照“集中决策、分散经营”的原则进行管理,公司最高管理机构负责重大方针政策的制定,掌握影响公司经营成败的重大问题的决策权,以及财务控制、重要人事任免、监督检查权等。事业部经理根据总公司的指示,对本部门拥有相对独立的经营管理权。事业部既是总公司控制下的利润中心,具有利润生产和经营管理的职能,又是产品生产和市场销售的责任单位,对产品设计、生产和销售负有统一实施的职能。

书业企业事业部是在书业企业的统一领导下,依据规定的出版范围和方向,以市场为中心,以编辑业务为主体,责、权、利相统一的授权经营实体。与直线职能制相比,出版事业部制组织结构的优点:一是由于制定政策和日常管理分开,有利于书业企业最高管理层摆脱日常的行政管理工作,专心致力于企业的战略决策和长远规划;二是事业部统一负责自己的图书生产和市场销售,编辑印制和营销发行人员要对本事业部图书的市场表现负责,这有利于发挥各事业部生产经营的主动性和积极性,根据市场变化及时调整生产方向,灵活地组织生产经营活动,从而增强企业的适应性;三是各事业部独立进行生产经营活动,有自己的专业领域，有利于组织专业化生产和提高管理人员的专业能力。事业部相当于一个独立的小出版单位，有利于锻炼和培养复合型管理人才。同时，事业部制是项目负责制的继承和发展，弥补了项目负责制的不足，有能力对重大出版项目进行规划和实施。

然而，出版事业部制也存在其不足之处，一是各事业部建立了以业绩为中心的考核指标体系，具有较强的成本效率意识，都试图使自己事业部的利润最大化，容易形成部门本位化，各事业部之间的竞争关系大于合作关系，内部损耗严重，从而损害出版企业整体利益。另外，各事业部为追求利润，会把经济效益放在第一位，热衷于策划"短、平、快"的选题，容易忽视社会效益好或具有重大文化价值的选题。二是各事业部均设置相应的职能部门，机构设置重复，容易造成人、财、物的浪费，权力下放过多，最高管理层的控制力有所削弱，不利于全局协调和领导。

随着我国出版业体制机制改革的不断推进，书业企业为了适应环境的变化和加强自身生产经营管理的需要，依据自身的优势，变革原有的组织结构模式，取得了较快发展。一些出版企业探索采用事业部制组织结构，根据出版的图书品种划分成若干事业部或分社，自主决定图书的出版发行业务，如电子工业出版社、中国人民大学出版社、外语教学与研究出版社、中国少年儿童新闻出版总社等。

电子工业出版社根据发展的需要，大胆推行事业部制，组建了 10 个出版分社和 8 家下属公司(图 4-5)。

电子工业出版社根据自己的优势领域，采用事业部制的组织结构设置出版分社，促进了专业化分工，加大了资源整合的力度，极大地调动了基层单位的积极性，推动了出版社的发展。专业出版分社的设置还有利于发挥优势、强化特色、形成品牌，提高出版社的市场竞争力。电子工业出版社抓住信息技术革命和我国出版业体制改革的发展机遇，根据环境变化和自身条件及时进行组织结构调整与组织创新，其发展经验值得其他出版企业研究和借鉴。

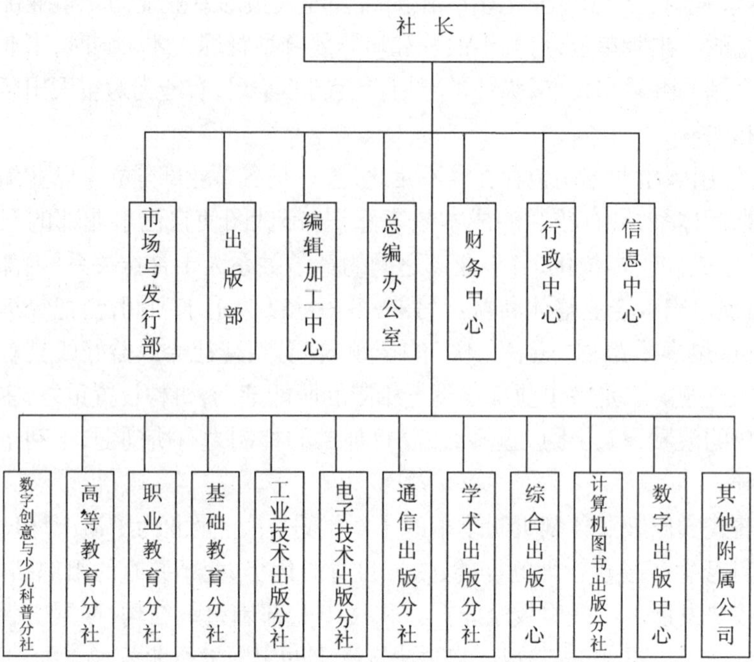

图4-5　电子工业出版社组织结构图

5. 矩阵型结构

这是美国在20世纪50年代创立的一种新的企业组织结构形式。它最先运用于国防企业,以后又扩展到其他工业部门和一些公用事业单位。矩阵型结构又称为目标规划型结构,是把按经营对象划分的部门和按职能划分的部门结合起来,即在同一组织结构中既有纵向的部门,又有横向的部门,构成矩阵型结构。一般来说,纵向部门是常设的、稳定的职能机构,横向部门是为了完成某项特殊任务而临时组建的。企业经常会有一次性的经营活动,需要执行跨部门的任务,其人员都是由各专业职能部门抽调来的,他们既是原属机构的成员,又是新组建机构的成员,接受来自两方面的领导,形成纵横交错的关系。即在执行日常工作任务方面,接受纵向部门的垂直领导;在执行特定任务方面,接受横向部门的领导。一般不需打乱原来的职能机构的隶属关系,一旦任务完成,横向部门机构撤销,其成员仍回到各自的岗位。这种组织结构形式,打破了传统的一个职工归一个部门领导的管理体制,使纵向管理与横向管理结合起来,集权化与分权化也得以较好结合。这种结构形式能集中有各种专门知识技能和经验的人来解决管理中的具体问题，而且还不增加编制，组建灵活，又能加强各部门之间的协作，提高工作效率。但是。这种形式组织关系复杂，并且容易产生多头领导。其组织结构形式如图4-6所示。

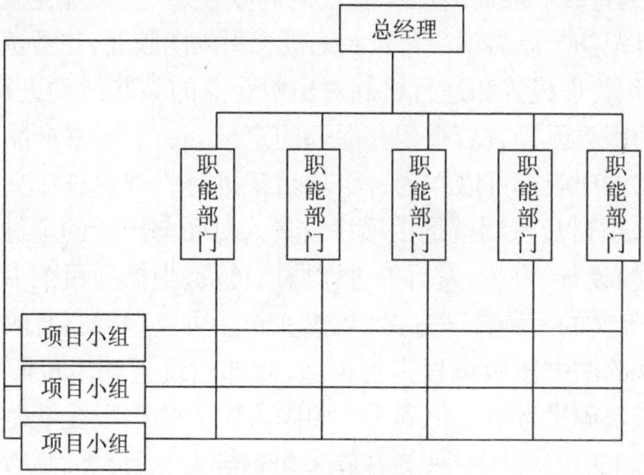

图4-6　矩阵型组织

矩阵结构应用于书业企业，就形成项目负责制。项目负责制就是以项目的策划和实施为工作核心，以项目预期目标的实际完成情况为考核内容，根据考核结果对项目负责人及项目团队予以评价和奖惩的一种组织模式，或可称之为一种运行机制。项目负责制的主要特征是，将以往由多部门、多环节、多目标、多头管理构成的出版流程统一到特定项目的总目标之中，以独立的、单一的项目负责人作为该项目的总负责人和执行人，对特定的出版项目进行全程策划、全程监控、全程管理、全程协调，并对项目最终目标的完成情况负责。

实行项目负责制，就要新建项目组，撤销原有的编辑室，对各部门进行重新设计并围绕项目进行各种资源的组合与配置。项目组对出版项目进行统筹规划与实施，并对收益与损失承担全部责任。

出版项目负责制作为一种新型组织结构形式，对出版业的发展具有积极的推动作用，能够有效地提升出版企业的经营水平。项目负责制可以最大限度地将竞争机制、激励机制、约束机制、奖惩机制等有机地融合在一起，从而提高管理的科学性、针对性和有效性。书业企业将相关的权利、义务、责任等落实到具体的项目负责人和实施团队，对其项目活动进行评估、分析、论证、决策与考核。项目负责制给成员提供了一个可以施展才华的平台，并根据他们的努力程度给予相应的收入回报。这些必然会激发项目人员的积极性和主动性,提高他们的责任意识,努力贴近市场,提出切实可行的选题方案,并且发挥一切资源优势去完成选题项目。

由于认识到直线职能制对组织发展的局限性,一些书业企业于20世纪90年代末至21世纪初开始将项目负责制的概念引入出版业,并尝试运用项目负责制这一新型组织管理模式和运行机制对出版企业的某些活动进行评估、调控与管理,此举在出版界无疑有着重要和深远的意义。由于图书产品本身的特殊属性,每一本图书的出版都可以作为一个项目来进行管理。长江文艺出版社副总编辑金丽红说,项目负责制就是由项目负责人对图书出版的全过程,包括选题、组稿、编辑、装帧设计、宣传、发行等进行协调负责,根据项目图书销售情况对项目组人员提成计奖的一种管理方式。① 书业企业可以根据自身的情况建立项目负责制,对传统的图书出版流程进行再造,对部门设置和岗位职责进行重新设计,对现有出版资源进行最优化利用。中国人民大学出版社就是当时国内首批实行项目负责制的出版社之一,该社在考研辅导书、经管类、高教教材等方面实行项目负责制,取得了很好的经营效果,并奠定了其成长为国内一流出版强社的基础。清华大学、机械工业出版社等紧跟其后采用了项目负责制,探索新的组织发展模式。

项目负责制实行单品种核算,图书选题的成本、利润、风险指标等经济评价指标由各项目组进行独立评估,产品经营的好坏直接由项目组负责,这有助于激发项目组的竞争意识,同时可以优化整个书业企业的产品结构,淘汰经济效益差的产品或产品线,使资源分配向优质出版选题倾斜。当然,对多数书业企业而言,如果将每一种图书的出版都纳入项目负责制范畴,不仅会使日常业务工作变得烦琐,增加管理成本,而且有可能使这一先进的组织模式失之过滥。而且,对于一些重大选题,尤其是涉及巨额出版资源的选题,单凭一个项目组所掌握的资源是无力完成的。书业企业要从自身的实际情况和实际需要出发,设定立项标准,实施项目负责制。

6. 母子公司结构

母子公司制是为了适应经济的发展和企业规模的不断扩大,在公司制基础上,以科学规范的产权管理为基本依据和保障的企业集团母公司对子公司的组织管理形式。随着我国书业企业集团的组建和发展,母子公司制逐渐成为书业

---

① 丁春玲.项目负责制是当前出版社改革的现实选择.编辑之友,2007(5).

企业集团的重要组织结构形式。根据现代企业制度的原则，书业企业集团母公司是子公司的投资者，通过董事会、监事会、股东大会等法人治理结构对子公司进行组织管理。书业企业集团要想生存、发展和壮大，必须进行有效的组织结构设计和有效的管理控制，使母子公司能够有效地运转起来。

目前，许多书业企业通过联合组建出版集团并采用母子公司制的组织结构形式，以产权为纽带，以市场为导向，母子公司各以独立的法人身份参与市场经济活动。

书业企业集团组织整合应该是以产权联结为主要纽带，建立母子公司体系，由集团（母公司）对于成员企业（子公司）的人事、财务、整体出版规划、重大投资项目及重大经营活动实行集中统筹管理，使各成员企业之间产生有机、协同的化学反应。① 要建立健全合理的母子公司组织体系，就必须要在保持母子公司独立法人地位的基础上，合理规范母子公司之间的管理与控制关系，同时有效约束母子公司之间的行为，使其符合制度性的要求。

我国的出版集团大多是依靠政府的行政手段进行横向联合或纵向整合而形成的，各子公司仍是一个独立的企业，在经营上各自为战，互相争夺资源，母公司为调和矛盾，在经营管理上仍然采取行政手段，无法发挥集团优势。要使书业企业集团形成合力，实现出版规模经济，减少内耗，必须建立规范的母子公司体制，合理划分书业企业集团母子公司权限。① 强有力的母公司决策机构，同时能协调各成员书业企业间的活动，互通信息；② 有效的书业企业集团监督机构，可对成员进行财务等方面的监督，使子公司的会计成为“老板会计”而不是“经理会计”；③ 强有力的职能机构，主要是负责书业企业集团的战略规划、投资融资、出版市场的开拓和协调、财务管理、研究与开发等，形成强有力的研究开发中心、融资与清算中心、人力资源培训中心、销售服务网络等；④ 母公司可以按地区和出版产品实施事业部管理，母公司的董事会可以设立若干个专业委员会，对母公司和成员书业企业的有关重大活动进行决策研究和咨询，以保证董事会决策的科学性。②

广东省出版集团作为全国出版改革最早的试点单位，率先探索建立规范的母子公司管理体制（图 4-7）。1999 年组建集团之初，就成立了广东省出版集团有限公司作为集团的核心企业，通过注入优质资产和经营业务，增强母公司的控

---

① 郭佳璐. 市场经济下出版集团整合层次性策略探讨. 中国经贸导刊，2001(1).

② 朱静雯. 中国书业企业集团发展研究. 沈阳：辽宁人民出版社，2005：194.

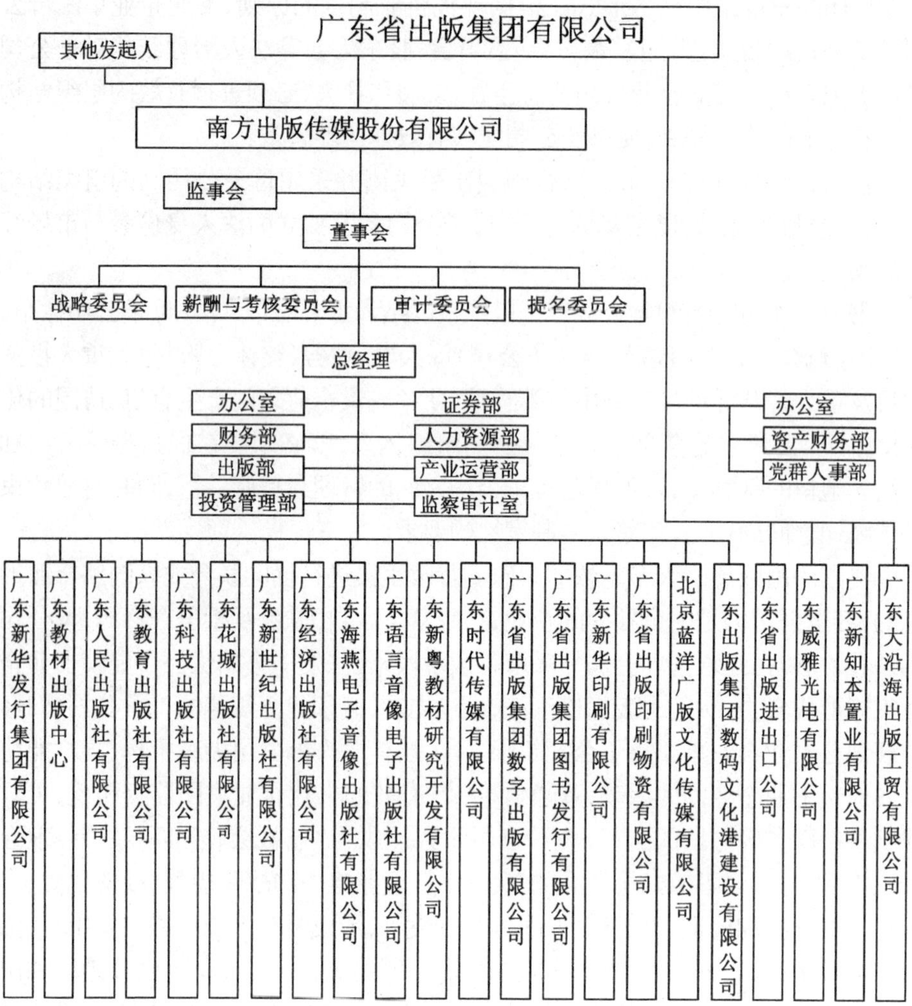

图 4-7 广东省出版集团组织结构图

制力和自我运作能力;集团的母子公司都是具备独立法人资格的经济主体。集团大力倡导母子公司共同发展的理念,对所属成员单位强化专业分工、资源共享,实行统一规划、分级管理。集团充分尊重各子公司的法人财产权和经营自主权,按照管导向、管资产、管干部相结合的要求和集权与分权相协调的原则对各成员单位实施指导、管理、协调和监督。集团母公司充分发挥集团决策中心、投资中心、创新策划中心和管理协调中心的作用,按持有的股权份额对各子公司行使出资人权利;各子公司主要发挥经营中心、利润中心和成本中心的功能,对母公司投入的国有资本承担保值增值责任。集团重组后,为了进一步规范集团对成员单位的管理行为,明晰母子公司的责权利关系,制定完善了《集团公司章程》和《集团成员单位管理规范》。

集团公司或母公司与其所持股的企业单位之间不是上下级之间的行政管理关系,而是出资人对被持股企业的产权管理关系。母公司作为大股东,对持股单位进行产权管理控制的主要手段是:母公司凭借所掌握的股权向子公司派遣产权代表和董事、监事,通过这些人员在子公司股东会、董事会、监事会中发挥积极作用而影响子公司的经营决策。

7. 学习型组织

学习型组织是美国学者彼得·圣吉(Peter M. Senge)在《第五项修炼》一书中提出的管理理念,他认为,面对变化剧烈的外在环境,组织应力求精简、扁平化、弹性化,要终身学习,不断进行自我再造,以维持竞争力。

所谓学习型组织,是指通过培养弥漫于整个组织的学习气氛,充分发挥员工的创造性思维能力而建立起来的一种有机的、高度柔性的、扁平化的、符合人性的、能持续发展的组织。学习型组织由五个要素组成(图 4-8),“建立共同愿景(building shared vision)、团队学习(team learning)、改变心智模式(improve mental models)、自我超越(personal mastery)、系统思考(system thinking)”①。

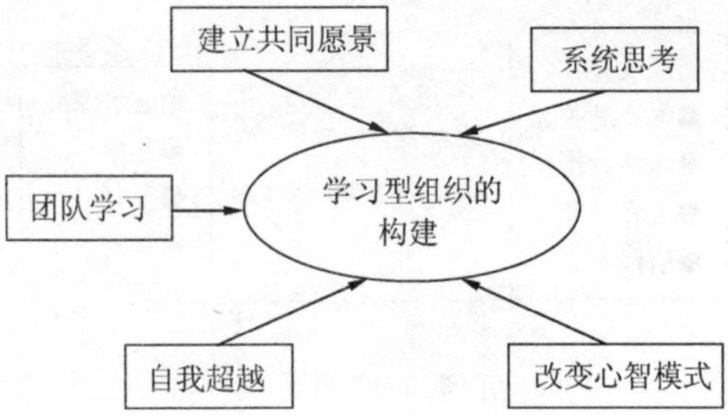

图 4-8 学习型组织构建图

书业企业为了在迅速变化的市场中生存和发展,需要建立一个柔性的、具有适应力的学习型组织。首先,书业企业组织要强调平等,注重培养和塑造文化价值观,凝聚全体员工的意志力,使员工对组织的目标有着清晰的认识并愿意为之

① [美]彼得·圣吉. 第五项修炼. 北京:中信出版社,2010:15.

共同奋斗。比如,书业企业要清晰地阐明出版的文化使命和生产的经济指标,解决员工在关于出版社会效益和经济效益方面产生的分歧,使其工作的目标趋向一致,勾勒共同的愿景。其次,组织内部员工应该相互学习,弥补个人知识的不足。编辑人员应向发行人员学习了解市场状况,把握读者消费需求,而发行人员则应向编辑人员学习如何解读图书文本,以便更好地向客户推介产品。组织内部要打破界限,给员工创造团队学习的氛围,通过集体思考和分析,做出正确的组织决策。最后,组织成员不能局限于本职工作而以片断的方式看待外部环境,要破除个人的旧思维和本位主义,进行主动积极的整体思考,实现思考方式和学习方式的自我超越。

在学习型组织中,员工们通过不断获取和共享新知识,参加到组织的知识管理中来,并有意愿将其知识用于制定决策和做好本职工作。学习型组织从自己的经历中进行学习、从他人的经验和实践中学习,并在组织中迅速有效地传递知识,在完成工作的过程中运用所学知识,而这些正是组织保持其持续性竞争优势的源泉。学习型组织的主要特征表现在其组织设计、信息共享、领导力以及文化方面,对这些特征我们可以用图4-9进行描述。①

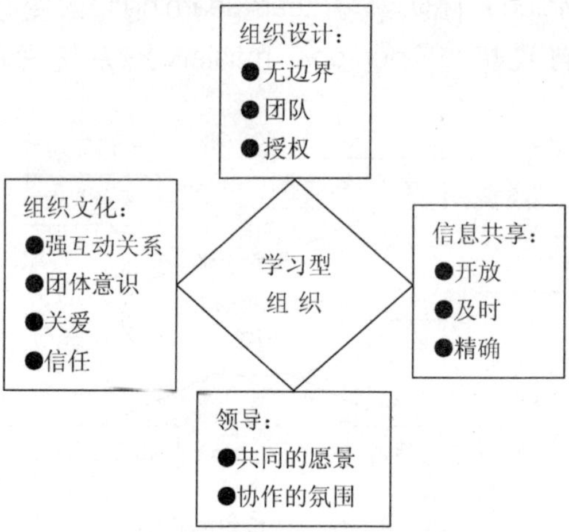

图4-9 学习型组织的特征

在组织设计方面,学习型组织强调组织的无边界性。这是因为在学习型组织中,成员必须在整个组织范围内跨越不同职能专长及不同组织层级共享信息

① 王凤彬,李东.管理学.北京:中国人民大学出版社,2003:149.

和取得工作活动的自主协调,而这往往需要通过削弱或取消已有的结构及物理(空间)边界才能实现。无边界的环境有助于员工以最佳的方式合作完成组织的任务,并且互相学习。由于协作的需要,团队也成为学习型组织结构设计上的一个重要特征。员工们在团队中工作,执行需要完成的各项任务。在这种组织中,领导者起的只是推动者、支持者和倡导者的作用,因为员工团队已经被充分授权。

信息共享的程度直接关系到学习型组织的实现。没有信息就没有学习,学习型组织必须在成员之间实现信息共享,使组织的所有员工都参与到知识管理中,这就要求信息的共享能够及时,并且尽可能精确。

领导者在企业由传统组织向学习型组织的转变过程中起着重要作用。学习型组织的领导者应该促使企业内形成一个有关组织未来的共同愿景,并使组织成员朝着这一共同愿景努力奋进。同时,领导者还要支持和鼓励在组织中形成一种有利于学习和相互协作的良好氛围。缺乏这种强有力的、尽职尽责的领导人,建立学习型组织是很困难的。

组织文化的建设对建立学习型组织也有很大的作用。组织文化是组织中全体员工共同遵守的最高目标、价值标准和行为规范。而学习型组织应该具有的文化特征是:每个人都赞同某一共同愿景,并且能认识到组织活动、组织职能及外部环境之间存在的固有的内在联系,彼此都有很强的团队意识,相互之间关爱信任。

学习型组织强调知识创新和知识共享,这对知识密集型企业来说是很适用的。在书业企业中,出版社具有明显的知识密集型企业的特征,因此建立学习型组织对出版社来说尤为重要。

除了上述七种组织结构形式之外,还有一种流程型组织结构在组织设计时得到广泛的运用。所谓流程型组织,就是以工作流程作为组织设计的基本着眼点,通过把与该流程相关的一系列业务活动纳入一个专案员或工作团队的职责范围内而构建起来的一种新型的组织。它的主要特征表现在五个方面:其一,按核心流程而不是任务、职能或地区来设立结构,消除了部门之间的界限;其二,经充分授权的、自我管理的团队或通才的专案员取代了专业化人员,成为组织设计和绩效评估的依据;其三,流程作业者对各自流程的结果负全面责任,有权自主而独创性地思考问题,并对出现的新问题做出灵活的反应;其四,顾客推动着整个组织的运作;其五,在企业中形成一种开放的、充满信任和合作并注重持续改进的组织文化。由于现代企业处于日益复杂多变的环境之中,它要能最有效地运营,就必须保持一种具有足够灵活性和创造性的非结构化状态。因此,对这些企业而言,理想的组织形态不是那种刻板的、预先设定的结构。于是,围绕工作流程而不是职能部门来组织相关的经营活动,并组成跨职能的工作团队来执行相对完整的工作任务,开始成为组织设计的重要选择。

企业组织机构最根本的问题是最大限度的灵活性与最大限度的稳定性有机结合的问题,上述几种组织结构形式,对于解决这一问题都非尽善尽美。著名管理学家德鲁克认为,“能完成所担负任务的最简单的组织结构,就是最佳的结构”,“组织是达到目的的一种手段,而不是目的本身”。他提出对企业管理机构的几项基本要求:经济要看实践成效;了解自己的任务与共同的任务;制定政策;稳定性与适应性;持续不断与自我更新。① 书业企业在选择自己的组织结构时,要充分考虑自身的实际情况,如企业规模、面临的市场环境等,选择最适合自己的结构形式。

第三节 书业企业组织整合

一、书业企业管理幅度与管理层次

1. 管理幅度与管理层次的含义

管理幅度又称管理跨度,是指组织的一名上级领导,能直接而有效地领导下属的可能人数。例如,出版社发行科科长直接领导的科员人数,书店经理直接领导的副经理和科长的人数等。一名组织的领导者,由于受知识、经验、时间、精力、条件等方面的限制,能够有效、直接领导的下级人数总是有限的,超过了一定限度,就会降低管理的效率。因此,管理幅度所要研究的就是一名领导到底直接领导多少人员才能保证管理是有效的这样一个问题。

从形式上看,管理幅度仅仅表示一名领导人直接领导的下级人员的人数,但由于这些下级人员都承担着某个部门或某个方面的管理业务,所以,管理幅度的大小,实际上意味着上级领导人直接控制和协调的业务活动量的多少。尽管领

---

① 彼得·德鲁克.卓有成效的管理者.上海:上海译文出版社,1998:127.

导者可以通过授权,放手让下级再造职权范围内的自主管理,但毕竟不能不过问下级的任何工作。因此,管理幅度的概念本身就表明,它既同人的状况有关,也同业务活动的特点有关。对书业企业而言,减小和扩大管理幅度都会对它的组织管理产生影响。当管理幅度减小时,书业企业管理层次增多,管理人员增加,互相之间的协调工作难度加大,所花费的时间、精力和费用也都随之增加;上下级之间的信息传递容易发生遗漏和失真;办事效率会降低,容易助长官僚主义。而当书业企业管理幅度扩大时,管理层次可以减少,组织结构和管理人员得到精简,用于协调的时间和费用都会减少;信息传递渠道可以缩短,因而工作效率可以提高。但是管理幅度会变大,容易产生管理失控、各自为政的情况;主管人员对下属的具体指导和监督在时间上也会相对减少。

从上述分析可以看出,管理幅度是书业企业组织设计中的一个重要问题,管理幅度过大或过小都不是恰当的。

管理层次又称组织层次,是描述企业纵向结构特征的一个概念。如果从构成企业纵向结构的各项管理组织来定义,管理层次是指从企业最高一级管理组织到最低一级管理组织的各个组织等级。每一个组织等级即为一个管理层次。如果从构成企业纵向结构的各级领导职务来定义,管理层次就是从最高一级领导职务到最低一级领导职务的各个职务等级。企业有多少个领导职务等级,就有多少级管理层次。管理层次从表面上看,只是组织结构的层次数量,但其实质上是组织内部纵向分工的表现形式,各个层次将担负不同的管理职能。因此,伴随着层次分工,必然产生层次之间的联系与协调问题。

2. 管理幅度与管理层次的关系

管理幅度与管理层次的关系十分密切。首先,它们具有反比例的数量关系。同样规模的书业企业,加大管理幅度,管理层次就少;反之,管理层次就多。其次,管理幅度与管理层次之间存在相互制约的关系,其中起主导作用的是管理幅度,也就是说,管理幅度决定管理层次。有效管理幅度是决定企业管理层次的一个基本因素,如果企业为了某种目的而减少管理层次,那么,必然要受到有效管理的制约,必须以保证领导工作的有效性为前提。

在承认管理幅度制约管理层次,并在两者关系中居于主导地位的同时,也应该看到管理层次对管理幅度存在一定的制约作用,之所以存在这种反向的制约关系,是因为管理层次与管理幅度相比,具有较高的稳定性。一个组织不可能也不应该频繁地改变管理层次,因而一旦根据管理幅度的要求设立了若干管理层次,只要在一定时期内,企业的管理幅度没有发生全局性且比较大的变化,管理层次就不宜改变,这就要求管理幅度在一定程度上服从既定的管理层次。例如,书业企业个别部门的管理幅度发生了较大变化,可能导致这个部门增加或减少管理层次,但整个书业企业的管理层次却不因此而改变。又如,当管理幅度发生了全局性变化时,只要这种变化还不足以达到必须增加或减少一个管理层次的程度,那么就不应该因此去变动管理层次,而应采取适当加大或缩小管理幅度的办法来处理两者的关系。

3. 书业企业管理幅度的设计

现代组织理论在吸收和总结各时期、各学派组织理论学说的基础上确立了关于组织幅度设计的科学指导思想,这些指导思想为我们设计书业企业管理幅度提供了重要的参考。概括起来说,这些指导思想有:(1) 管理幅度是有限的;(2) 有效管理幅度不存在一种普遍适用的固定的具体人数,它的大小取决于若干基本变量,也就是一些影响因素;(3) 组织设计的任务就是找出限制管理幅度的影响因素,根据其影响强度,具体确定特定企业各级各类管理组织与人员的管理幅度。

一般来说,在确定书业企业的管理幅度时,要考虑下面这些因素:

(1) 管理工作的复杂性和相似性。由于管理工作的性质不同,管理幅度也不相同。对于高层领导来说,他们往往面对的是有关组织全局的复杂问题,或是企业前所未遇的新问题,因此,他们直接领导的人数宜少而精,以便集中最优秀的人才来处理最复杂、最重要的问题。而对于基层领导来说,他们主要是处理一些重复性或相似性的例行工作,因此,直接领导的人数就可以多一些。据调查表明,最高层管理人员的管理幅度以4~8人为宜。大组织可以偏小,小组织可以偏多。另外,基层领导的管理幅度以8~15人为宜。

(2) 工作能力的强弱。如果下属的工作能力很强,知识和经验都很丰富,技能水平也很高,不需要上级对其进行很多的业务指导,则主管人员的管理幅度可大一些;如果主管人员自身的工作能力很强,办事果断,决策迅速,则管理幅度在一般情况下也可以大一些,但在具体设置的时候还要考虑主管人员的领导风格问题。

(3) 领导者的领导风格。不同的领导风格,对管理幅度的影响很大。有的人希望领导的人越少越好,只希望直接领导很少的几个人,甚至只有一人,但他对全局的驾驭能力并不差,能够牢牢控制整个局面,这种领导者比较超脱,实行的是"无为而治"的管理之道;有的人希望直接领导的人越多越好,对下属不太放心,总希望事必躬亲,这样的领导风格下的管理幅度自然要大得多。

(4) 管理业务的标准化程度。作业方法及作业程序标准化程度越高,管理幅度可越大;如果标准化程度很低,事事要重新研究,则管理幅度要小一些。

(5) 授权的程度。如果领导者善于把管理权限充分地授予下属,让下级有充分的自主权,则领导者本人需要亲自处理的问题就可相对减少,管理幅度就可扩大;如果不能授权,或不愿授权,则管理幅度就相应缩小。

(6) 信息传递的效率。如果信息传递的方式、渠道恰当,传递效率高,上下左右沟通快捷,关系能够得到很好的协调,则可扩大管理幅度;如果信息传递渠道不畅,传递方式不当,传递技术落后,上下左右沟通困难,则应适当缩小管理幅度。

(7) 下属职能的类似性程度。如果所管理的下属在职能上具有很高的类似性,那么管理的幅度可以宽一些;反之,管理的幅度就必须窄一些。

(8) 组织机构在空间的分散程度。领导者所管理的组织机构如果在空间上比较接近,那么管理的幅度就可以相对大一点;如果在地理上很分散,那么管理的幅度就必须狭窄一点。

(9) 得到协助的有力程度。如果领导者能够获得助手的有力协助,那么管理的幅度就可以大一点;如果缺乏有力的协助,那么管理的幅度就只能窄一点。

(10) 经营形势和发展阶段。当组织处在初创阶段时,管理幅度可能较小,随着组织的不断发展和成熟,管理幅度就有可能相应扩大;当组织的经营形势比较稳定时,各方面工作健康有序,此时的管理幅度就可扩大;当组织的经营形势困难的时候,为了集中各方面力量渡过难关,这时需要集权,此时的管理幅度就可能作一些调整,有可能变大,也有可能变小。

以上这些因素在不同的书业企业及其不同时期,对管理幅度的影响是很不相同的,对某一企业影响大的因素,对另外企业的影响则可能很微弱。组织设计人员必须从实际出发,认真地进行具体分析。

设计书业企业管理幅度的方法主要有两种,即经验统计法和变量测定法。

经验统计法是通过对不同类型的书业企业的管理幅度进行抽样调查,以调查所得到的数据为参照,再结合自己企业的具体情况去确定管理幅度。这一方法简便易行,但有明显的局限性,这就是它缺少对影响特定企业管理幅度诸因素的具体分析,特别是定量分析,只是简单地搬用其他企业的管理幅度标准,因而主观判断的成分很大,提出的管理幅度难免与特定企业的实际条件不符,出现较大的误差。

变量测定法是把影响管理幅度的各种因素作为变量,采用定性分析与定量

分析相结合的做法来确定管理幅度的一种方法。其具体步骤与方法如下:

(1) 确定影响书业企业管理幅度的主要变量。由于书业企业的具体情况千差万别,影响管理幅度的若干主要变量可能有所不同,因而需要从多种因素中选择,并确定对特定企业影响较大的主要变量。

(2) 确定各变量对上级领导工作负荷的影响程度。为了定量反映各个变量对上级领导工作负荷的影响程度,首先要按照每个变量本身的差异程度将其划分为若干个等级,然后根据处在不同等级上的变量对上级工作负荷的影响程度,分别给予相应的权数。权数越大,则表示这个等级上的变量对管理幅度的影响越大。

(3) 确定各变量对管理幅度总的影响程度。运用上一步得到的权数表,对照企业各变量的实际情况,确定该企业各变量应取的权数,再将其相加而得到一个总数值,然后根据主管人员拥有的助理人数及其工作内容,对这个总数值加以修正,即得到决定管理幅度大小的总权数。这个总权数越大,意味着领导者的工作负荷越重,管理幅度就应越小。

(4) 确定具体的管理幅度。将计算出来的主管人员的总权数同管理幅度的标准值相比较,就可以判定企业目前的实际幅度是高于还是低于标准值,也可以为新机构的管理幅度提出建议人数。

4. 书业企业管理层次的设计

有效管理幅度是决定管理层次的一个基本因素,但并非唯一因素。因此,在确定了管理幅度以后,还不能直接根据它和管理层次的反比例关系简单地将管理层次确定下来。在设计管理层次时,同样要考虑一些其他的制约因素,如企业的纵向职能分工和组织效率等。

(1) 企业纵向职能分工。书业企业的各项基本职能不可能由少数几个企业领导人来完成,只有向纵向各层次、横向各部门分解,通过这两个方向的分工与协作才能完成。一般来说,在进行层次设计时,首先要根据书业企业纵向职能分工,确定基本的管理层次,然后再根据管理幅度设计提供的数据和其他影响因素进一步分析、测量具体的层次划分。

(2) 组织效率。现代化大生产和市场经济要求企业组织具有高效率,能够以最低限度的失误或成本实现组织目标,这样的企业在市场竞争中才能生存和发展。这一客观要求对组织结构的各个方面都有影响,管理层次也不例外。如果管理层次太少,致使主管人员领导的下属人数过多,超过有效管理幅度,那就必然导致组织效率的降低。如果管理层次过多,管理费用将随着管理人员和协调工作量的增加而增加,信息上传下达的效率和效果就会下降,计划和控制工作就会复杂化。

在充分考虑这些制约因素以后就可以对管理层次进行设计了,它主要包括下面的步骤和方法:

(1) 根据书业企业纵向职能分工,确定基本管理层次。书业企业纵向职能分工有不同的类型。例如,品种多样化、各有独立市场、市场变化又较快的大型书业企业,适合在统一的战略与政策之下分散经营。如发行集团和出版集团的总公司和子公司,无疑是两个大的管理层次。总公司内部,有由高层领导人组成的战略决策层和由职能部门构成的专业管理层;子公司一般又分为经营决策层、专业管理层和作业管理层。整个企业从整体上说,共有五个管理层次。而那些规模较小的书业企业,如一个小型出版社,通常只需要设置经营决策层(如社长、总编)、专业管理层(如编辑室主任、发行部主任)和作业管理层(如策划编辑、发行业务员)三个层次就可以了。

(2) 按照有效管理幅度推算具体的管理层次。假设某大型书店共有职工900人,有三个基本管理层次。中高层的管理幅度为5~8人,基层是10~15人,据以推算管理层次的过程如表4-2所示。

表4-2 管理人数推算

管理层次	能够有效管理的人数	
	最少	最多
第一层	5	8
第二层	5×5=25	8×8=64
第三层	25×5=125	64×15=960
第四层	125×10=1 250	……

由表4-2可以看出,当计算到第三层次时,如果按照较大的幅度,能够有效管理的人数已达960人,该书店现有职工900人,正处在这个范围之内,故设三个层次即可;但若按较小的幅度计算,则需要四个管理层次。两个计算结果不一致,要通过下一步工作进行选择。

(3) 按照提高组织效率的要求确定具体的管理层次。要提高书业企业的组织效率,既要防止出现领导者管理幅度过大而导致降低效率的情况,又要充分考虑下属人员的积极性和完成任务的能力。对于下属人员来说,要提高组织效率,下级应该有明确而充分的职权,能够参与企业的决策,了解企业的目标;能够提供安全与地位,使每个人都有发展机会,能够依靠小集体的团结与协作,完成所承担的工作和任务,等等。

就上面的例子而言,如果设置较多的层次,即四层,那么主管人员的职务将增多,主管人员与下属组成的集体相对较小。而设置三个层次,情况则相反。它们对于提高组织效率各有利弊,组织设计人员要根据企业的实际情况加以权衡。

(4) 按照书业企业不同部分的特点,对管理层次作局部调整。

以上所确定的管理层次是就整个书业企业而言的。如果书业企业的个别组织单位有特殊情况,还应对其层次作局部调整。

5. 高层结构与扁平结构的择优选择

在书业企业的组织设计中,要综合考虑影响管理层次的各种因素,其结果是,人员数量大体相当的企业,便可能产生两种典型的组织结构。一种是高层结构形式,另一种是扁平结构形式。其示意图见图4-10。

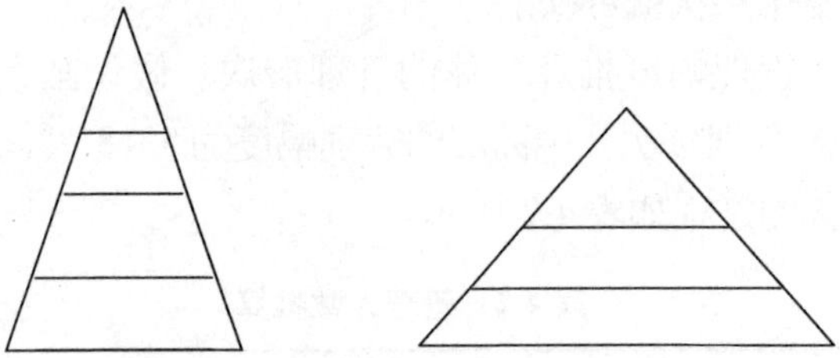

图4-10 高层结构与扁平结构示意图

从图4-10可以看出,管理幅度窄小,管理层次就多,其组织结构像一个金字塔形;管理幅度宽大,管理层次就少,其组织结构呈扁平状。

两种结构类型的优缺点分析:

高层结构的优缺点。相对于扁平结构,高层结构具有如下优点:

(1) 主管人员的管理幅度较小,能够有充足的时间和精力,对下属进行面对面的、深入具体的指导。

(2) 由于主管人员的管理幅度较小,精力集中,因而一般不需要设副职和助手,有利于明确领导关系,建立严格的责任制,从而能有效地避免职务不清和多头指挥问题。

(3) 主管人员和人数较少的下属所组成的集体规模较小,易于保持团结,每个成员有更多的机会参与决策,更好地了解集体的目标,在决策过程中,易于协调一致,从而缩短决策时间。

（4）因为层次多，各级主管职务相应较多，能为下属提供晋升机会，促使其积极努力工作，提高自身素质。

由上述分析可以看出，高层结构的突出优点是能在合理界限内有效地解决问题，保证领导的有效性。

管理层次相对较多也使高层结构具有以下缺点：

（1）由于层次较多，需要配备较多的管理人员，加上层次间和部门间不可缺少的协调工作，造成管理费用大。

（2）信息的上传下达要经过多个层次，速度慢，并且容易发生失真和误解。

（3）使计划和控制工作较为复杂。在最高领导层本来是明确的、完整的计划，经过自上而下逐层分解细化，有可能失去原先的明确性和协调性，加上计划工作的复杂化和信息沟通的困难，使得控制工作的难度随之增加。

（4）最高领导层与基层人员及活动相隔多个层次，不容易了解基层的现状，也不能及时处理层层上报来的问题，容易出现办事拖沓等官僚主义的现象。

（5）主管人员和下属所构成的较小的团体，可以利用的各种专门人才不一定齐全，遇到复杂任务难以胜任。

以上缺点，当管理层次过多的时候会表现得十分突出，以至压倒前面的那些长处；即使在正常界限内，相对于扁平结构来说，这也是它的不足之处。而且在企业规模扩大以后，高层结构越来越难以适应新环境与新的挑战，所以近年来出现了组织结构向扁平化方向发展的趋势。

扁平结构的优缺点。扁平结构由于管理层次相对较少，所以同高层结构相比，它的信息传递速度快、失真少；管理费用省；便于领导了解基层情况；主管人员与下属能够结成较大的集体，有利于解决较复杂的问题。同时，由于主管人员领导较多的下属，工作负担重，因而更乐于让下级享有更充分的职权，各自独当一面，这不仅能激发下级的积极性，而且有利于他们在实践中磨炼，提高自己的管理能力，从而为培养干部创造良好的环境。

和高层结构相比，扁平结构也有不可避免的缺点，主要有下面几点：

（1）领导人员的管理幅度过大，负担重，精力分散，难以对下级进行深入具体的指导。

（2）对领导人员的素质要求较高。管理幅度越大，要求就越严格、全面，有时候不得不配备副职从旁协助。这样正副职之间的职责不易划清，可能产生种种不协调的现象。

（3）主管人员与下属结成较大的集体，固然有利于承担复杂任务，但随着集体规模的扩大,协调和取得一致意见就会变得更加困难。

从以上分析可以看出,这两种结构各有优势,对它们的评价不能绝对化。书业企业要充分考虑自身的具体条件,选用适宜的结构形式,这样才能扬长避短,取得良好的管理效果。就两种结构的使用条件而言,高层结构适合企业人员素质(包括上级领导和下属的素质)不很高、管理工作较复杂、许多问题的处理不易标准化或者管理基础差、实现日常管理工作科学化与规模化尚需长时间的努力、自动化水平不高的书业企业。如果书业企业的具体条件与此相反,则采用扁平结构比较适宜。出版社所从事的精神生产活动强调主动性和创造性,客观上要求知识信息传递快、控制相对宽松的内部环境。同时,出版社工作人员大都具有较高的科学文化素质,是典型的知识密集型组织,而扁平化的组织结构正好适合这一特点。因此,一般来说,出版社可以采用扁平化组织结构。而其他一些书业企业,则要根据自身的具体情况在这两种结构中做出选择。

二、书业企业组织的部门化

(一) 部门概述

所谓部门,是指组织中的各类主管人员按照专业化分工的要求,为完成某一类特定的任务而有权管辖的一个特定领域,它既是一个特定的工作领域,又是一个特定的权力领域。

随着书业企业组织规模的扩大和活动的复杂化、高级化,企业组织中所包含的不同性质的活动种类就越来越多,所涉及的领域越来越广,各种工作量也越来越大。为了提高工作效率,就必须对整个书业企业的全部工作进行深入细致的分析,并进行明确的分类,然后把性质相同或相近的工作归并到一起集中处理,这个集中处理这些工作的单位就是一个专业化的部门。如出版社的编辑部、书店的销售部等就是这样的一个部门。

管理劳动的分工,包括横向的和纵向的两个方面。横向的分工,是根据不同的标准,将组织活动分解成不同的岗位和任务。横向分工的结果,是部门的设置,即部门化。纵向分工,是根据管理幅度的限制,确定管理层次,并规定各层次管理人员的职责和权限。纵向分工的结果,是管理权限的相对集中或分散。

管理的部门,又指组织中主管人员为完成规定的任务有权管辖的一个特殊的领域。组织中的活动应当经过专业化分工而组合到部门中。劳动分工创造了专家,也对协调提出了要求。而将专家们并到一个部门中,在管理者指导下工作,可以促进这种协调。

建立书业企业的部门,主要依据的是所开展工作的职能、所提供的业务或服务、所设定的目标顾客或客户、所覆盖的地理区域、将投入转换为产出使用的过程这五种因素。

在书业企业部门划分的过程中,必须遵循一些基本原则,主要有以下几点:

(1)确保组织经营目标的实现。合理地划分部门只是一种手段,其目的是为了切实保证实现组织的目标。从这个总的要求出发,部门的划分和设置应以组织的总目标为导向,对一切妨碍组织目标达成的部门和单位予以撤销和合并,而对于必不可少的部门又必须重点建设,不可空缺,否则,必要的职能就无法落实。

(2)职责的明确性与均衡性。各个部门的职责、任务必须十分明确,每个部门该干什么,不该干什么,干到什么程度,有什么要求,承担什么责任,如何与其他部门协作,等等,对这一系列问题都必须做出明确规定,尤其要防止一些与工作有关的部门因职责不清而互相扯皮。此外,任务的分配要尽量平衡,避免部门与部门之间忙闲不均以及在同一个部门内部忙闲不均或时闲时忙。均衡才是一种比较理想的工作运转状态。

(3)力求部门高效精干。部门设计要力戒贪多求全,有些组织的业务还没有完全开展起来就设置许多部门,这是不讲策略的做法。部门设计必须精干,一切要以效率为前提。

(4)保持弹性。部门设置不是一劳永逸的,不能说一个部门只能设置而不能撤并,只能扩大而不能精简。部门的增、简、撤、并都应随业务发展、环境变化的要求而定,部门设计要保持弹性,不能只生不死,不能搞终身制。对于临时性的工作,不能设置永久性的部门,可以设立临时性部门或临时性工作单位来解决此类临时性问题,一旦工作完成,所设置的临时性机构应立即予以撤销。

(5)部门之间要有良好的配合与协调。部门之间既要分工明确,又要协调配合,因为部门的划分是相对的,组织是一个整体,每个部门都只是这个整体的一部分,靠每个部门单个的力量都无法实现组织的整体目标。

企业的部门与部门之间存在着密切的经济技术联系,也许这个部门的工作是为另一个部门的工作做准备,是“前道工序”与“后道工序”的依存关系。在这种情况下,部门与部门之间要注意保持高度的协调与协作。

(二)书业企业部门的划分

部门的划分方法有很多,采取不同的划分方法,会产生不同形态的组织结构。如按职能来划分往往形成职能结构,而按产品、地区、顾客、项目、销售渠道等来划分,则会形成事业部结构。下面主要介绍职能部门、产品线部门、地区部门。

1. 职能部门

所谓职能部门,即是指以各项主要业务来划分的部门。如一个零售书店的重要业务或职能为图书进货、库存、门市销售、财务等,则其职能组织系统如图4-11所示。

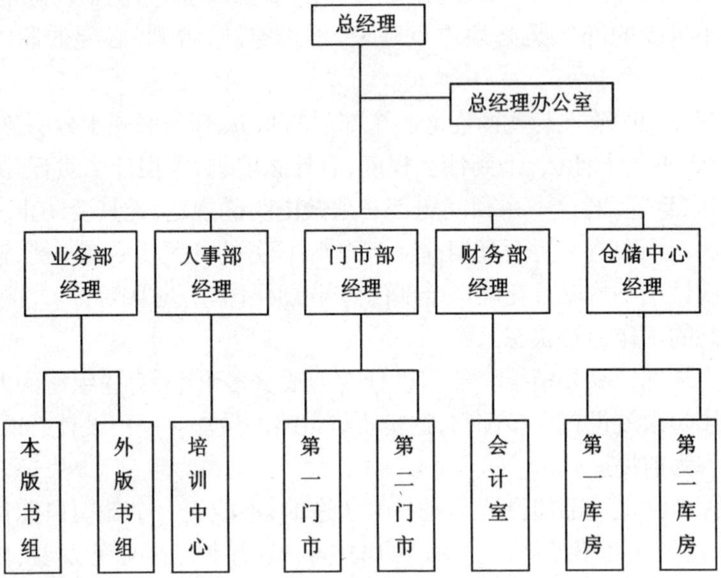

图4-11 职能组织

职能部门组织是最重要也最普遍的一种组织形式,在行政、企业、事业单位中被广泛应用。这主要是由于职能部门组织有利于各业务环节明确职责,便于专业化,因此可以提高效率。但由于各职能部门之间专业化分工明确,易造成本位主义,都觉得自己所属的部门最重要,因此,在各部门间要经常进行协调,这就不可避免地会加重高层管理者的负担。

2. 产品线部门

在大型的书业企业中,由于业务量及人员庞大,协调工作繁重,单纯依靠职能来组织显得力不从心,这时就需要按产品线来改组,建立产品线部门组织。

职能部门是横向组织,产品线部门则是纵向组织,它本身可以是涵盖所有职能的独立组织，因而对其绩效的测度和管理十分便利。

实现产品线管理，涉及总部与各产品线之间业务上的统分划定。有些职能，如人事、财务、营销等，应始终控制在总部；而具体的业务，则又必须下放给各产品线。这些权力应该如何授予，取决于最高管理层的经营理念和企业面临的具体情况。

产品线内各部门的协调工作由产品线自身解决，各产品线之间基本不存在严格的协作关系，因而高层管理者的协调工作大大减少，可以把精力放到书业企业发展的重大问题上。产品线组织还有利于高层管理者的培养，因为各产品线涵盖了所有业务职能，它本身就是一个独立的组织，故其管理者能克服职能部门的褊狭之见，而以更高的眼光看问题。一旦组织需要，这样的人就能很快适应总经理之职，而不致出现管理层次上的不适应。

产品线部门组织的缺点在于，总部与各产品线部门之间的关系容易激化。总部倾向于集权，而产品线部门倾向于分权。特别是有良好绩效的产品线，其管理者多有被调任他处之虑。参见图 4-12。

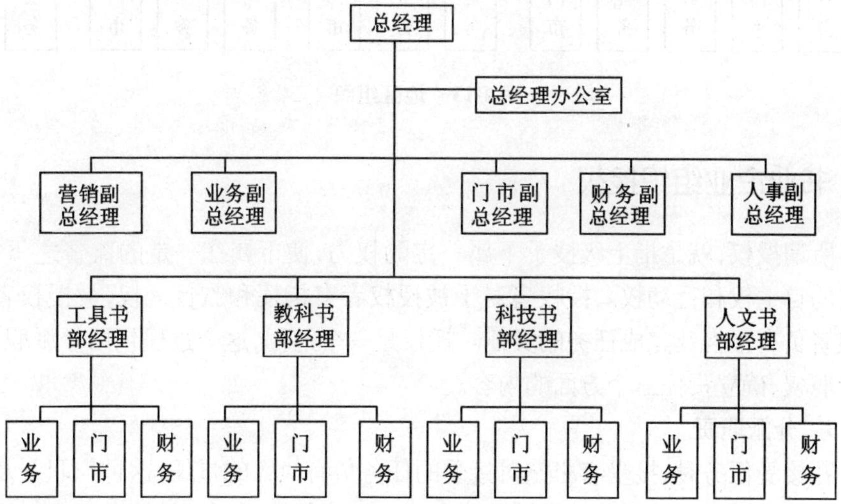

图 4-12　产品线组织

3．地区部门

业务在空间上比较分散的书业企业，多以地区部门来组织。地区部门组织有利于各区域自主经营，避免一刀切式的管理。其缺点是地区部门的独立性较产品线更强，高层管理往往不易控制，定期调换地区部门经理的现象时有发生。

随着出版发行集团的组建和发展,行政性组织逐步转化为经营性组织,地区部门和产品线部门相应出现,使传媒业组织结构向市场化和现代化迈出了重大的一步。各省在组建传媒发行集团时,按市场需要设置产品线部门及地区部门,这也为改革提供了组织上的保障。参见图4-13。

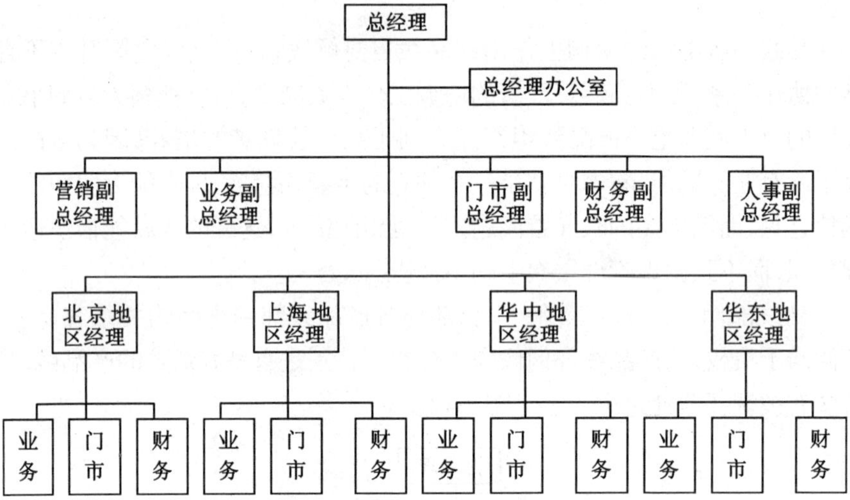

图4-13 地区组织

三、书业企业组织授权

所谓授权,就是指上级授予下属一定的权力,使下属在一定的监督之下,有一定的自主权和行动权。授权者对于被授权者有指挥和监督之权,被授权者对授权者负有报告及完成任务的责任。授权是一个过程,这个过程包括分派职责、赋予职权、确立责任三个方面的内容。

1. 分派职责

在接受任务时,接受者必然对接受的任务负有执行的责任,这种与职务及所进行的工作活动相联系的责任被称为职责。职责的分派可以是领导者吩咐下级去准备一份报告,也可以是指派某人负责一个为时半年的责任小组,等等。完成一项确定的任务所必须履行的义务就是职责。

2. 赋予职权

伴随着职责的分派,个人也应得到从事该项工作所应有的合法权利,如负责起草报告的下属应该被应允从保密的档案中取阅有关资料,任务小组负责人应有权调配从各职能部门抽调来的工作人员，等等。所谓职权，就是某一职位所固有的做出决策、采取行动和希望决策得到他人执行而发布命令的正式的合理合法的权力。领导者在对下属授权过程中，必须遵循“职权与职责对等”原则。职责是完成任务的义务，职权是完成任务的权力。任何一个组织人员，假如没有完成任务的充分职权，他就无法履行自己的职责；反之，若职权大于其承担的职责，又会造成权力滥用的现象。权责对等是授权的基础。

2. 确立责任

如果说授权是上一级管理者随着职责的分派而将部分职权授予其直属下级这样一种“向下”的行为，那么负责、尽责则是“对上”而言的，所以常将授权与尽责对应地称作“向下授权”与“向上负责”。所谓负责或尽责，就是指下级对履行职责和运用职权的结果负责。

从某种意义上说，目标管理就是授权的一种形式。按照这种管理方法，管理人员在一定期限内都应有集体和个人的工作目标。目标制定后，上级即根据目标内容对下级授予包括用人、用钱、对外交涉等权力，使下级能运用这些权力完成所定的目标。上级只用目标管理下级，在期限内或到期限后，用这些目标对下级的工作进行检查和考核。

授权并不意味着授责。授权只是把一部分权力分散给下属，而不是把与“权”相应的“责”同时分散下去。换言之，当一级主管把几种决策权授给二级部属时，虽然二级部属因而获得该决策权，但一级主管仍然负有相同的责任。授权不同于代理职务，也不同于分工或助理。而且，授权和分权也有区别。授权主要是指权力的授予和责任的建立，它仅指上下级之间短期的权责授予关系；而分权则是授权的延伸，是在组织中有系统地授权，这种权力根据组织的规定可以较长时期地留在上下级主管人员手中。

授权的范围很广，有用人之权、做事之权等。它们虽各具有一些不同的特点，但不管哪种授权，都有一些共同的准则可以遵循。书业企业组织授权应遵循的准则如下：

(1) 因事设人，视能授权。一切依被授权者的才能大小和知识水平的高低为依据。“因人设事”、“以功授权”往往会导致效率低下。授权前，必须仔细分析本单位工作任务的难易程度，以使职权授予最合适的人选。一旦授予下属职权而下属不能承担职责时，应明智地及时收回职权。

(2) 明确所授事项。授权时，授权者必须向被授权者明确所授事项的任务目标及权责范围。这样不仅有利于下属完成任务，更可避免下属推卸责任。

(3) 不可越权授权。只能对直接下属授权,不可越级授权。例如,社长只能把发行权授予分管发行的副社长,而不能越过分管发行的副社长直接授权给发行科长。越级授权必然导致中层主管人员的被动以及部门之间的矛盾。

(4) 授权适度。授予的职权是上级职权的一部分,而不是全部,对下属来讲,这是他完成任务所必需的。授权过度等于放弃权力。对于涉及有关组织全局的问题,如决定书业企业的目标、发展、人员的任命和升迁、财政预算以及重大政策问题等,不可轻易授权,更不可将不属于自己权力范围内的事授予下属。

(5) 适当控制。在授权过程中要适度地进行控制。如果主管人员授权后仍不断地检查工作,是授权不足的表现。有效的主管人员在实施授权前,应先建立一套健全的控制制度,制定可行的工作标准和适当的报告制度,以及能在不同的情况下迅速采取补救的措施。

(6) 相互信赖。授权和沟通相似,必须基于主管人员和部属之间的相互信赖的关系。因此,主管人员如果把权力授予下属,就应该充分信任下属,也就是说要真正做到"用人不疑"。

第四节 书业企业组织变革

一、组织变革理论

一个组织要能够生存、发展、壮大,并不断地趋于成熟,不断地取得成就,就必须依据外部环境以及内部条件的变化而适时调整其目标与结构,不能一成不变。组织必须能够适应变化,否则就会很快地趋于老化、衰弱乃至灭亡。组织为适应内外环境及条件的变化,需要对组织的目标、结构及组成要素等适时而有效地进行各种调整和修正,即实行组织变革。

(一) 出版企业组织变革的外部动因

1. 政策环境

2003年,全国文化体制改革试点正式启动,出版单位开始由事业单位转向企业单位。2005年,新闻出版总署明确了深化出版体制改革的总体思路和具体任务,按照重点抓好一批中央部委出版社、一批高校出版社、一批经营性报刊转企改制，继续推动地方出版单位深化改革的要求，出版单位开始进行转企改制。2005年12月，中共中央、国务院颁发了《中共中央、国务院关于深化文化体制改革的若干意见》，明确要求深化文化体制改革，进一步解放和发展文化生产力。2006年3月，中央召开了全国文化体制改革工作会议。会议科学地阐明了深化文化体制改革的重大意义和需要把握的一系列重要问题，对推进出版发行体制改革具有极其重要的指导意义。

新闻出版总署于2009年3月下发《关于进一步推进新闻出版体制改革的指导意见》，意见明确要求，除明确为公益性的图书、音像制品和电子出版物出版单位外，所有地方和高等院校经营性图书、音像制品和电子出版物出版单位2009年年底前完成转制，所有中央各部门各单位经营性图书、音像制品和电子出版物出版单位2010年年底前完成转制。已经完成转制的出版单位要按照《公司法》的要求，加快产权制度改革，完善法人治理结构，建立现代企业制度，尽快成为真正的市场主体。国家还鼓励多家出版单位组建出版集团，并给予相应的政策支持。2010年12月底，中央各部门各单位148家经营性出版社，除1家停办退出，13家原本没有核定过独立事业编制外，余下134家均核销了事业编制，全面完成了中央确定的转制任务，整个中央各部门各单位出版社转制已进入扫尾工作。目前，所有中央和地方出版单位都已转制为企业，进入市场化运作。

2. 经济与市场环境

经济与市场等因素对企业组织变革的推动主要体现在这样几个方面：一是经济的发展和生产方式的变化等，推动组织与企业的发展；二是社会经济结构的发展，产业结构的变化，以及经济体制改革推动企业组织的改革与调整；三是经济发展会影响教育、文化、科技及人们思想观念的变化，这些变化对组织变革有影响；四是市场竞争和读者需求变化推动出版产品结构的调整，进而推动出版企业组织的变革。

经济社会的持续快速发展，使我国正在成为世界最大的出版物消费市场。一是随着科学教育的普及，新的读者群不断涌现，需求层次更加多样化；二是随着经济的发展，形成了对文化产品的巨大购买力，调查显示城乡居民对各种出版物的人均消费持续增长；三是逐渐出现的大型书城和网上书店等便捷的购买方式，将进一步调动和满足读者阅读与购买的兴趣；四是我国目前正处于工业化的中期，制造业的蓬勃发展，为印刷、包装装潢业的发展提供了广阔的空间。这些新的发展变化都在推动着书业企业对自身的组织结构进行变革，以适应社会经济的发展，满足人们日益增长的文化需要。

目前,中国原有的出版市场格局正在被打破,一个全新的市场化出版格局正在逐步形成。2009年新闻出版总署制定了《关于进一步推进新闻出版体制改革的指导意见》,指出将非公有出版工作室作为新闻出版产业的重要组成部分,纳入行业规划和管理,引导和规范非公有出版工作室的经营行为。积极探索非公有出版工作室参与出版的通道问题,开展国有民营联合运作的试点工作,逐步做到在特定的出版资源配置平台上,为非公有出版工作室在图书策划、组稿、编辑等方面提供服务。目前,民营工作室已经是一个庞大的出版主体群,出版主体数量大为增加,这增强了出版的市场活力,也加剧了市场竞争的强度。同时,中国出版业已兑现加入世贸组织时的承诺,开放出版业的分销环节和印刷环节,虽然目前为止还没有对外开放出版主营业务,也没有出现外资大规模涌入的情况,但是有相当一部分跨国出版集团已经在各地区进行多种形式的合作,正在选择战略投资的最佳角度和时机。众多竞争对手的出现,使得书业企业必须将精力放在核心竞争力上,对原有的组织机构和经营模式进行变革,以适应激烈的市场竞争。图书买方市场已经形成,读者在交易中拥有更大的主动权,而读者对图书需求呈现个性化、多样化的趋势。这些变化使得书业企业的目标要以市场为导向,采取灵活性和适应性强的新型组织结构形式。

3. 技术环境

信息技术的迅猛发展和广泛应用将人类从工业时代带入信息时代,改变了书业企业外部的生存和发展环境,对书业企业的运营产生了重大影响。出版企业的内联网改变了组织内部人与人、人与物、物与物之间传统的沟通方式,从而改变着书业企业的生产方式、管理方式和组织结构。书业企业的外联网改变了组织与上游企业、下游企业以及客户的沟通方式,从而改变着书业企业的生产方式、管理方式和组织结构。阿沃莱奥等认为,信息技术使企业以崭新的方式进行运作,给企业增加了有形和无形的价值,为了更好地发挥这种优势,企业必须进行变革。① 汤森也认为,信息技术改变了经济的进程,使得企业面临新的机遇与挑战,而建立灵活性和适应性强的新型企业组织模式是应对这一挑战的关键。② 罗卡特甚至认为,如果没有信息技术的发展,企业是否会变革都是一件令人怀疑

---

① Bruce J. Avolio et al.. E-leadership: implications for theory research, and practice. leadership Quarterly, 2000, 11(4).

② A. M. Townsend et al.. Information technology, unions, and the new organization: Challenges and opportunities for union survival. Journal of Labor Research, 2001, xxh(2).

的事情。①

计算机技术和网络通信技术在出版业得到广泛应用，书业企业的数字化正成为一种趋势。在计算机网络技术运用之前，书业企业中的信息传递是由高层向下层逐级进行的。这种信息传递与沟通机制正好与传统的直线式组织结构形式相适应，有利于最高管理层加强统一领导和统一指挥，但由于信息传递的时间长以及在传递过程中造成的信息失真会导致贻误时机和决策失误。目前，许多书业企业都已经或正在建设 ERP 系统，提升自身的管理效率。书业企业运用信息技术重新架构信息传递与沟通机制，使管理指令的下达和信息反馈更加快捷有效。网络通信技术在发行和物流系统的运用，使发行部门能够快速处理订单并准确下达发货指令。物流系统与发行系统有效地衔接，使出版产品以最快的速度到达读者手中。这些信息传递与沟通方式的变化必然引起出版企业内部权力分配与管理方式发生相应的变化，也必然引起组织结构形式发生变革。

出版数字化将传统出版流程中的各个环节电子化、网络化，出版物的创作、编辑、出版、发行等都可以在计算机网络上进行。生产技术环节的变化对生产管理也提出新的要求。数字出版物的出版需要相关的电子印刷技术、数据库管理技术以及数据存储设备、传真机、数码相机、扫描阅读器等先进的数字设备。管理者要具备与之相关的数字技术，在生产管理过程中运用好信息管理系统，使数字出版过程实现高效和低成本目标。出版业务流程的再造和出版人力资源的新要求都使书业企业组织机构的变革成为必要。

4. 社会文化环境

社会文化是人类在长期的社会历史活动中所创造的精神财富的总和，它主要包括价值观念、教育水平、宗教信仰、风俗习惯、伦理道德以及行为方式等。它影响和制约着人们的消费观念、消费需求、购买心理与购买行为，以及生活方式，从而对企业组织的变革产生直接的影响。书业企业处于一定的社会文化环境中，其组织变革必然会受到所处社会文化环境的影响和制约。

社会价值观是回顾、观察、预见一个社会发展水平的标尺之一。在市场化、工业化和城市化的推动下，我国社会成员实现个人目标的机会空前增加，可供选择的路径显著增多，人们不再共同瞄着某一个方向谋求自身发展。不同的发展路径，不同的发展机会，必然导致不同的价值观念，形成不同的价值取向。出版

---

① John F. Rockart. Towards survivability of communication-intensive new organization forms. Journal of Management Studies, 1998: 35.

作为一种社会文化活动,是传播社会文化思想和社会价值观的重要渠道,而一个时期的社会价值观的变化必然会对出版业产生重要的影响。首先,随着社会生产力水平的提高,人们对文化产品的价值越来越重视,开始追求精神文化产品的消费,这会为图书出版业带来一个庞大的市场,带动出版业的快速发展。其次,社会价值观的变化也相应要对出版企业的企业文化产生影响,促使出版企业重新制定战略目标,调整企业使命,进而带动企业组织结构的变革。

受教育程度、宗教信仰及风俗习惯等因素对人们的消费心理和消费行为也有着不可低估的影响。这些因素会影响到读者对图书产品的多方面需求,比如图书品种类型、图书装帧设计、图书内容风格和图书定价等,而这些变量又会对书业企业的组织目标和生产经营产生影响,推动书业企业调整或变革组织结构,满足读者和市场需求。

(二) 出版企业组织变革的内部动因

1. 组织目标

组织目标是企业在未来一段时期内预期要达到的目的或结果。组织目标是随着环境、时间以及条件变化不断调整的,企业组织管理的重要内容之一就是依据组织目标设计和建立一套组织机构和职位系统。因此,组织机构的设置必须与组织的阶段性目标相一致,组织一旦需要根据环境的变化调整结构,组织就必须进行相应的变革以适应这种变化,新的组织职能必须得到充分保障和体现。

组织目标的选择和修正决定着组织变革的方向,也影响着组织变革的范围。以下几种情形使组织对其目标进行选择和修正成为必要:① 组织原定的目标已经实现或即将实现,需要寻求新的发展方向和新的目标,相应地要求组织进行调整和变革。② 组织目标在实施过程中发现与原定的步骤、安排有差异,需要对原有目标进行修正。这种修正要求组织进行相应的调整和变革。③ 组织原定的目标无法实现时,需要及时转向去寻求新的发展方向和新的目标,便强烈要求组织按新的目标进行变革。

中国的出版体制改革推动着出版单位由事业单位转变为企业,书业企业成为独立的市场主体参与市场经济活动,自主经营,自负盈亏,一切经营行为都要以市场需求为依据。一方面,书业企业的组织目标已由单纯创造社会效益转变为社会效益和经济效益并重。为适应这种转变,书业企业要相应地对其组织结构进行变革。在计划经济时代,出版单位只管编辑出版图书,不需要考虑图书发行和营销工作,转变为企业后,组织目标发生变化,有必要对发行和营销部门进行重新设置，加强发行和营销队伍的建设。另一方面，面对瞬息万变的出版市场环境和读者需求的多样化，书业企业需要考虑诸多的发展问题，需要根据不同的发展状况制定不同的组织目标。比如要进入专业化还是大众化出版领域，是否参与组建出版集团，是否上市，是否多元化经营，等等，这些组织目标的变化会带来出版企业组织结构的变革。

2．组织职能与管理水平

职能是组织存在的依据，组织是职能的载体或承担者。因此，职能的变化必然引起企业组织结构的变化。目前，书业企业组织的职能发生了重大变化，它不再只强调组织的社会服务职能，而是在兼顾公众和社会利益，对公众和社会负责的同时，重视经济效益。这种组织职能的转变迫使组织做出相应的调整和变革。

管理的根本目的就在于通过合理配置各种资源，有效降低成本，提高组织运行的效率，使组织的目标得以实现。而传统书业企业的层级组织造成机构重叠、权责不清、目标分散、组织效率低下，极大地影响了企业管理水平的提高。组织整体管理水平的高低是企业核心竞争力的重要体现。组织在成长的每一个阶段都会出现新的矛盾，为了实现新的战略目标，组织必须在人员素质、技术水平、价值观念、人际关系等方面做出进一步的改善和提高。评判管理水平主要有三个要素：适应性、效率和成本。适应性是指组织结构要有柔性和弹性，组织所做出的决策既能达到引导企业行为的作用，又有相当的灵活性。效率来自于简洁的组织结构、明确的目标和集约的资源，管理的效率就是寻求组织结构扁平化，使得从决策到结果的路径最短、达成的时间最快捷。成本指的就是企业的成本，包括外部交易和内部管理成本。企业必须通过对组织结构的变革，再造企业流程，重新设计信息沟通渠道，实现资源的充分利用。一个企业的管理水平取决于这三个要素的实现程度。书业企业要想取得长足发展，必须要适时地对组织结构进行变革，以提高企业的管理水平。

3．组织成员心理与行为

员工是企业组织的基本元素。企业是以产生利润为目的的组织形式，组织成员的行为方式直接影响企业目标的实现以及实现的程度。组织成员的心理与行为对企业组织变革的积极影响主要表现在这样一些方面：一是安全感，变革的发生可能会要求个人提高能力，或者使组织处于更为安全的地位；二是收入，变革可能会带来员工收入的增加；三是权力，变革可能会带来提升以及更多的决策制定权力；四是地位、声誉，员工的职位、工作职责、办公场所配置以及其他方面可能会改变；五是职位，变革可能会引起工作职位的变化；六是更好的工作条件，实际环境会发生变动,可能会拥有新的设施;七是自我满足,个人可能会拥有更大的成就感,面临更多挑战;八是更好的人际关系,变革可能会为个人带来与周边人士更好的人际关系;九是较少的工作时间和较低的工作强度,变革可能会使工作效率更高。这些因素会促使组织员工支持组织变革,并积极参与到组织变革中来,使得企业的组织变革能够顺利实施。

然而,组织变革也会导致个人对未来产生不安全感和恐惧感。组织变革是改变企业现状,以达到预期的未来状态的过程,这就意味着组织变革本身充满不确定性。而人们一旦处在不确定的环境中,就会对未来产生不安全感和恐惧感。如果员工对组织变革的目的、计划等认识不足,组织领导者又与员工缺少必要的沟通,无法与员工取得共识,就会让员工产生抵制变革的情绪和行为。

如果得不到员工的支持和积极参与,变革是不可能成功的。为促进员工积极参与变革,组织应该做到以下几点:首先,应赋予员工更多权力和责任。比如,在专家的指导下,让员工参与企业流程再造;同时赋予员工改变流程的责任和权力。其次,组织要掌握员工心理与行为的变化,比如,员工在组织变革中的心理感受如何?会出现哪些情绪问题并对组织产生何种影响?变革会对员工带来哪些心理方面的影响?这些影响会对工作和员工个人带来哪些变化和不适应?本身压力重重、满怀焦虑的员工会以何种心态评判和参与组织变革?变革中不得不接受离开企业这个残酷现实的员工会有哪些心理危机?集结或放大的这些危机会对组织带来多大程度的创伤?……在组织变革中,很多组织领导者都不习惯主动地思考这些问题,而只是被动地应对,结果将员工变成阻碍变革的力量。

组织结构需要变革的主要征兆有:

(1) 经营业绩下滑。比如,市场占有率缩小,产品质量下降,消耗和浪费严重,企业资金周转不灵,经营利润连续下降,等等。

(2) 生产经营缺乏创新。面对剧烈的市场竞争,企业缺乏新的战略和适应性措施;在生产上没有新观念,技术更新慢;管理上因循守旧,缺乏现代化管理意识,推行新办法困难重重;等等。

(3) 组织结构本身病症的显露。例如,决策缓慢,指挥不灵,信息交流不畅,结构臃肿,职责重叠,管理幅度过大,扯皮增多,人事纠纷增加,管理效率下降,等等。

(4) 职工士气低落,不满情绪增加。例如,某些职能部门的负责人,由于没有被赋予足够的权力而要求离岗,职工特别是管理人员的合理化建议减少了,员工的旷工率、病假率、离职率增高,等等。

当书业企业出现上述征兆时，应当及时进行组织诊断，用以判定企业组织结构是否有变革的必要。

二、书业企业组织变革的实施

（一）书业企业组织变革的原则

出版企业组织变革是一个复杂的过程，必须遵守一定的原则，才能保证组织变革顺利进行并取得成功。

彼得·德鲁克提出组织变革的四原则：

一是有组织地放弃昨天。“放弃什么内容”和“放弃什么方式”需要有系统地进行。组织要想进行变革，必须要懂得放弃昨天，解放资源，为创造未来服务。

二是有组织地改进。包括对产品、服务、生产流程、市场营销等方面系统化和持续不断的改进。通过持续不断的改进，使组织最终转变操作方式。持续不断的改进最终带来根本性的变革。

三是挖掘成功经验。企业在变革的过程中通过不断发现问题和解决问题，从而积累成功经验。在持续不断的改进过程中，成功经验的积累迟早会换来真正的创新。每一小步的积累，最终会带来重大的和根本性的变革。许多书业企业都尝试着进行各种各样的组织变革，其他组织的变革经验也可以给书业企业带来有益的启发，推动书业企业组织结构的变革。

四是系统化的创新原则。系统化的创新原则能够帮助组织成为变革的引导者，有助于将变革作为机会来看待。书业企业要全面、系统地考察和掌握组织内外部环境的变化，如市场结构的变化、社会环境的变化、读者思想观念的变化和出版业务流程的改造等。出版企业组织只有坚持系统化的创新原则，才能引导变革，把握变革的方向，并保证变革的成功。

（二）书业企业变革的程序

书业企业针对现存的问题和面临的内外环境变化，以及所选定的组织变革方向目标和变革内容，需要采取适当的方式对现有组织进行切实的改造和变革。组织变革的方式，可以从多种不同的角度进行划分。书业企业在选择变革方式时，需要本着权变与适用的原则，根据所处的具体形势而采用相应的组织变革方式。

组织变革是牵涉面广、工作量大、敏感性强的复杂的系统工作，必须进行全面的规划与设计，然后在此基础上科学地、有步骤地进行。要制定科学的程序，再按照这一程序一步一步地实施变革。贸然进行组织变革往往不但达不到变革的目的,反而容易造成管理工作的混乱和损失。

对于组织变革所采取的程序,很多学者因研究方向不同,或研究的重点不一样,因而看法也不尽相同。但完整科学的组织变革程序应包括三个阶段:诊断阶段、计划和执行阶段以及评价阶段。评价的结果又要反馈到第二阶段,对组织变革的计划做出必要的修正。可以将其大致上归纳为下面的简单程序:

(1) 确定问题。提出组织结构需要改革的目标和问题。

(2) 组织诊断。收集资料和情况,进行组织结构分析。

(3) 计划并执行组织变革。先制订几个可行的改革方案,确定改革的指导原则、方式和策略;然后制定改革步骤,组织力量试点和推行;最后实施改革方案。

(4) 组织变革的效果评估。检查、分析、评价变革的效果和存在的问题。

(5) 信息反馈。及时反馈,对原定改革方案和计划做出修正。

(三) 组织诊断

从以上叙述中可以看出,书业企业组织变革的一个重要步骤就是进行组织诊断。科学地进行组织变革,依赖于掌握完整和真实的资料,以及对这些资料进行的科学分析和研究。因此,组织诊断主要由组织调查和组织分析两个部分组成。

1. 组织调查

组织调查的目的是为了掌握组织现状,其主要方法有三种:

其一,系统地收集现有资料。这些资料包括职位说明书、组织图和组织手册、管理业务流程图、管理工作的定员和人员配备、部门及科室人员的考核和奖惩制度等。借助这些资料,可以比较系统地了解并确定书业企业组织结构的当前状况和某些缺陷。例如,可以发现企业管理幅度问题,以及某些部门和职务的职责重叠、权限冲突、信息交流中断、控制不健全等问题。

其二,组织问卷调查。问卷调查方法属于抽样调查,其主要对象是科室管理干部,但也不排除一般员工。问卷调查方法通过用较短的时间和比较科学的方法,具体了解科室管理人员对企业组织结构状况、存在问题的意见以及管理人员的思想状况,同时这种方法能够弥补现有资料的不足,因此,只要条件允许,应当尽可能地进行问卷调查。问卷的内容不是千篇一律的,要根据企业具体情况及组织咨询的目标而定。

其三,个别面谈和小型座谈会。通过问卷调查,可以获得比较系统的活情况,即可发现在组织图及规章制度等文字资料中发现不了的实际情况和问题,而且这些情况可以作定量的统计分析。但这些情况往往还停留在表面的现象上,关于造成这些现象的原因,以及这些现象之间的内在联系和问题的主次关系,仅靠问卷调查是难以回答的。这时就需要通过面谈作进一步的定性调查。相对而言,这种调查方法更适用于向企业部门领导和经验丰富的骨干管理人员作调查。

2. 组织分析

通过组织调查掌握了企业丰富、真实的资料和情况后,下一步的重要工作是进行组织分析。通过组织分析,可以明确书业企业现行组织结构设计和运行中存在的问题与缺点,为提出组织改进方案打下基础。组织分析的内容从总体上说,大致可以归纳为以下五个方面:

其一,职能分析。这一分析的主要内容有:随着内外环境的变化而导致企业经营目标和战略的改变,需要增加哪些新的职能?哪些职能需要加强?哪些陈旧的职能可以取消或合并?哪些职能是对实现企业战略任务起主要作用的关键性职能?除此以外,还要分析职能的性质和类别。这里的职能类别,是从它对企业做出贡献的方式来讲的,比如说,哪些是产生成果的职能(如市场营销、产品开发和制造)?哪些是可以增加其他部门收益和成果的保证性职能(如制定各种标准和规章制度、质量和财务等监督业务、教育培训业务)?哪些是附属性职能(如企业中的医务卫生、幼儿保育、伙食供应)?等等。

其二,决策分析。决策过程贯穿于整个经营管理过程的始终,进行决策分析,是确定各个管理层次、各管理部门的职责与权力的重要依据。决策分析的内容包括:为了实现企业目标,应当有哪些决策?是什么种类的决策?这些决策各应由企业中哪些管理机构来制定?决策制定将牵涉或影响到哪些有关的业务?决策制定应当由哪些部门的负责人参与?决策制定后应通知哪些部门的负责人?

其三,关系分析。关系分析就是对企业各管理层次之间、各管理职能之间相互关系的分析。它主要包括这样一些内容:分析某一部门应当包括多少职能和哪些职能?有哪些部门之间的职能重复过多或搭接不够?这些部门应当担负直接指挥还是参谋服务的职能?该部门的业务工作应当与哪些单位和人员发生工作关系?要求什么人对该单位提供配合和服务?各部门间的协调配合和综合工作组织得如何?

其四,流程分析。流程分析的关键在于确定业务流程或系统流程中存在的工作步骤之间或子系统之间的衔接问题、影响程度以及产生原因等。它主要包括如下内容:确定流程中的衔接问题;确定与流程衔接问题密切相关的、需要重点分析的次层级流程;分析问题的产生原因,为下一步改进对策的提出提供依据。

其五,负荷分析。完善的流程设计不仅反映出各项工作步骤开展的程序,而且可以将各部门、各工作岗位承担的工作任务表现出来。这样,以部门或岗位为中心,将它们所涉及的各项业务流程的工作任务逐一列出,并估算出每项任务的工作量,就可以绘制出负荷图,使管理人员了解其所管辖单位工作能力的利用状况,是否存在工作量不足或者忙闲不均的现象。

三、书业企业组织变革的方向

1. 层级扁平化

步入信息化时代,书业企业的生存环境发生了巨大变化。面对外部竞争激烈的市场环境和日新月异的需求变化,书业企业组织只有更加灵活、反应快速,才能适应时代的要求,从而才能生存和可持续发展。

传统的书业企业组织结构多是直线职能式结构,这在信息化时代暴露出诸多弊端:一是过度的专业分工导致书业企业内部等级制度扩大化,中间职能管理部门日益庞大,导致机构臃肿,人浮于事,管理效率低下。二是分工过细,导致管理层次多,上下级信息沟通不畅,同级职能部门之间又缺乏沟通。在信息化时代,机会稍纵即逝,图书策划人员身处第一线,掌握着大量的出版市场信息和读者信息,一旦发现新的市场机会,却无法迅速付诸实施,长此以往,必将极大地影响一线员工创造性的发挥。三是权力集中在上层,强调命令和控制,下属员工只是服从上级的命令和指挥,缺乏主动性和积极性。

采用项目制或事业部制的书业企业在一定程度上解决了分权和激励的问题,这种组织结构使项目部或事业部拥有出版选题策划和运作的自主决策权,调动了员工的主动性和创造性。但是,小部门职能全面化也会带来机构臃肿、生产经营部门设置过多的问题;各项目组或事业部之间相互竞争,缺乏共享意识,信息传递遇到新的阻碍。因此,使层级趋于扁平化也是其组织变革过程中所要考虑的一个重要方向。

所谓层级扁平化,就是减少管理层次,拓宽管理幅度,裁减冗员,建立一种紧缩的横向组织,促进信息的传递和沟通,使组织变得更加灵活、快速和富有弹性。

组织要进行分权，使决策权向下层分散，使最下层拥有充分的决策权，并且建立权责对等的机制。

现代信息技术和管理方法在书业企业的应用使信息在组织层级间的传递更富有效率，这也为建立扁平化组织创造了有利条件。上级可以对更多的下级进行领导和管理，这就拓宽了管理幅度，从而可有效地减少管理层次。编辑出版和发行人员熟悉读者需求和市场变化，一旦发现新机会，产生了新的想法，便可以利用自身的决策权迅速地制订方案，同时以最快的速度将信息反馈给上层管理者，推动新选题的快速实施。

扁平化组织强调建立公平、民主、透明的决策机制，书业企业内部不再以级别定岗位和进行分配，鼓励员工向专业化方向发展。员工依托自身专业知识，以主人翁的身份参与民主决策，这可以激励员工进行战略性思考与创新，让他们自主地、高质量地完成各自的工作。扁平化可以使组织变得更加灵活，更具柔性，是书业企业组织变革的主要方向。当然，任何组织理论都不可能作为统一的模式适用于所有企业，书业企业在推行“扁平化”之前要对自身的情况了如指掌，制订符合自身发展规律的方案。

中国人民大学出版社（以下简称“人大社”）在组织变革的过程中一直向扁平化的方向发展，经过多年的实践取得了不俗的经营业绩。人大社对原来的以编辑室为核心的编辑出版体制进行了大力度的改革，按照出版资源优势和专业划分，成立10个专业出版事业部，一个社会考试出版中心，一个哈佛项目组和一个综合编辑室，对出版各环节进行流程再造，形成了新的出版运营和管理模式。人大社还对原来的所谓“行政部门”进行功能改造，在社内设总编室、人力资源部、财务部等，对出版事业部和其他部门行使公共管理和服务的职能。各事业部在社务委员会的直接领导下，独立进行图书选题的策划，在图书的组稿、编辑、出版、营销各个环节中起主导作用，在运作中享有相应的责、权、利。人大社对人事制度进行改革，打破编制、身份等界限，以能力定岗位和职位，实现人力资源的科学化管理。改革使人大社的组织结构更趋扁平化，更具灵活性和适应性；使全社的选题策划实现了主动性、整体性和科学性的有机结合，优化了产品结构和图书质量；使职能管理更加高效，职能部门与业务部门合作无间，沟通有效，共同为实现出版社的组织目标而发挥作用。

2. 组织形式网络化

组织形式网络化主要体现在企业形式集团化、经营方式连锁化、企业内部组织网状化和信息传递网络化。

随着出版业体制改革的推进和市场化发展的要求,我国绝大多数出版单位已于2011年年底由事业单位转制为企业。许多出版企业组建成出版集团,并获得国有资产授权经营,按照现代企业制度,建立“归属清晰、权责明确、保护严格、流转顺畅”的现代产权制度,构建合理完善的法人治理结构。

出版集团是多个出版法人和相关法人的联合体,其经营战略的关键在于培养和发展能够使其在未来的出版物市场中居于有利地位的竞争力。① 集团化是我国出版业发展的必由之路,是提高我国出版业市场竞争力的关键。以出版集团作为市场主体,努力整合资源,并借助市场进行资源的有效配置,优化集团原有的组织结构,实现出版产业结构的优化升级。

经营方式的连锁化是以契约和资本为纽带,通过发展连锁经营和商务代理等业务,形成一个庞大的销售网络体系,使得企业的营销组织网络化。当今的新华书店发行系统便是连锁化的集中体现,许多地方的出版集团将本地的新华发行连锁店纳入自己的经营体系,组建一个庞大的图书销售网络,将触角直接伸向市场的各个角落,使生产的图书产品能够便捷、快速地送到读者手中。除新华连锁体系外,有些出版集团还在集团内部组建连锁化组织,如广东省出版集团整合发行新势力,成立图书发行有限公司,全权代理集团所属出版社出版物的总发行,与出版集团下属公司广东新华发行集团有限公司一起组成一个上下游相衔接的网状发行体系,大大提升了本集团的经营效率,使本集团的竞争力上了一个新的层级。

传统出版单位的组织结构是垂直线状的,组织内形成许多非正式的信息沟通渠道,在组织内部会形成许多阻隔,使各个部门成为一个个信息孤岛。在新型出版组织中,横向的协调将变得和纵向控制一样重要。信息流通的网络化不仅强调上下级之间的信息交流,更强调同级部门之间的沟通交流,实现组织内信息资源的共享,并有利于组建跨部门的项目团队,使部分重要工作由多部门通力合作完成,提升组织的整体协作效率。网络技术的蓬勃发展和计算机技术的广泛应用,为书业企业的信息传递和人际沟通向数字化、网络化方向发展提供了技术条件,使网络化信息沟通机制的建立成为可能。

2010年,中国出版集团采用云信息与Oracle联手推出的系统来打造集团出版数字资源管理平台,并升级网站系统;广东出版集团ERP二期项目完成验收,集团所属科技社与新世纪出版社ERP顺利完成验收,并配合集团发行资源

① 耿乃凡.出版集团竞争力及评价指标体系研究.管理世界,2007(6).

整合，开发集团发行公司“信息化管理系统协助改造项目”；安徽时代出版集团完成 OA 协同办公系统项目，彻底实现了以电子审批代替纸质审批，搭建起了高效的信息办公平台；陕西出版集团 ERP 业务信息管理系统也在 6 月份完成竞标，对属下 8 家出版单位进行 ERP 系统项目的建设。

集团的 ERP 建设覆盖整个出版产业链，包括从选题申报、发稿、付印至发行，图书的进、销、存等，实现了出版业务的动态跟踪及全程管理，成为集团的管理中心；在集团内部实现信息交换和信息共享，成为建设电子商务、网络出版和连锁经营的支撑平台；为各级领导的决策提供强有力的信息支持，成为集团的决策信息平台。①

3. 组织结构柔性化

组织结构柔性化是指组织要具有与动态竞争环境相适应的自我调整能力。柔性组织在机构设置上具有较大的灵活性，对企业的生存环境有较强的应变能力。德斯认为，在目前企业组织重新设计的浪潮中，“精益”和“灵活性”成为两个最主要的追求目标，因此减少非核心部门和柔性运作成为必不可少的手段。②

组织结构柔性化强调组织创新。通过分工合作、共担风险，以及适当的结构调整，向下级分权，满足下级员工的需要，增强员工的主人翁意识，使其能够自觉地将组织意志变成个人行动。组织结构柔性化的特点就在于结构简洁，反应灵敏、迅速，灵活多变，以达到快速适应市场的需求。组织结构柔性化的价值就在于能从员工、客户以及其他利益相关者的需求出发，提倡“团队式合作”的责任意识，使组织能够根据市场环境的变化，迅速、有效地配置企业资源，然后通过发挥整体资源优势来解决组织发展过程中所面临的问题。

组织结构柔性化是书业企业组织变革的方向。在这一变革的过程中，书业企业首先要扫除组织内部的官僚主义作风，提高管理者的责任意识和管理能力，对企业人力资源进行柔性化管理。我国书业企业是由事业单位转制而来的，组织内部长期以行政级别定岗定职，论资排辈，官僚主义作风浓厚，如今虽然转制为企业，但一些书业企业在管理者任用上仍然没有取消行政级别，而在人力资源管理上则对新入职员工区别对待，导致同工不同酬，员工多有抱怨，工作不积极，消极懈怠。上级领导者对下级的管理仍然采用官僚式的方法，行政指令和红头

---

① 鞠大伟．集团 ERP 全面开花 信息建设助力发展．出版商务周报，2010－12－19．

② Dess et al.. The new corporate architecture. Academy of Management Executive, 1995(9): 7－20.

文件依然存在。在企业组织中,管理者如果存在官僚主义作风,工作不称职,不但不能完成工作任务,降低企业经营的效率,还会极大地影响组织变革,阻碍组织的可持续发展。书业企业一定要将改制进行到底,“既要换汤,也要换药”,清除官僚主义作风,优化组织管理,对企业员工公平对待,建立一种灵活的、柔性的人才引进和成长机制,从而推动企业的组织结构变革。

组织结构柔性化还要求书业企业以人为本,尊重企业员工的劳动价值,注重对员工进行全面培养,使其认识到自身的重要性,从而产生对组织的归属感和忠诚度。在这样的工作环境中,有利于构建团队型组织,加强员工间的团结协作,激发他们的积极性和创造性,从而提高组织的运作效率。

最后,组织结构柔性化要求书业企业所有部门和员工都要面向市场,面向读者,并根据书业企业任务的变化随时变革组织结构。柔性组织能够实现书业企业员工的重新组合和在部门间的自由流动,提高对市场变化的快速反应能力。组织结构柔性化使书业企业内部实行项目制变得极为便利,企业以任务目标为中心,将隶属不同部门的员工组合在一起,进行团队式合作,共同完成工作项目。

四、书业企业流程再造

(一) 流程再造的内涵及其必要性

1993年,美国管理学教授麦克·哈默和詹姆斯·钱皮的《改造企业》一书出版,引发流程改造研究与实践的热潮,并成为企业管理变革与创新的主要方面之一。哈默和钱皮认为,进入20世纪80年代以来,尤其到了90年代,企业生存与发展的空间环境发生了巨大的变化,这些巨大的变化可以用3C来描述,即顾客、竞争和变化。

目前,中国的出版领域正面临着所谓3C(即customer, competition, change)的挑战:首先,书业企业面临着从以生产或产品为中心向以客户(customer)为中心的转型,图书市场瞬息万变,且供大于求;其次,书业企业之间的竞争(competition)更加激烈,不仅有国内书业企业之间的竞争,书业企业与其他潜在进入者或替代品企业的竞争,还有国内外书业企业之间的竞争;第三,出版产业环境也发生了巨大的变化(change),书业企业在计划经济条件下形成的管理模式、管理方式和组织形式等,已不能适应这种变化的要求。此外,由于信息技术的发展,数字出版正成为出版业的发展趋势,传统出版业务流程已经不能适应出版数字化的需要。在这种情况下,许多书业企业开始探索对企业进行流程再造,设计新的组织结构形式。

书业企业通过流程再造,运用先进的生产技术和信息技术,最大限度地实现技术上的功能集成和管理上的职能集成,打破传统的职能型组织结构,从而建立全新的组织结构形式,提升企业的生产管理能力,增强企业面对市场需求变动的生存活力。

企业业务流程再造的核心思想同时体现再造的两个不同层次的目标:

首先,通过对企业原有的业务流程重新塑造,包括进行相应的资源结构调整和人力资源结构调整,使企业在赢利水平、生产效率、产品开发能力和速度以及顾客满意度等关键指标上有一个巨大的进步,最终提高企业整体竞争力。

其次,通过对企业原有的业务流程的重现塑造,使企业不仅取得经营业绩的极大提升,更重要的是,使企业形态发生革命性的转变。其内容是:将企业形态转变为新兴流程导向型企业,实现企业经营和企业管理方式的根本转变。①

目前,我国的经济体制正处于转轨时期,面临着一系列的新变化和新形式。书业企业也不再是传统计划经济体制下的事业单位,如果仍沿用以前的方式进行运作,显然无法适应环境的变化。

书业企业传统的业务流程存在着不少弊端,主要表现在以下几个方面:

(1) 很少有人对整个流程负责。传统的书业组织由各个职能部门或中间机构、直属分支机构等组成,这种部门划分将整个流程分割成为一个个片断。其结果是,参与某一工作流程的各个工作人员都目光向内,只关注自己的小单位,向上看,注意其上司,而很少有人目光向外,关注顾客。以出版社的编辑部门和发行部门为例,很多出版社的这两个部门都只关心自己的业绩,而在碰到某些图书滞销的时候互相扯皮、互相推诿,前者说后者工作不力,后者却认为前者不懂市场盲目出书。

(2) 抑止了革新和创造。传统的专业化分工把整个流程分离开来,这种结构在一定程度上遏制了企业内的革新和创造性,导致组织的僵化。例如,若书业企业的某个职员有一种能对流程加以改进的新创意,他只能报告给他的顶头上司,再由后者向更上一级的管理者报告,如此逐级上报,直至最高领导。一种新想法被接受,需要得到每一层次管理者的同意,只要有一级管理者持否定态度,新想法就会被扼杀。

(3) 对市场反应迟钝。传统组织暗含着这样的假设,即企业外部环境的变

---

① 肖旭,等.现代企业组织管理创新.广州:中山大学出版社,2007:148.

化是不大的,是可以预见的。因此,这样的组织对环境变化的反应能力比较弱。还是以出版社为例。在出版社中,对图书产品销售情况最为了解的是发行人员,对市场需求最了解的也是接触市场最紧密的发行人员,而掌握选题策划的却是出版社的编辑人员,对市场信息的匮乏必然会导致所生产图书产品的滞销。

(4) 规模不经济。传统组织的业务流程往往具有过度分工的特征,由此导致企业规模庞大臃肿。在某种意义上,这是企业采用传统业务流程的结果。许多企业的生产费用在不断下降,而其组织费用却在不断上升,导致企业规模不经济。

(二) 流程管理的功能与优势

实施流程再造后,书业企业会在四个方面产生明显的成效。第一,强化对客户有价值的业务流程。强化并提升与客户满意度有关的业务流程,剔除对客户无价值的业务流程。企业流程再造的核心就是为了提高客户满意度,改善企业自身的业务流程,从而以更低的成本、更快的速度推出客户所需要的出版产品与服务。第二,强化书业企业风险管理。企业在日常经营过程中面临着不同风险,包括环境、运作、财务等,通过流程再造可以规范业务流程从而降低企业风险。第三,优化成本。通过流程再造,书业企业能够降低业务流程及相关成本,优化资源配置。第四,缩短工作完成时间,提高工作效率。

书业企业流程管理应具有以下三个功能:

其一,协作分工的一体化。流程是将分工形成的工作环节、工作岗位、工作步骤按工作的内在逻辑和完成任务及目标的先后顺序组成一个个有效的工作过程。流程分析的作用就是对分工后的工作环节、工作岗位和工作步骤进行一体化的整合,没有这种整合,分工也就失去了意义。

其二,界定执行者的责任。流程在分工后被分割成一个个相对独立的工作环节、工作步骤和工作岗位,这就为界定每一个执行者的责任,确保有效发挥整个流程的功能提供了前提。

其三,计量工作效率。一个流程一旦分解出较为稳定的工作岗位、工作环节和工作步骤,在技术手段的配合下,就可以计量出每个工作环节、工作步骤完成的时间,进而计量工作的效率。由于流程中的每一个工作环节和工作步骤都有一定的效率计量标准,因此通过提高工作环节和步骤的效率就能改善整个流程的运行效率。

（三）书业企业流程再造的原则

1．以流程为中心

书业企业流程再造不同于以往的任何变革，它不仅是机构调整和减员增效，甚至也不是单纯地重新设计企业流程，而是将书业企业转变为以顾客为中心的流程导向。一个以流程为中心的企业和一个传统的以职能为中心的企业，其根本区别不在于企业运营流程的不同，而在于维系企业的基本结构不同。在传统企业中，组成企业的基本结构是职能相对单一的部门，由这些部门分别完成不同的任务，这些任务构成每一个流程的片段；而在一个以流程为中心的企业中，企业的基本结构是不同的流程，不存在刚性的部门。在传统的企业中，流程隐含在每个部门的功能体系中，没有专职人员对流程负责，流程成为片断式的任务流，任务间的脱节和冲突司空见惯；而在以流程为中心的企业中，每个流程都由专门的流程工程师负责控制，由各类企业人员组成的团队负责实施，流程成为一种可以真实观察、控制和调整的过程，而流程本身变得紧凑，任务之间没有了过去那种冲突和拖延。

2．以人为本的团队式管理

以流程为中心的企业既关心人，也关心流程。流程小组成员可能拥有各种不同的技术和技能，接受过各种不同的训练，诸如编辑、制作、营销等。作为流程小组的成员，他们共同关心的是流程的绩效。在以流程为中心的书业企业中，企业领导者的角色就类似于球队的教练，他们将主要流程编制在一起，以此为依据来分配资源，制定战略。

3．以顾客为导向

传统的书业企业供求关系已经或正在发生深刻的变化，顾客的需求越来越趋于多元化，书业企业的任务正在由传统的满足顾客需求为主向开发、创造顾客潜在需求转变。现代企业组织是以顾客为生存基础的，不能灵敏、及时地了解顾客，企业就很难取得成功。书业企业的流程必须以顾客为导向，进行重新设计，重新改造，并且以顾客为导向的思想还必须贯穿到整个流程的运作中，即以外部顾客满意为目标，将整个流程的各个工作环节、工作单元或工作步骤之间的关系视为一种内部供求关系，追求整个流程的顾客满意。

（四）书业企业流程再造的实施

1．书业企业流程再造的步骤

流程再造实际上是将构成流程的基本工作环节、工作单位或工作步骤加以判认,并对逻辑关系、时间耗费、可否并行等进行分析研究,从而大胆创意,构想出能够最佳地完成同一工作任务的一系列工作单位和环节的过程。流程再造的前提是已经明确了组织的目标、流程再造的目的和任务等。实际上,流程再造的内容决定了它的实施步骤,下面是流程再造的实施步骤图(图4-15)。

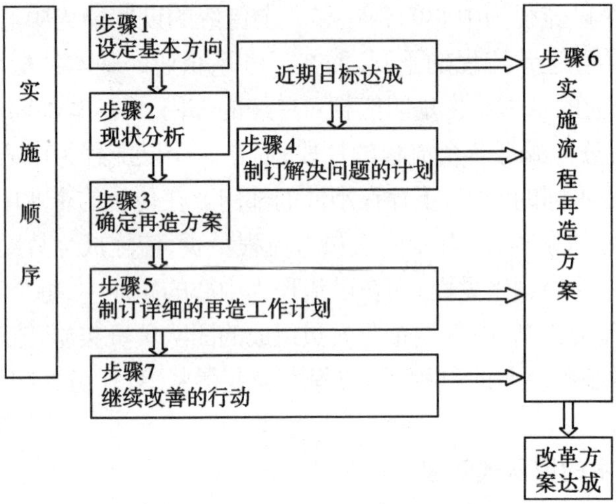

图4-15 流程再造实施步骤图①

图4-15显示了流程再造的七大步骤,这为一般流程再造工作指明了基本方向。每个步骤还包括了一些具体的工作。

第一,设定基本方向。即设定流程再造的总目标、总方向和总思路。这一步骤包括明确组织战略目标并将其分解、成立流程再造的组织机构、设定流程再造的出发点、确定流程再造的基本方针、给出流程再造的可行性分析这样一些具体工作。

第二,分析现状并确定流程再造的目标。这一步骤的目的是对现有流程、外界环境、顾客、组织核心能力等状况进行深入细致的调查分析,寻找问题之所在,以便设定具体的改造目标及其标准。这包括组织外部环境分析、顾客满意度调查、现行流程状态分析、改造的基本设想与目标、给定改造成功的判别标准等。

第三,确定流程再造方案。要求完成具体的流程再造方案,这一步骤很重要,确定的方案可行与否很大程度上决定了流程再造的成功与否。具体而言,这

① 芮明杰.管理学.上海:上海人民出版社,1999:379.

一步骤包括流程设计创意、流程设计方案、确定流程再造的基本路径、设定先后工作顺序和重点、宣传流程再造、人员配备等环节。

第四，制订解决问题的计划。包括挑选出近期应解决的问题、制订解决此问题的计划、成立一个新小组实施等具体工作。这一步骤主要是制订一个近期解决问题的计划，以便在流程再造过程中通过这些问题的解决使组织员工看到改革的效果，坚定他们继续努力的决心。

第五，制订详细的再造工作计划。这是接第三个步骤的一个步骤，包括工作计划目标和时间的确认、预算计划、责任和任务的分解、监督与考核办法、具体的行动策略与计划这样一些要点。

第六，实施流程再造方案。这是完成流程再造的关键。要做的工作主要有成立实施小组、对参加流程再造的人员进行培训、全体员工配合、新流程实验性启发和检验、全面开展新流程等具体环节。

第七，继续改善的行动。即对改造的流程进行修正、改善等工作，以保证新的流程全面达成改造的预期目标，使组织的核心能力有所增强。包括检验流程运作状态、与预定的改造目标进行比较分析、对不妥之处进行修正改善等。

2. 书业企业流程再造的方向

考虑到生产技术环境的因素，书业企业的流程再造可分为两种情况，一是传统出版条件下的流程再造，二是数字出版条件下的流程再造。

传统出版条件下的流程再造以经营管理的创新为重点，以读者需求为导向，向读者提供合适的产品和服务，满足读者需求，以管理效率为中心，使书业企业流程的各环节能有效连接，高效工作，提高整个组织的运作效率。传统出版的组织结构和流程以编辑部为核心，强调不同部门之间的分工，编辑部门以编辑加工稿件的字数为考核标准，不重视对图书市场的调研，不关心市场和读者需求。选题上报要经过编辑—编辑室副主任—编辑室主任—总编室—副总编辑—总编辑—社长等多个环节，效率低下，容易贻误良机。发行部门只负责图书的收发货和回款工作，不重视对市场的开拓，对图书市场状况虽然掌握一手资料，但并不精于分析。相关职能部门作为行政系统，却缺乏服务意识，给各个流程环节造成种种限制。书业企业在进行流程再造时，可以考虑组建以市场为导向，以市场营销为重点，以业务绩效为考核指标的组织结构和业务流程，减少内部层级，集权和分权相结合，实现权责利相统一。事业部制和项目负责制都可以成为书业企业流程再造的方向。

数字出版环境下的流程再造则以生产管理的创新为重点，并围绕生产技术变革对相关出版业务流程进行改造。与传统出版不同,数字出版将传统出版流程中的各个环节电子化、网络化,图书的创作、交稿、编辑、出版、发行等都可以在计算机网络中进行。生产技术环节的变化对生产管理也提出了新的要求。数字出版需要相关的电子印刷技术、数据库管理技术以及数据存储设备、传真机、数码相机、扫描阅读器等先进的数字设备。书业企业员工要具备与之相关的数字操作技术,在生产管理的过程中要运用好信息管理系统,使图书的数字出版过程实现高效和低成本。信息网络技术和 ERP 系统的应用必然触及企业流程的再造。

从纸质出版到数字出版的转变会带来产品形态的变化,而产品形态的变化会带来产品价值的变化,数字图书在价值构成方面只有内容和版税两项,与纸质图书相比少了印制、退货、报废、仓储和运输等项目。数字图书的价值明显集中于内容环节,流程再造以后,书业企业应集中关注内容的开发,形成以内容为核心的业务管理模式,使内容编辑成为真正的出版主体。书业企业应构建统一开放的数字化内容管理平台,实现选题申报、约稿、编辑加工、校对、稿件发排等全业务流程的数字化管理。数字时代,数字图书的文本内容以数字化的形式存放于网络空间,实现了真正意义上的零库存,图书的发行环节实现了革命性变化,在流程再造中将更加重视市场营销的作用,以读者需求为导向,建立强有力的营销管理部门。

书业企业流程再造是一个复杂的过程,需要结合自身的具体情况来操作和实施。再造后的业务流程会表现出一定的稳定性和规范性,这与变化不定的读者需求相比又呈现出滞后性和不适应性,因此,流程再造又是一个持续性的过程。

第五章

5

书业企业人力资源管理

书业企业人力资源是一种特殊资源,它具有不可替代性和高增值性的特点。书业企业人力资源管理是书业企业获取竞争优势的途径或手段。在市场经济环境下,书业企业人力资源开发与管理在市场竞争中起着决定性的作用,它是书业企业提升核心竞争力的关键。

第一节 书业企业人力资源管理概述

什么是人力资源?它具备什么样的性质和特点?它能为社会经济生活和书业企业做出什么样的贡献?这些问题是我们首先需要弄清楚的。

一、人力资源的基本概念

在经济学上,资源是指为了创造物质财富而投入于生产活动中的一切要素。现代管理科学普遍认为,经营好企业需要四大资源:人力资源、物力资源、财力资源、信息资源。在这四大资源中,人力资源是最重要的资源,它是生产活动中最活跃的因素,也是一切资源中最重要的资源,被经济学家称为第一资源。

人力资源是指一定时期内组织中的人所拥有的能够被企业所用,且对价值创造起贡献作用的教育、能力、技能、经验、体力等的总称。这个定义包含以下内容:① 人力资源的本质是人所具有的脑力和体力的总和,可以统称为劳动能力;② 这一能力要能够对财富的创造起贡献作用,成为社会财富的源泉;③ 这一能力还要能够被组织所利用。

二、人力资源的特征

人力资源是进行社会生产最基本、最重要的资源,与其他资源和行业相比较,书业企业人力资源具有如下特点:

1. 人力资源的再生性

人力资源的再生性主要体现在以下几个方面:① 人口再生产。人口的再生产遵守一般的生物规律,而且素质会不断提高。② 劳动力再生产。通过人口总体和劳动力总体中各个个体的不断更换、更新和恢复的过程得以实现。③ 劳动能力再生产。一是指人的劳动能力不断使用,不断产生;二是指人的劳动今天消耗了脑力或体力,明天会再生出来。能力不断培养,不断提高。

2. 人力资源生成过程的时代性

一个国家或地区的人力资源,在其形成过程中,受到时代条件的制约。人一生下来就遇到既定的生产力和生产关系的影响与制约,当时的社会发展水平从整体上影响和制约着人力资源的素质。国家和地区社会经济发展水平不同,人力资源的素质也就不一样。任何人力资源的形成,都不能摆脱当时社会文化水平的制约。

3. 人力资源开发过程的能动性

与其他资源相比较,人力资源具有目的性、主观能动性、社会意识性和可激励性。人力资源在被开发过程中,具有能动性,即人类具有自我调控的能力。因此,人类在从事经济和社会活动时,总是处在发起、操纵、控制其他资源的位置上,也就是说,人类能够根据外部的可能性和自身的条件、愿望,有目的地确定经济活动的方向,并根据这一方向,具体选择、运用外部资源或主动适应外部资源。所以,人力资源与其他生产要素相比较,是最积极、最活跃的生产要素,居于主导地位。另外,人力资源的能动性,还表现在对其积极性、能动性的调动方面,人力资源的开发,要靠政策、制度、感情、信任、待遇等各种因素去激发和调动。

4. 人力资源使用过程的时效性

人力资源存在于人的生命之中,它是一种具有生命的资源,其开发和利用受到时间的限制。从总体上看,作为生物有机体的人,有其生命周期,不能长期蓄而不用,否则会荒废、退化。而作为人力资源,人能够从事劳动的自然时间又被限定在其生命周期的中间一段;在不同年龄段,能从事劳动的能力也不尽相同。从社会角度看,人力资源的使用也有培养期、成长期、成熟期和老化期;不同年龄组的人口数量及其关系,也具有时效性。因此,书业企业在进行人力资源开发时一定要尊重其内在规律,使人力资源的形成、开发、分配和使用处于一种动态的平衡之中。

5. 人力资源开发过程的持续性

自然资源、物质资源一般只有一次开发或二次开发,一旦形成产品之后,就不存在继续开发的问题了。人力资源则不同,人力资源的使用过程同时也是开发过程,而且这种开发过程具有持续性。人力资源的使用过程本身,就是一个不断开发的过程。人的一生是不断学习、不断充电的一生,而且,释放与储存成正比,若要更多地释放,必须更多地储存。所以,人力资源可以而且应该不断地开发,持续地开发,才能不断增值。

6. 人力资源的流动性

人力资源的流动性,首先表现在跨岗位、跨单位、跨地区,甚至跨国家的流动上,而且多表现为"人往高处走"的特点;其次,人力资源的流动,还表现在人力的派生资源即科技成果在不同空间的流动上。随着科技成果的逐渐商品化,人力资源在空间上的流动越来越频繁与活跃。

7. 人力资源的社会性

每个民族(团体)都有自身的文化特征,每种文化都是一个民族(团体)的共同的价值取向。但是这种文化特征是通过人这一载体而表现出来的。由于每个人受自身民族文化和社会环境的影响不同,其个人的价值观也不相同,他们在生产经营活动、人与人交往等社会活动中,可能与民族(团体)文化所倡导的行为准则发生矛盾,可能与他人的行为准则发生矛盾,这就需要人力资源管理注重团队的建设,注重人与人、人与群体、人与社会的关系及利益的协调与整合,倡导团队精神和民族精神。

三、书业企业人力资源管理

(一) 书业企业人力资源管理的概念

人力资源管理是指影响雇员的行为、态度以及绩效的各种政策、管理实践以及制度。从人力资源管理的发展过程可知,具有一定规模的组织往往会设立特定的机构,从事"与人有关的管理"。书业企业人力资源管理就是为了实现书业企业的战略目标,利用现代科学技术和管理理论,对所获得的人力资源进行的整合、调控及开发。书业企业人力资源管理是实现书业企业目标的一种有效手段。

(二) 书业企业人力资源管理的内容

如图5-1所示,书业企业人力资源管理活动包括以下内容:

1. 人力资源战略规划

书业企业根据自身总体战略目标,分析经营环境变化对企业内人力资源的供给和需求的影响,利用科学的预测方法,制定必要的企业政策和措施,以确保自身在需要的时间和需要的岗位上获得各种所需的人力资源(包括数量和质量两个方面),并使企业和员工得到长期的利益。

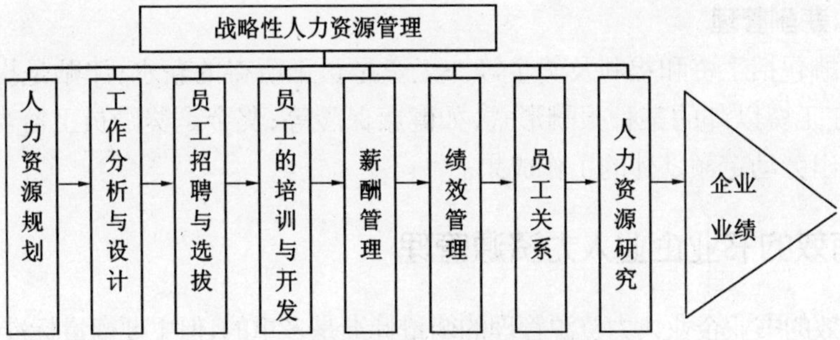

图 5-1 书业企业人力资源管理活动①

2. 工作分析与设计

为了实现企业的战略目标，书业企业人力资源管理部门要根据企业结构确定各职务说明书与员工素质要求，并结合组织、员工及工作的要求，为员工设计激励性的工作。工作分析是收集、分析和整理有关工作信息的一个系统性过程。工作分析的信息被用来规划和协调企业几乎所有的人力资源活动，如决定员工的挑选标准，选择最合适的挑选技术，制定培训方案，确定绩效评估标准，确定薪金水平等。

3. 员工的招聘与录用

根据人力资源的规划或供需计划而开展的招聘与选拔、录用与配置等工作是书业企业人力资源管理的重要活动之一。要完成组织的目标，企业用招聘来定位和吸引申请具体职位的人，包括从内部(即晋升或变换工作)和从外部招聘。招聘的目标在于迅速、合法和有效地找到企业所需要的合适求职者。在这过程中，需要采用科学的方法对所需要的人员进行评估和选择。

4. 员工培训与开发

员工培训与开发是教导员工如何完成其目前或未来的学习计划，为将来工作做好准备。培训重在目前的工作技能，而开发则是对员工未来的工作技能及职业的开发。培训与开发的主要目的在于提高员工们的知识和技能水平，改进书业企业的绩效。

5. 绩效管理

书业企业通过绩效管理工作评价员工的工作绩效，并把这些评价传达给他们。其目的在于激励员工们继续保持恰当的行为并改正不恰当的行为。绩效评价结果可以给管理部门提供有关决策的依据，如晋级、降级、解职和提薪等。

---

① [美]雷蒙德·A.诺伊，约翰·霍伦拜克，拜雷·格哈特，帕特雷克·莱特.人力资源管理：赢得竞争优势.北京：中国人民大学出版社，2001:4.

6. 薪酬管理

薪酬包括工资和福利及奖金等。工资是员工所得的薪水;津贴是提供给员工的、在工资以外的某种报酬形式,如健康保险等;奖金是奖励员工恰当工作行为与超出劳动定额以外的工作成果。

四、有效的书业企业人力资源管理

有效的书业企业人力资源管理的衡量标准是多重的,但主要衡量标准有三个:高效率、员工满意度及合理的人工成本。在管理中,这三个标准是相互关联的,而且在一定程度上存在着矛盾。例如,效率高、人工成本高,员工的满意度也可能高,但是由于人工成本高降低了投入产出效益,结果削弱了高效率为企业创造的效益,使商品在市场中的竞争能力下降;而高效率、低人工成本虽然提高了商品的竞争性,但会降低员工的满意度,致使士气下降,流动性增加,最终影响效率。因此,在书业企业管理过程中,要时时注意平衡和调整这三者的关系,以达到满意的整体效果。

那么,如何才能使管理有效?应该注意哪些管理环节?图5-2给出了一个基本模型。

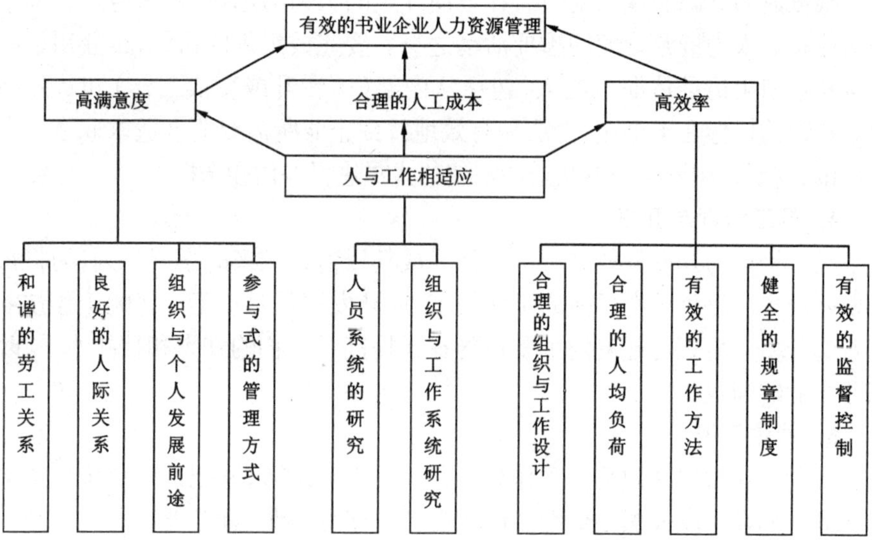

图5-2 书业企业有效的人力资源管理①

① 付亚和,孙健敏. 企业人力资源管理. 北京:企业管理出版社,1995:5.

从图 5-2 中可以看出，书业企业人力资源管理是一个系统，而“人”与“工作”的相互适应，是管理的核心内容。

(一) 如何实现书业企业“人”与“工作”的相互适应

从图 5-2 可以看出，要想实现书业企业“人”与“工作”的相互适应，必须沿两条主线进行研究：一是对“人员系统”进行研究，二是对“工作系统”进行研究。也就是说，通过对“人”的研究，了解人员的素质结构与特殊能力指向，以便安排适当的工作；通过对“工作”的研究，认识工作的基本特征以及对任职人员的资格要求，为工作选择最适当的人员。只有这样，“人”和“工作”才能恰当地结合起来。“人”与“工作”相适应不仅可以提高员工对工作的满意度，而且还能确保工作效率。

1. 工作系统研究

对工作系统研究的核心思想，是本着效率最高的原则建立(或调整)分工协作体系，以充分体现生产力的最高水平。与此相联系的管理工作大致包括：

(1) 组织设计和工作设计。包括：组织结构的选择与设计；部门职责的划分与确认；工作的划分与确认；工作中制约关系与协作关系的确认；组织管理规划和规章制度的制定、执行与改进；等等。

(2) 方法研究和工作衡量。研究并确定最有效的工艺流程、操作方法和解决工作负荷制定以及工作负荷衡量的问题等。

(3) 工作分析。即运用科学的手段，为管理提供有关工作的全面信息，如工作规范、任职资格、工作环境、报酬因素、工作执行标准等。

(4) 工作评价。确定每一项工作在组织中的地位和相对价值，从而制定一个稳定公平的报酬分配体系，并有效地控制人工成本。

(5) 工作环境和工作条件管理等。

2. 人员系统研究

人员系统研究的核心目的，是本着最经济地使用劳动力的原则，解决人员选拔、人事激励和人员培训与开发等方面的问题。与此相联系的管理工作主要包括：

(1) 动机性教育。形成并发展适合本企业的氛围，统一员工的价值观念，提高企业的内聚力和员工的社会责任感等。

(2) 人员的甄选、调整和使用。运用科学的手段了解人员的素质结构、能力特征、职业适应性，为量才用人提供可靠依据。

(3) 人力资源开发。根据生产力变化的连续性和未来对人力资源的需求,不断培训与开发员工,以适应企业的发展。

(4) 人事激励。研究和建立调动员工积极性的激励理论体系与方法体系。

(二) 书业企业"人"与"工作"的相互关系调整

"人"与"工作"的相互适应关系是不断变化的。要解决好书业企业"人"与"工作"的配合关系,必须从两个方面进行调整:一方面是企业的人力资源数量、质量、结构要适应企业独特的物质技术基础,我们称之为宏观配合关系;另一方面是每一个劳动者都从事适合自己的工作,即微观配合关系。为了有效地调整这种关系,就要做好以下三个方面的工作:

(1) 人力规划。在预测的基础上,通过制定人员补充规划、人力调整规划、任职晋升规划、培训开发规划等,解决企业发展中"人"与"工作"相互配合的关系。

(2) 人事流动管理。人事流动是企业调整"人"与"工作"配合关系的重要手段,同时也是确保企业实现组织更新、人员更新和能力更新的重要手段。人事流动管理,实际上就是通过运用各种手段,对人员流动方向、流动层次、流动时间、流动强度进行控制,由此调整宏观和微观的配合关系。

(3) 绩效考核。以往人们运用考核这一手段来评价员工时,一般是考察员工以什么样的工作态度以及在多大程度上完成了工作,并以此决定奖惩。然而,考核最基本的功能是取得"人"与"工作"相互适应程度的信息,以便采用相应的管理手段来调整这一关系。例如,利用考核信息确定培训的必要性、制定绩效改进计划、确定员工个人发展计划以及人力规划的调整等。奖惩不过是一种强化行为的手段。

第二节 书业企业人力资源规划

任何一个组织要实现自己的战略目标,都必须对组织的各种人力资源的需求进行科学的预测和规划,以保证组织能及时地得到各种所需人才;否则,组织的目标就难以实现。

一、书业企业人力资源规划的基本概念

什么是规划？美国著名管理学家哈罗德·孔茨和西里尔·奥康奈是这样定义的：规划是为实施既定方针所必需的目标、政策、程序、规划、任务委派而采取的步骤、使用的资源以及其他要素的复合体，它们通常要有必要的安全和经营预算的支持。由此可见，规划的实质就在于选择所追求的目标和实现目标的最佳方案。

关于书业企业人力资源规划的定义，我们可以概括为：书业企业人力资源规划就是书业企业科学地预测和分析自已在环境变化中的人力资源供给和需求，确定企业人力资源发展目标以及达成目标的措施的过程。

这个定义有三层意思：

要制定书业企业人力资源规划首先必须对企业所面临的人力资源环境进行分析，科学地预测人力资源的供给与需求。环境分析要从动态变化入手。

书业企业人力资源规划的关键是要确定书业企业人力资源规划的目标和措施，以确保企业对人力资源规划的如期实现。目标要明确，措施要具体可行。

书业企业人力资源规划是书业企业整体规划的重要组成部分，它必须以企业整体规划为依据来确定企业人力规划目标。

二、书业企业人力资源规划的内容

书业企业人力资源规划的内容可分为两个层次：

(1) 书业企业人力资源总体规划。这是指在规划期内书业企业人力资源管理的总目标、总政策、实施步骤和总的预算安排。

(2) 书业企业人力资源业务规划。它包括书业企业人员补充规划、分配规划、提升规划、教育培训规划、工资规划、保险福利规划、劳动关系规划、退休规划等。业务规划是指总体规划的展开和具体化，每一项业务规划都由目标、任务、政策、步骤及预算等部分构成，这些业务规划的结果应能保证人力资源总体规划目标的实现，具体如表 5-1 所示。

表 5-1　人力资源规划一览表

规划类型	目　标	政　策	步　骤	预　算
总规划	总规划: 绩效、人力总量素质、职工满意度	基本政策: 扩大、收缩、保持稳定	总步骤: 按年度安排,如完善人力信息系统	总预算: ××××万元
人员补充规划	类型、数量、层次,对人力素质结构及绩效的改善等	人员素质标准、人员来源范围、起点待遇	拟订补充标准,广告吸引,考试(面试、笔试),录用,教育上岗	招聘挑选费用
人员分配规划	部门编制,人力结构优化及绩效改善,人力资源匹配,职务轮换幅度	任职条件,职务轮换范围及时间	(略)	按使用规模、差别及人力状况决定的工资、福利预算
人员接替和提升规划	后备人员数量保持,提高人才结构及绩效目标	全面竞争、择优晋升,选拔标准,提升比例,未提拔人员的安排	(略)	职务变动引起的工资变动
教育培训规划	素质及绩效改善,培训数量类型,提供新人力,转变态度及工作作风	培训时间保证,培训效果保证(如待遇、考核、使用)	(略)	教育培训总的投入产出,脱产培训的损失
工资激励规划	人才流失减少,士气水平、绩效改进	工资政策,激励政策,激励重点	(略)	增加工资奖金额预算
劳动关系规划	降低非期望离职率,干群关系改进,减少投诉和不满	参与管理,加强沟通	(略)	法律诉讼费
退休解职规划	劳务成本降低和生产率的提高	退休政策及解聘程序	(略)	安置费,人员重置费

三、书业企业人力资源规划的制定程序

1. 外部条件分析

对书业企业外部环境因素进行分析是进行人力资源规划的前提。社会、政治、法律及经济环境(包括未来社会经济发展状况、经济体制改革进程等)都会

影响书业企业的人力资源需求；目前的以生物、信息技术等为代表的技术革命也将对书业企业人力资源需求产生重大影响。此外，出版产品或劳务需求的变化也会影响书业企业人力资源需求；而诸如人口、交通、文化教育、劳动用工制度、人力竞争、择业期望则构成书业企业外部人力资源供给的多种制约因素。只有了解和掌握这些外部环境的变化，才能为书业企业制定出有效的人力资源规划。

2. 分析预测书业企业未来的人力资源需求

在掌握了书业企业外部条件信息后，就要结合书业企业内部条件对企业未来的人力资源需求进行分析和预测。

书业企业的战略目标决定了其发展速度、新产品的开发和试制情况、产品市场占有率等。因此，它是企业内部影响人力资源需求的最重要因素。出版企业的产品组合、生产技术、生产规模、经营区域等也会对人员提出相应的要求。如随着书业企业自动化水平的提高，所需要的人员数量就会减少，同时对人员的知识与技能的要求也会随之提高。企业的管理方针、预算以及行动规划也对人力资源需求有着直接的影响。如书业企业拟建立分公司或新的部门，其人力资源需求就要跟着变化。此外，企业劳动定额的先进及合理程度也影响其人力资源的需求量。

在综合分析以上人力因素的基础上，可进行人力资源需求的预测。所谓人力资源需求预测是指人力资源主管以企业的战略目标、发展规划和工作任务为出发点，综合考虑各种因素的影响，利用合适的信息和技术对企业未来需要的人力资源数量、质量等进行估计的活动。它是书业企业人力资源主管编制企业人力资源规划的起点。人力资源需求预测的准确性对规划的成效有着决定性的作用。

3. 分析书业企业未来人力资源的内部供给

分析书业企业现有的人力资源状况是制定书业企业人力资源规划的基础工作。实现书业企业战略，首先要立足于开发现有的人力资源，因此，书业企业人力资源部门要经常了解内部人员情况，做到心中有数，对不合适的人员加以调整，确定人力资源的内部供给情况。这一阶段的主要工作有以下几个方面：

（1）掌握内部人员的基本情况，这是指通过本企业人力资源信息库或资料掌握企业中各种人员的数据，各个部门各种人员的配备，每个员工的性别、年龄、工作经历、培训、教育与开发以及每个人的发展规划和技能水平等情况，包括目前本企业内各个工作岗位所需要的知识和技能以及各个时期人员变动情况等，列出详细的人才目录，以供分析和比较。

(2) 根据以上信息,掌握企业职工的自然流失情况(如伤残退休、死亡等),并根据近期的离职情况,估计可能的人力损耗。

(3) 分析企业内人力资源流动情况,包括晋升、降职、平调等,这里应格外注意对可提升人员的鉴别。

在这一阶段,还应该确认全体人员的合格性,对不合格的人员要进行培训。大材小用和小材大用的都要进行调整。掌握职位空缺情况,分析哪些职位可以在企业内部调配,哪些职位需从外部招聘。做出这些判断时,往往还需要参考过去人力资源规划的效果。

4. 分析比较书业企业人力资源的供需情况,确定招聘需求

编制人力资源规划的第四步是把预测出的书业企业对人力资源的需求与在同期内企业内部可供给的人力资源进行对比分析,两者的差额即为企业需要从外部招聘的人力资源需求。在这个分析过程中,不仅可以测算出某一时期人员的短缺或过剩情况,还可以具体地了解某一岗位上员工余缺的情况,从而可以预测出对某一知识、技术档次人员的需要,这样就可以有针对性地选择或培训,这就为书业企业制定有关人力资源政策和措施提供了依据。对于企业的招聘需求,还应区分短期需求和长期需求。对于短期需求应根据劳动力市场上的供给信息随时招聘,注重工作经验和技能的熟练性,保证能立即上岗接受工作;而对长期需求,则要从企业发展的角度认真考虑,制定配套的招聘、培训、发展规划,而且要有相应的投资预算作保证,以求在长期内对企业的生存和发展做出贡献。具体地讲,比如从应届毕业生中要选拔优秀的、有潜力的人员加以培养;又如慎重地高薪聘请业内专业高手等。

5. 制定书业企业人力资源开发和管理的具体规划

制定书业企业人力资源开发和管理的具体规划是人力资源规划过程中比较具体细致的工作,它要求企业人力资源主管根据人力供求预测提出人力资源管理的各项要求、规定和原则,以便有关部门照此执行。

在人力资源具体规划中,有关用人方针和体制是涉及面最广、包含内容最多的部分,它包括人员补充、筛选、替换、提升、培训、离职、退休等各项细分规则,是人力资源管理的常规规划和日常规划。

管理人员继任规划也是人力资源规划中的重要内容,它直接关系到企业是否能持续稳定地发展。所谓继任规划是指预见企业未来管理人员的需求并制定规划,发掘管理人员的过程。它主要包括分析职位要求和对候选人做出评价。表5-2是继任管理规划所采用的一种形式。

5-2　继任管理者计划

任职者	即将离职	1～3 年内离职	超过 3 年离职	偶发情况计划

在企业发展特定的业务时，会对人力资源有相应的要求，为企业准备这部分人力资源的规划可称为职业机会规划（从个人角度讲，它将提供个人发展的机会）。这类规划通常要包括具体的工作要求、获取职业机会的途径和必要的职业沟通等内容。

书业企业人力资源规划还包括个人职业规划，它要求书业企业每个员工进行自我分析，提出个人职业发展规划。一方面，它使员工有参与感和受重视感，激励员工在实现个人规划的同时更好地为企业服务；另一方面，它有利于书业企业人力资源部门更加真实、全面地掌握员工的第一手资料，以便在人力资源开发、管理、规划中做出更为合理的决策。

6．对书业企业人力资源规划的执行和实施进行管理

对书业企业人力资源规划的执行过程进行监督、分析，评价规划质量，发现规划的不足，给予适当的调整，以确保企业整体目标的实现，这是人力资源规划过程的最后一步，做好这一步工作可以给下次人力资源规划提供参考。

人力资源规划的评估主要是采用比较法进行的，主要指标有：实际招聘人数与预测的人员需求量的比较；劳动生产率的实际水平与预测水平的比较；实际的与预测的人员流动率的比较；实际执行的行动方案与规划的行动方案的比较；实施行动方案后的实际结果与预测结果的比较；劳动力和行动方案的成本与预算额的比较；行动方案的收益与成本的比较；等等。

在对人力资源规划进行评估时，要力求客观、公正和准确；同时要进行成本—效益分析以及审核规划的有效性。此外，在评估时一定要征询基层领导人的意见，因为他们是规划的直接使用者和受益者。

书业企业通过定期与非定期的人力资源规划的审核与评估工作，能及时引起企业高层领导对人力资源工作的高度重视，使有关的政策和措施得以及时的改进和落实，有利于提高人力资源管理工作的效益，提高全体员工的积极性和工作效率。

第三节 书业企业员工的招聘与录用

人员招聘是“获取”人力资源的一个重要手段,也是书业企业人力资源管理的一项基本工作。书业企业人力资源管理中的人员招聘是指书业企业通过采用一些科学的方法去寻找、吸引那些有能力又有兴趣到本企业来任职的人员,并从中选出适宜人员予以聘用的过程。

一、书业企业员工的招聘与录用概述

(一) 书业企业员工招聘与录用的意义

员工的招聘与录用工作是人力资源管理中最基础的工作。对于企业而言,当它制定了自己的目标之后,就需要建立一个人力资源管理系统,在适当的组织结构与指挥协调机构中,来使用原材料、机器、资金等生产产品,或进行经营,或提供服务。在人力资源管理中,人力资源的使用与配置是企业成功的关键,而人力资源的使用与配置包括人力资源的“进”、“用”、“出”几个环节。在这几个环节中,人力资源的“进”又是关键中的关键。

(二) 书业企业招聘与录用的影响因素

如上所述,由于人员招聘与录用工作的重要性,书业企业需要对该项工作进行周密的策划。这不仅需要制订高效可行的招聘与录用方案,而且需要对招聘与录用工作的各种影响因素进行综合分析。招聘与录用工作的成功取决于很多因素,具体而言,主要包括以下几个方面(图5-3):

1. 影响书业企业招聘工作的外部因素

影响书业企业招聘与录用工作的外部因素有很多,概括起来可以分为两方面:一是经济因素;另一是法律和政策因素。

对于经济因素来说,它具体包括人口和劳动力因素、劳动力市场条件因素以及产品和服务市场条件因素。人口和劳动力因素直接决定着劳动力的供给状况,而人口与劳动力的结构与分布特点,关系到一个具体地区的劳动力供给。劳动力市场条件关系到劳动力达到供求平衡的快慢,完善的劳动力市场能够迅速、

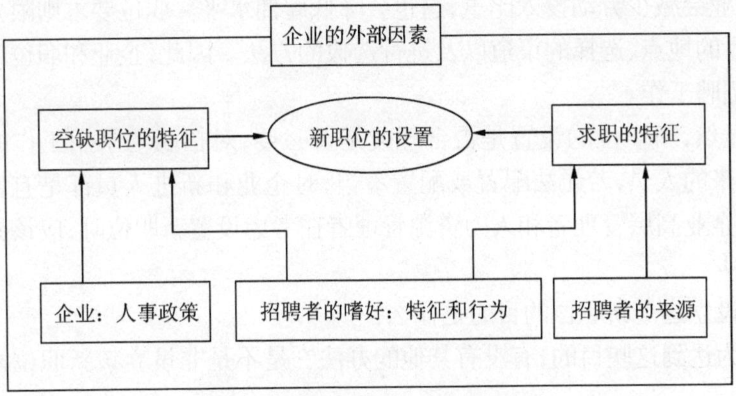

图 5-3 招聘与录用的影响因素

便捷地在书业企业和求职者之间架起沟通的桥梁，能够迅速地帮助企业实现内部劳动力的供求综合平衡。产品和服务市场条件因素不仅影响书业企业的支付能力，也影响企业员工的数量和质量。当产品和服务市场增大时，市场压力会迫使书业企业扩大生产能力和雇佣能力，这样企业员工的数量就要增加，由于此时劳动力稀缺，企业所增加的员工的质量会有所降低。当产品和服务市场缩小时，企业一般则会降低雇佣水平，提高雇佣质量。

对于法律和政府因素来说，它主要指劳动就业法规和社会保障法以及国家的就业政策等内容。首先来看政府政策是如何影响招聘工作的。当政府购买某产品和服务的时候，该类企业在劳动力市场上的需求也会相应增加；另一方面，政府还可以通过就业政策和就业指导中心等机构直接影响企业的招聘工作。其次，法律和法规应该成为约束雇主招聘和录用的重要因素。在我国，1994 年通过的《劳动法》在招聘工作中起着重要的约束作用。而在劳动力方面，法律体系较为健全的美国，起约束作用的法规更多。劳动立法的主要精神就是保障公平就业以及雇员的工作生活质量。从这个意义上讲，我国在这方面还有很多工作要做。

2. 企业和职位的要求

企业和职位的要求，具体包括书业企业所处的发展阶段、工资率以及职位要求等内容。当书业企业处于扩张阶段时，其对劳动力的要求是很旺盛的，这时候该企业的招聘工作将会围绕着数量这个中心来进行。当书业企业处于收缩阶段时，其工资和劳动力需求就会下降，这时招聘工作的重心将会转向质量方面。当书业企业的工资率提高时，产品成本会上升，产品需求会下降，劳动力需求也会下降,企业会减少劳动投入比重,这也会降低雇佣水平。职位要求则限定了招聘活动进行的地点、选择的渠道以及进行选拔的方法。因此,企业和职位的要求也影响着招聘工作。

很显然,新职位的设置是否合理或是否必要,对招聘与录用工作的影响很大,招聘来的人员,若无法配置或配置不当,对企业和新进人员都是有害的。因此,书业企业高层管理者和人力资源管理者在考虑设置新职位时,应该弄清楚以下问题:①

① 设立这个新职位的目的是什么?

② 为达到这些目的,有没有其他的办法?是不是非设立该新职位才能解决问题?

③ 如果这个新职位要有人来填补,那么其未来5年的成本将是多少?

④ 这个职位对企业维持或改善销售的影响如何?对维持或改善收入的影响如何?对改善人员使用的影响如何?

⑤ 现在是谁在进行该职位的工作?

⑥ 现在进行该职位工作的人超时工作已经多久了?

⑦ 这个"超载"职位工作的部分职位能否转移到该部门的其他地方进行?

⑧ 在劳动力市场上招聘这种人员的可能性有多大?

⑨ 该职位能够维持存在至少两年吗?

⑩ 是否其他部门及员工都认为这个职位是必需的?

⑪ 这个新的职位对其他职位的影响如何?尤其是对那些被它"抢走"了职责的相关职位的影响如何?

⑫ 如果不新设置这个职位,最坏会发生什么情况?

3. 应聘者个人资格和偏好

应聘者个人资格和偏好是人力资源自身的因素。一个企业已雇佣的人员决定着企业文化,同时现存的企业文化又对新雇员产生着影响。所以,在招聘过程中企业文化与个人偏好的切合度,决定着一个应聘者求职的成功与否。同时求职者个人在智力、体力、经验、能力等方面都有着差别,这些差别也影响着招聘活动的开展和结果。

---

① 谢晋宇.企业人力资源的形成——招聘、筛选与录用.北京:经济管理出版社,1999:6.

二、书业企业人员招聘与录用的过程

人员招聘与录用工作是一项系统工程。完善的招聘与录用工作过程或程序是人力资源管理的经验总结,也是书业企业做好招聘与录用工作的保证。具体而言,该过程由三个相互关联而又各自独立的操作系统组成。系统运行的每个组成部分都是为了保证书业企业人员招聘与录用工作的质量,为企业选拔合格人才。这三个系统就是:人员招聘与录用的总过程,招聘面试与测试人员过程和人员录用过程。

(一)招聘决策

招聘决策是指书业企业最高管理层关于重要工作岗位的招聘和大量工作岗位招聘的决策过程。

1. 招聘决策的运作

招聘决策的运作一般可分为以下几个步骤:

第一,用人部门提出申请。需要增加人员的部门负责人向人力资源部门提出需要人员的数量、岗位、要求,并解释理由。

第二,人力资源部门结合人力资源规划,进行复核,并写出复核意见。

第三,最高管理层决定最终需要招聘的人数和岗位。根据企业的不同情况,可以由总经理工作会议决定,也可以在部门经理工作会议上决定。

2. 招聘决策的主要内容

企业员工的招聘决策应包括以下一些主要内容:

第一,什么岗位需要招聘?招聘多少人员?每个岗位的具体要求是什么?

第二,何时发布招聘信息?运用什么渠道发布招聘消息?

第三,委托哪个部门进行招聘测试?

第四,招聘预算是多少?

第五,何时结束招聘?

第六,新进员工何时到位?

(二)应聘申请表的设计

应聘申请表是提供应聘者个人履历材料的基本形式,是招聘和筛选工作不可缺少的一种工具。它一般由招聘单位即书业企业来设计。在设计过程中要遵循以下要求:

第一,申请表要从申请者的角度出发来设计。因此,申请表的设计应尽量采用通俗易懂的语言,而且尽可能采取简洁的回答方式,将类型相同的问题归到同一表中。

第二,申请表的设计必须考虑书业企业的招聘目标以及欲招聘的职位,按不同职位要求、不同应聘人员的层次分别设计。

第三,企业基本上都有了计算机管理系统,因此还需要考虑申请表的存储、检索等问题。

随着互联网的迅猛发展,网上招聘越来越为许多跨国大公司及高科技企业所青睐,于是出现了"无纸申请"这种迅捷的申请表。

无论是什么方式的申请表,都必须使招聘者能从中获得如下信息:

① 识别应聘者的信息:姓名、性别、住址、电话等;

② 应聘者个人信息:婚姻状况、家庭负担、子女情况等;

③ 应聘者身体特征:身高、体重、健康状况、是否残疾等;

④ 应聘者教育状况:教育水平、学历、职业培训情况等;

⑤ 应聘者过去的工作经验及业绩,特别是与欲申请的职位相关的工作经验。

(三)发布招聘信息

书业企业在做出招聘决策后,就可进行招聘信息发布工作。目前,书业企业招聘选择主要有以下方式:招聘会、报纸、网络、去高校院系要求推荐、到人才中心调取人才材料等。按招聘对象的不同,书业企业的招聘活动可以分为校园招聘和社会招聘。

1. 校园招聘

春季招聘期间,多为应届毕业生,出版社可以到校园招聘。由于应聘者比较集中,因此招聘会通常成为主要招聘渠道。这类招聘会通常会设在校园里,针对某一高校,也可以设在大型展览会馆,面向当地高校学生。这种方式获得的简历资料多,有利于集中筛选、统一安排,有效提高用人单位的招聘效率。不过,这种招聘形式也有一些不利之处。通常,参加大型招聘会的求职者都会广投简历,对行业、企业是否与自身情况相适应考虑不多,基本上都是到处赶场。这就造成用人单位接收到的简历有相当一部分不适合岗位要求,需要浪费很多时间去筛选和考察。

直接到高校的院系要求推荐也是一种有效的招聘手段。一般来说,学校对学生的情况会更加了解,因此学校推荐学生会更对口。同时,出版社也可以根据学校的专业设置和学生历年就业方向、平均水平情况来选择高校。不过这种方式比较适合小型的招聘活动。如果大范围地去高校要求推荐，就会耗费大量人力、物力，招聘成本相对其他地方要高一些。

2. 社会招聘

在报纸、网站等媒体上发布需求信息并随机组织笔试面试是出版社用得较多的方式，这种方式的最大优势在于出版社可以选择有效媒体进行投放，对受众群体可以有所把握。这就避免了相当一部分与出版社要求相差太远的无效简历。如果想招聘有从业经验的，可以选择针对性强的专业媒体。但这种形式的劣势在于，报纸的周期较短，很多条件比较适合的应聘者不一定会及时看到报纸。同时，对于需要较多应届毕业生的出版社，媒体是否能够及时到达校园也是重要的考虑因素。此外，在报纸上投放招聘广告的成本也相对较高。

一般来说，有自己网站的出版社都会充分利用网站平台来发布招聘信息。还有很多出版社在一些较大的人才招聘网站上发布招聘信息，扩大影响面。网上招聘的优势在于费用少，可以详细介绍出版社的情况，在减少应聘者盲目选择的同时，也令很多应聘者增加对出版社的了解。此外，网络招聘保存期长、范围广，可以随时检索，对一些有意于全国招聘的出版社来说非常有效。但这种方式也存在一定的问题。网上人才资料较多，简历内容简单，为筛选带来很大难度。此外，在进行大规模的招聘时，网络招聘规模相对较小、时间不集中的弱点就会暴露出来。

到人才中心调取资料也是很多出版社采取的招聘方式。一般来说，这种方式比较适合小规模的招聘有工作经验的人员，对招聘应届生不太适合。

（四）面试与心理测试

1. 面试

面试又称面试测评或专家面试，是指在特定时间、地点所进行的，有着预先精心设计好的明确的目的和程序，通过主试与应聘者面对面的观察、交谈等双向沟通方式，要求被试者用口头语言来回答主试提问，以便了解被试者心理素质和潜在能力的测评方法。

第一，面试的主要内容有：

① 应聘者的举止仪表。主试通过对应聘者的外貌、体态、衣着、举止及精神状态的观察，初步判断应聘者举止是否得体、优雅。有些特别的职位，对仪表方面的要求较高，比如高级管理人员、公关人员等。心理学家研究表明，一个人外在的举止风度往往反映了其内在的心理品质。一个仪表端庄、衣着整洁、举止文

明的人,一般做事有规律,注意自我约束,责任心强。

② 应聘者的语言表达能力。由于面试是一种口头言语交流的过程,因此在面试的过程中,最直接可以反映出来的就是应聘者的言语表达能力。言语表达能力主要考察的是应聘者是否能够将自己的思想、观点、建议和意见等清晰而流畅地用语言表达出来。考察的具体内容包括表达的流畅性、逻辑性、准确性和感染力等。

③ 应聘者的逻辑思维能力。主要考察应聘者对主试所提出的问题进行综合分析的能力。考察的指标主要有:是否能抓住问题的本质,分析问题是否全面,思维是否有逻辑,思维的灵活性如何,思维是否有条理,是否善于把握事物之间的联系,等等。

④ 专业知识应用的灵活性以及应变能力。通过面试,可以了解应聘者所掌握的专业知识的深度和广度,最重要的是可以对其专业知识是否符合所录用的职位的要求,以及应聘者的专业知识应用的灵活性做出有效的判断。因此,面试可以作为对专业知识考试的一种必要的、有效的补充。而且面试能更好地判断应聘者对专业知识的应用能力。同时面试也可以考察应聘者对突然提出的专业问题的反应是否机智、敏捷,对意外事件的处理是否得当,反应是否迅速和准确。

⑤ 应聘者的自我认知能力。在面试中,往往要求应聘者对自己做出评价。如让应聘者自己评价一下自己的特点、自己的主要优点与不足。将自我评价与观察评价和其他方法所得到的评价进行对照,看应聘者的自我认知能力如何,对自己的认识是否清晰而准确。

⑥ 应聘者的素质水平。对于从事各种工作的人来说,是否具有良好的心理素质,如是否具有稳定的情绪和自我控制能力,是一个非常重要的因素。在面试中,通过给应聘者施加一定的压力或精神刺激,可以考察其情绪稳定性和自我控制能力。比如故意给应聘者提出一些令其尴尬或恼火的问题,观察应聘者的反应,以此来判断应聘者对自己情绪的控制能力。

⑦ 应聘者的成就动机。一个人有较强的进取心、较高的成就动机,才能在事业上有所发展。进取心表现在努力将现有工作做好并且不安于现状,在工作中常有创新。在知识经济时代,创新是一个企业不断发展的源泉,因此发现并录用有创新能力、有进取心、有较高成就动机的员工对企业来说是至关重要的。在面试中可以通过询问应聘者关于自己未来职业生涯规划问题,来考察应聘者的成就动机水平。

⑧ 应聘者的求职动机。通过面试考察应聘者的求职动机是否与招聘职位相一致。通过了解应聘者为什么希望来应聘这一职位,对哪类工作感兴趣,在工作中

追求什么,从而判断本单位所提供的职位或工作条件等能否满足其需要和期望。

⑨ 业余兴趣与爱好。应聘者在业余时间喜欢从事哪类活动,喜欢阅读哪些书籍,喜欢什么样的电视节目,以及有什么样的嗜好等。通过了解应聘者的业余兴趣与爱好,可以在一定意义上推论其性格方面的特点。

第二,面试的组织形式。面试的组织形式有结构式面试、非结构式面试、压力面试、行为描述面试等。

其一,结构式面试。即主考官根据面试提纲控制整个面试的进行,严格按照提纲对每个应聘者分别进行相同的提问。其优点在于对所有的应聘者按照同一标准进行,可以提供结构与形式相同的信息,便于分析、比较,同时减少了主观性,且对考官的要求较少。研究表明,结构面试的信度和效度较好,但过于僵化,难以随机应变,所获得的信息也受限制。因此,应用结构面试时,主考官必须注意以下问题:一是面试之前的工作技能需求分析,包括如何做好工作、达到预期的工作目标的技能,以及需要何种技能完成工作。二是面试前对面试问题有充分的准备。三是对面试过程的引导和控制。四是对面试结果的评价,将应聘者的实际技能与工作需要技能进行客观比较。

其二,非结构式面试。即面试没有固定的模式,主考官事先无须做太多的准备,只要掌握组织、职位的基本情况即可。在面试过程中,考官的提问也是开放式的提问,其主要目的是给应聘者充分发挥自己能力与潜力的机会。由于这种面试有很大的随意性,主考官所提问题的真实目的带有很大的隐蔽性,也要求应聘者有很好的理解能力与应变能力。该方法最大的优点就是灵活自由,问题因人而异,可得到较深入的信息。但由于缺乏统一的标准,易带来偏差,且要求主考官具有丰富的经验和较高的素质。

其三,压力面试。在面试开始时,主考官给应聘者提出一个意想不到的问题,问题通常带有“敌意”或“攻击”性,以给应聘者以意想不到的一击,主考官以此观察应聘者的反应。其目的就是了解应聘者承受压力、控制情绪的能力,以测试应聘者的应变能力和解决紧急问题的能力。比如“以你的资历条件似乎不太适合你想应聘的职位,您觉得呢?”“听说你在原单位总是处理不好人际关系,是这样吗?”由于这种问题常常是在应聘者不知情的情况下提出的,给应聘者造成压力,使主考官能客观地观察应聘者的反应。

其四,行为描述面试。它是应聘者与主考官都喜欢的一种应聘方式。所谓行为描述面试,是基于行为连贯性原理发展起来的。在面试中,考官常常问一些这样的问题:“告诉我你上次那份工作中最有成就的一件事,你是怎样开始创意的？你是怎样实施并最终完成计划的？你又是怎样处理你碰到的障碍的?”该方法的特点为：一是在问题中使用英语语法中的“最高级”；二是面试中使用的问题都是从工作行为分析得来。这种分析可以确定在特定情况下，应聘者所做的事情，什么是有效的，什么是无效的。

2. 心理测试

心理测试是指通过一系列科学方法来测量被试者的智力水平和个性方面差异的一种科学方法。具体包括三个方面内容：智力测试、个性测试和认知能力测试。

第一，智力测试。即指对人的观察能力、记忆能力、想象能力、思维能力等方面进行测试。这些测试包括韦氏成人智力测试和斯坦福—比奈特智力测验、弗拉纳根能力等级测试、总体能力测试以及雇员能力测试等。由于这些都是标准化的试题，因此并不是只对某一特殊工作有效，由于它们具有较高的信度和普遍性，可以应用到许多工作中，因此在录用高级管理人员时作为一种重要的参考依据。

第二，个性测试指的是对应试者的性格、兴趣、价值观等方面进行的测试。偏好或个性倾向测验与其他类型测验的不同之处在于它的答案没有正确与错误之分。几个最具代表性的个性倾向测验是爱德华个人偏好量表、加利福尼亚心理测验表、戈登个性测验、瑟斯顿气质测量表、齐默曼气质质量表、明尼苏达职业倾向测验。

一般来说，性格特征有五个维度（如表5-3），个性不同，适合的工作也不一样。外向性和愉悦性强的人，比较适合销售和管理方面的工作；调整性强的人适合做程序性较强的工作；责任心较强的人在任何岗位都受欢迎；好问的人适合在研发部门工作。

表5-3　性格的五个维度①

外向性	友善的、好社交的、健谈的、表情丰富的
调整性	情绪稳定的、不沮丧的、安全的、满足的
愉悦性	谦恭的、信任他人的、和善的、宽容的、合作的、仁慈的
责任心	可靠的、有组织的、坚持不懈的、细心周到的、成就导向性的
好问	好奇的、富有想象力的、有艺术敏感性的、宽宏大量的、活泼有趣的

个性测试还包括诚实性测试。书面的诚实性测试通常直接询问求职者对于

① [美]雷蒙德·A.诺伊，约翰·霍伦拜克，拜雷·格哈特，帕特雷克·莱特.人力资源管理：赢得竞争优势.北京：中国人民大学出版社，2001：245.

盗窃或者他们在过去所经历的盗窃事件的态度。因为有人相信,诚实的人在组织内进行沟通时,能够有效地降低企业的信息传递和监督成本,所以进行诚实性测试对企业是有利的。

第三,认知能力测试。认知能力是根据个人的脑力特征而不是身体能力来对人进行区分。认知能力包括语言理解能力、计算能力和推理能力。语言理解能力是指一个人理解并使用书面或口头语言的能力。计算能力是指一个人解决各种与数字有关问题时的速度与准确性。推理能力是指一个人对于各种问题找到解决方法的能力。例如,美国研究生入学考试普通试题部分就是由词汇、数学和逻辑三部分组成,对应着测试应试者的语言理解能力、计算能力和推理能力。

第四节 书业企业员工培训

在书业企业间竞争日益激烈的环境下,员工培训显得更为重要。培训使员工的知识、技能与态度得到明显提高与改善,由此提高书业企业效益,获得竞争优势。

一、书业企业员工培训

书业企业员工培训是书业企业按照一定系统目标,有计划地组织员工进行知识和技能等方面的更新、补充的过程。员工培训的基本目标应该服务于书业企业的总体目标,培训方案应着眼于书业企业的业务与管理。有效的培训系统的建立是员工培训的重要保障,它包括培训需求的确定、培训目标的设置、培训方法、培训实施、培训成果的转化及培训评价和反馈等几个环节。

(一)培训准备阶段

在员工培训的准备阶段,必须做好两方面的工作:一是培训需求分析;二是培训目标确定。

1. 培训需求分析

培训需求分析对是否需要进行培训来说是非常重要的。它包括组织分析、任务分析以及个人分析三项内容。培训需求分析是确定是否需要培训的一个过程。图5-4表明需求分析的原因及其所产生的结果①。

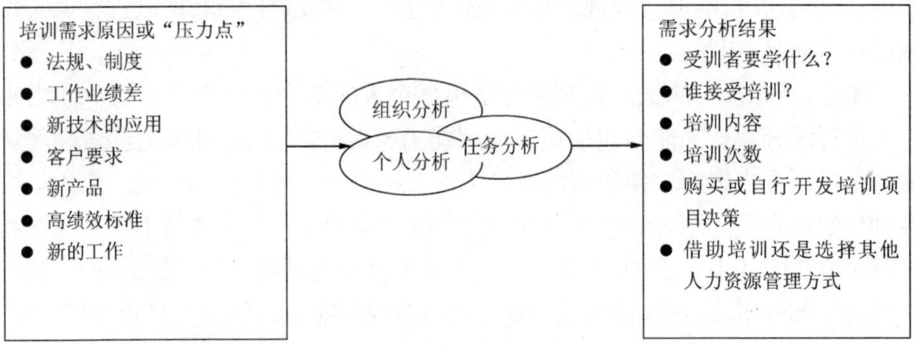

图5-4 培训需求分析过程

(1) 组织分析。组织分析是根据书业企业的经营战略,决定相应的培训,并为其提供可利用的资源及支持。这里需要分析三个问题:首先,从战略发展高度预测书业企业未来在技术、销售市场及组织结构上可能发生什么变化,对人力资源的数量和质量的需求状况进行分析,确定适应企业发展需求的员工能力。表5-7反映了不同经营战略与员工培训的重点。其次,分析管理者和员工对培训活动的支持态度。大量研究表明员工与管理者对培训的支持是非常重要的。培训成功的关键要素在于:受训者的上级、同事对其受训活动要持有积极态度,并同意向受训者提供关于任何将培训所学的知识运用于工作实践中去的信息;受训者将培训所学的知识运用于实际工作之中的概率较高等。如果受训者的上级、同事对其受训不支持,这种概率就不大。再次,对企业的培训费用、培训时间及与培训相关的专业知识等培训资源的分析。企业可在现有人员技能水平和预算基础上,利用内部咨询人员对相关的员工进行培训。如果企业缺乏必要的时间和专业能力,也可以从咨询公司购买培训服务。

(2) 任务设计。培训需求评定的第二步是进行任务分析。包括查看职务描述和职务说明书,分析执行一项特定的工作所需要的各项活动及所必需的各种能力。任务分析通常比工作分析更详细,但总体目的是决定培训计划的具体内容。

进行任务分析的第一步是列出工作中所包括的所有任务及职责,第二步是列出执行每项任务时的步骤。一旦分析清楚了,要求的操作类型及必需的各种

① [美]雷蒙德·A.诺伊.雇员培训与开发.北京:中国人民大学出版社,2001:43.

技能和知识就可以确定了。对于执行任务时所需要的操作技能及知识类型,可以通过观察熟练工人的操作或检查职务描述而决定。这些信息有助于培训人员挑选计划内容并选择最有效的培训方法。

(3) 个人分析。个人分析是决定需要培训的人选的过程,即决定哪一位员工需要培训,通过分析员工目前绩效水平与预期工作绩效水平来判断是否有必要进行培训。影响员工绩效水平与学习动机的因素有:① 分析个体特征,即分析员工是否具有完成工作所应具备的知识、技术、能力和态度。② 分析员工的工作输入,即分析员工是否得到一些指导,如应该干些什么、怎样干和什么时候干等,如果员工有工作必备的知识、能力、态度和行为方式,但缺少必要的指导,其绩效水平也不会高。③ 分析员工工作输出,即分析员工是否了解工作的目标。有时员工不能达到标准要求的业绩表现,其重要的原因之一是员工不知道他们应该达到什么样的绩效水平。④ 分析员工工作结果。如果不知道业绩表现好而受到的各种奖励措施,或员工认为绩效奖励不具有激励作用的话,那么他们就不愿意执行绩效标准,而且团队行为也不会鼓励员工执行绩效标准。⑤ 分析员工工作反馈,即分析员工是否能得到执行工作中的有关信息。如果员工在工作中没人定期向其反馈工作表现,或者说员工知道怎样做,但不知道自己做得怎样,其绩效水平也会出现问题及缺乏学习动机。只有在以上分析的基础上才能制定具体的培训项目。

2. 培训目标的确定

有了培训目标,员工学习才会更加有效。所以,确定培训目标是员工培训必不可少的环节。培训目标是指培训活动的目的和预期成果。培训目标一般包括三方面的内容:一是说明员工应该做什么;二是阐明可被接受的绩效水平;三是受训者完成指定学习成果的条件。培训目标确定应把握以下原则:一是使每项任务均有一项工作表现目标,让受训者了解受训后所达到的要求,具有可操作性;二是目标应针对具体的工作任务,要明确;三是目标应符合企业的发展目标。

(二) 培训的实施阶段

1. 培训方案设计

培训方案的设计是培训目标的具体操作化,即目标告诉人们应该做什么,如何做才能完成任务、达到目的。主要包括以下一些内容:选择设计适当的培训项目;确定培训对象;培训项目的负责人,包括组织的负责人和具体培训的负责人;培训方式和方法;培训地点的选择;根据既定目标,具体确定培训形式、学制、课程设置方案、课程大纲、教科书与参考材料、培训教师、教学方法、辅助器材设施等。

制订培训方案必须兼顾书业企业的具体情况,如行业类型、企业规模、客户要求、技术发展水平与趋势、员工现有水平、政策法规、企业宗旨等,关键因素之一则是企业领导的管理价值观和对培训重要性的认识。

2. 方案的实施

培训实施是员工培训系统关键的环节。在实施员工培训时,培训者要完成许多具体的工作任务。要保证培训的效果与质量,必须把握以下几个方面:① 选择和准备培训场所。② 课程描述。课程描述是有关培训项目的总体信息,包括培训课程名称、目标学员、课程目标、地点、时间、培训的方法、预先准备的培训设备、培训教师名单以及教材等。它是从培训需求中分析得到的。③ 课程计划。详细的课程计划非常重要,包括培训期间的各种活动及其先后次序和管理环节。课程计划包括课程名称、学习目的、报告的专题、目标听众、培训时间、培训教师的活动、学员活动和其他必要的活动。④ 选择培训老师。⑤ 选择培训教材。⑥ 确定培训时间。

3. 培训结果的评估

与人力资源管理的其他职能一样,应对培训的效果进行一次评价,包括四个方面的标准:① 评价被培训人员的反应;② 学习的测试;③ 行为改变;④ 效果标准。通过这些评估或检查,找出被培训人员究竟有哪些收获与提高,还可找出培训的不足,为下一次评定提供资料,使企业的培训活动得到良性循环。

进行培训评价时应对培训目标、方案设计、场地设施、教材选择、教学的管理以及培训者的整体素质等各个方面进行评价。因此,评价内容包括评价培训者、评价受训者、评价培训项目本身等三方面。评价的过程一般如下:首先是收集数据,如进行培训前后的测试、问卷调查、访谈,观察、了解受训者观念或态度的转变等;其次是分析数据,即对收集的数据进行科学的比较和分析,得出结论;最后是把结果与培训加以比较,提出改进意见。

(三) 职业培训类型

随着书业改革的深入发展,迫切需要把职业培训纳入书业发展规划,积极组织、鼓励和支持职工参加各种形式的职业培训。各用人单位应当按照国家规定提取和使用的职业培训经费,根据本单位实际,有计划地对劳动者进行职业培训。要办好职业培训,应根据职业特点,由有关部门拟订培训计划,进行上岗前培训、在岗培训、转业培训、转岗培训、学历教育培训等中、短期培训。

1. 岗前培训

岗前培训的对象可以是新分配进出版单位的大学毕业生，转业、退伍军人，新招工人。根据培训对象即将从事的工作和本单位实际情况，对他们进行上岗前培训，使他们能在较短时间内掌握必备的知识与技能，以便尽快进入角色，熟悉本职工作。例如，新分配进出版社的职工，要给他们上出版、印刷、发行等基础、业务知识课，还要让他们初步了解编、印、发、供、管等一系列出版常识。对印刷、发行岗位的新招工人，要进行严格的、系统的岗前培训，只有通过理论知识和实际操作知识的考试，获得培训证书，才能让其上岗。

2. 转业培训

转业培训是指对再次就业的人员获得新的就业能力进行的培训。转业培训的对象一般具有一定的文化水平、工作经历和实践经验。例如，从外系统调入出版系统的工作人员(包括领导干部)，他们中有的原职业与即将从事的职业差别很大，需要重新学习出版系统有关环节必备的技术业务知识和工作技能。

3. 在岗培训

在岗培训对象是在岗的干部(包括领导干部)、职工。要根据各岗位规范的要求和被培训人员自身素质、培训内容的不同情况分期分批组织实施。在岗培训的时间、方式灵活多样，可按实际工作需要确定。

4. 转岗培训

转岗培训主要指本单位内部转换工作岗位的培训。经过转岗培训，使转岗人员能够在尽可能短的时期内较快掌握新岗位技术业务知识和技能，取得新岗位上岗资格。转岗培训的对象一般都具有一定的工作经历和实践经验，但转换的工作岗位与原工作岗位差别较大，需要进行再培训，以掌握新岗位要求的各种知识与技能。

5. 学历教育培训

书业企业可适当鼓励学历较低的职工参加学历教育训练。

此外，还要根据市场经济的需要，由有关部门有计划地定期举办一些专业培训。例如：出版社社长(总编辑)、新华书店经理、印刷厂厂长的企业管理等综合知识的培训；编辑、印刷、发行、财务、计算机人员的业务知识培训；印刷、发行行业的初、中、高级工及技师等工人技术等级考试和技能鉴定考核的培训；职业技能竞赛的培训；持证上岗制度的培训；等等。

二、出版职业资格管理制度

(一)出版职业资格管理制度的建立

建立出版专业职业资格制度,通过考试完善监督制度,建立行业自律机制和编辑职业的"进入"、"退出"机制,使编辑队伍保持应有的活力和职业吸引力,这是我国出版行业人事制度改革的一项重大突破。

1. 实施出版专业职业资格管理制度的重要意义

第一,是适应出版产业发展的必然要求。党的十七大提出推动社会主义文化大发展大繁荣,提高国家文化软实力的目标、任务和要求,出版业作为文化建设的重要组成部分,在积累传承文化、推动社会发展进步、满足人们精神文化需求、保障人民基本文化权益、扩大中华文化影响、提高国家软实力等方面承担着十分重要的责任,发挥着不可替代的作用。新闻出版行业是一个知识密集而且与科学技术、文化建设密切相关的行业,具有重要和特殊的地位。出版物作为一种精神产品,具有深刻、持久、广泛影响人的思想的特殊作用。出版工作事关国家和公众利益,事关国家的文化安全和社会稳定。而编辑工作在出版物生产环节中发挥着中心作用和关键性作用,编辑的素质和能力决定着出版物的质量和水平。要推动出版业的大发展大繁荣,必须有一支高素质的编辑队伍作保证。建立出版专业人员职业资格制度,从国家的层面对编辑人员的思想政治素质、道德品质修养和职业技能水平提出统一要求,对重要岗位实行准入管理,是确保新闻出版业大发展大繁荣的必然要求。

第二,是适应我国出版业改革发展及队伍建设的需要。改革开放以来,随着我国出版业的繁荣与发展,我国的出版队伍迅速壮大,目前全国直接从事出版工作的专业技术人员超过10万人。但由于我国长期没有统一规范的出版编辑职业标准,进入出版单位从事编辑工作的人员,基本上没有系统学习出版专业知识的机会和条件,出版单位也无法用一个社会统一的职业标准对新进入出版单位的专业技术人员进行正规系统的基本能力训练,致使从业人员的文化水平、知识结构、专业结构、出版专业素养得不到及时更新和补充。这种现状势必造成从业人员的专业素质后劲不足,编辑水准参差不齐,导致出版单位的实力和水平相差悬殊,影响我国出版业的整体改革和发展。

随着科学技术的日新月异和互联网的迅猛发展,出版业态发生了很大变化,新技术、新手段、新表现形式不断涌现,编辑的策划能力、组稿能力、审稿能力等迫切需要与时俱进，不断提高，这些都对编辑的知识结构和综合素质提出了新的更高的要求。建立出版专业职业资格标准，强化出版工作的标准化、专业化和队伍的职业化，通过职业标准和岗位要求导向，促进从业人员知识结构和专业结构的有序调整，培养更多符合时代要求的复合型、外向型、创新型出版专业人才，对改革我国出版体制、创新工作运行机制、培育新型业态、发展新型技术都具有基础性和决定性的意义。

第三，是完善出版管理制度及依法行政的需要。我国现行的出版管理制度主要是对出版单位及其出版活动实施有效管理，但对专业技术人员个人资质水平规定得不够明确，特别是对专业人员个人在从事出版活动中的权利、义务、责任等没有明确规定。出版总署按照党中央、国务院对新闻出版管理工作的有关要求，逐步构建以企业准入（法人准入）、市场准入、职业准入、岗位准入等"四大准入"制度为核心的新闻出版管理工作新体系，其中，"职业准入"和"岗位准入"都与职业资格制度密切相关，并建立在其基础之上。

第四，是对从业人员有效管理的需要。建立职业资格制度是对我国各类专业技术人员进行管理和评价的总体方向，但由于我国现行的出版管理制度对专业技术人员个人资质水平规定不具体，对编辑、责任编辑违背职业使命和岗位职责的行为没有明确的责任追究细则，这在一定程度上成为出版违法、违规行为层出不穷、屡禁不止的因素之一。例如，近些年发生的多起出版社违纪违规事件处理，大多是处分出版单位和出版单位领导人，而直接责任人——责任编辑却往往因无明确规定，其责任追究不够或者无法追究，这显失公平。编辑是掌握作品选择权的第一人，从源头监管，首先就要抓好对责任编辑的管理。实行职业准入之后，就可以避免出现这种管理上的空当，对严重违背出版工作者职业道德，践踏我国出版法律法规，生产有害出版产品的人员，进行必要的处罚，直至取消其职业资格。而且，可以确保专业技术人员特别是编辑人员有效学习，从而提高出版专业编辑队伍的整体素质和职业化水平。

自2002年建立出版专业职业资格制度以来，已经进行了7次全国统一考试，7年内全国共有71 958人参加考试，有25 446人通过考试并取得资格证书，总通过率为35.36%。出版专业职业资格考试在业内的认可度越来越高，已成为出版界有影响的重要业务活动，这为总署建立以"四大准入"制度为基本框架的管理格局奠定了基础，并成为"四大准入"的重要组成部分。①

① 柳斌杰，于友先，邬书林．中国出版年鉴（2010年卷）．中国出版年鉴社，2010：611－613．

2. 出版职业资格管理制度的实施

建立出版专业职业资格制度是适应我国各类专业技术人员管理和评价制度改革方向的重要措施,是我国职业资格制度的一个重要组成部分。早在1992年,国家人事部就推行建立职业资格制度,并做了一些探索工作。1994年党的十四届三中全会《关于社会主义市场经济若干问题的决定》中强调:要制定各类专业技术工作资格标准和录用标准,实行学历文凭和职业资格两种证书制度。从此,国家逐步建立和开始实施专业技术人员职业资格证书制度。职业资格主要分为两类:一类是从业资格,一类是执业资格。

新闻出版行业肩负着有中国特色社会主义文化建设的历史重任,也肩负着推进社会主义精神文明建设和传播科学、积累文化、教育人民及推动生产力发展的重要职责。新闻出版行业是一个知识密集、知识分子密集,而且与科学技术、文化建设密切相关的行业,具有重要和特殊的地位,其工作事关国家公众利益,影响社会和人的思想乃至经济和文化的发展,专业性很强,特别是编辑工作具有较强的独立性(如对作品的选择)并承担着社会责任。我国的出版业随着社会主义市场经济的建立和发展,社会主义文化事业的发展、繁荣和创新,逐步符合国家建立职业资格制度的基本条件。鉴于国家已经积累了在经济工程技术方面建立职业资格的成功经验,出版行业建立职业资格制度,在某些重要岗位如责任编辑实行个人注册执业制度的时机已基本成熟。

2002年8月,由人事部和新闻出版总署联合发布了《出版专业技术人员职业资格考试暂行规定》,宣布在我国正式建立出版专业职业资格制度,中、初级职业资格实行全国统一的职业资格考试,高级资格实行考试与评审相结合的方式取得。与此同时,实行多年的出版专业中、初级专业技术职务评审工作宣告终止。2002年6月,新闻出版总署发布了《出版专业技术人员职业资格管理暂行规定》,明确在我国正式出版单位(图书、期刊、音像、电子出版)担任社领导职务和责任编辑的人员,必须具有出版专业中级职业资格,所有在岗专业技术人员,都要在五年内通过考试取得相应级别的出版职业资格,并将出版单位从业人员的职业资格作为出版行政管理的重要内容。2002年9月22日,我国出版行业首次职业资格考试在全国各省会城市同时举行,报名参考人数达1.7万人,参考人次达2.8万。

2008年2月,新闻出版总署颁布《出版专业技术人员职业资格管理规定》(第37号署长令),9月在全国8个省、自治区、直辖市和中国出版集团进行了登记注册试点,这标志着出版专业技术人员职业资格准入制度进入关键性的实施阶段,同时也意味着对出版从业人员管理将开始步入一个新的阶段。

(二) 出版职业资格制度的主要内容

主要内容有以下几个方面:

1. 实施范围

(1) 实施单位:报纸、期刊、图书、音像、电子、网络出版单位。

(2) 实施人员:包括在图书、非新闻性期刊、音像、电子、网络出版等单位中承担内容加工整理、装帧和版式设计等工作的编辑人员和校对人员,以及在报纸、新闻性期刊出版单位从事校对工作的专业技术人员。

2. 实施方式

由国家统一资格标准,统一考试,统一发证。由国家统一组织考试命题,每年举行一次统一考试,统一确定合格分数线,由人事部和新闻出版总署统一颁发资格证书,证书在全国范围有效。

3. 实施时间

从2002年1月1日起正式实施。

4. 资格条件

出版专业技术人员职业资格分为初级、中级和高级。初级、中级职业资格通过全国出版专业技术人员职业资格考试取得,高级职业资格通过考试,按规定评审取得。

5. 考试科目

初级、中级各设两个科目,即《出版专业基础知识》和《出版专业理论与实务》。两门考试只有在当年同时及格,方可取得《中华人民共和国出版职业资格证书》,否则第二年继续考两科。

6. 报考条件

初级资格:具有大专学历或现已受聘担任技术设计员、三级校对的人员。

中级资格:① 取得大专学历,从事出版工作满5年;② 取得本科学历,从事出版工作满4年;③ 取得双学士学位或研究生班毕业,从事出版工作满2年;④ 取得硕士学位,从事出版工作1年;⑤ 取得博士学位;⑥ 已受聘任助理编辑、助理技术编辑、二级校对职务满4年;⑦ 已受聘具有非出版专业中级职称,从事出版工作满1年。

凡符合以上条件之一的人员,均可报名参加中级资格考试。

7. 在职人员职业资格的确定

(1) 符合报考条件的人员,应按规定参加规定级别的资格考试。

(2) 已具有助理编辑、二级校对职称,不具备中级资格报考条件者应先考初级资格,只考《出版专业理论和实务》;已有助理级非出版专业职称,也要参加初级资格考试,考两个科目,合格即发资格证书。

(3) 已具有编辑或一级校对职称的人员,要报考中级职业资格,只考《出版专业理论和实务》;已具有非出版专业中级职称的人员,也要报考中级职业资格,考两个科目,合格即发资格证书。

考试的目的,是确定在职专业人员的职业资格。已具有高级职称的人员,暂不确定职业资格。

8. 职业资格证书的效用

(1) 从业许可证。取得初级证书,是进入出版行业人事专业技术工作的上岗证,一般在进入之前考取或进入之后一年内考取。取得中级资格,是从事出版重要工作岗位的必备条件,一般是在取得初级资格后经过不少于4年的专业工作训练后考取。

(2) 聘用专业职称的前提条件。取得职业资格证书,只意味着有了进入出版单位的资格或从事重要出版岗位工作的资格,而不与职称和工资待遇直接挂钩,但是,可以一考多用。出版单位可依据《出版专业试行条例》和工作需要,从取得职业资格的人员中聘用编辑或助理编辑,聘用编辑职称,要从取得中级职业资格的人员中选聘;聘用助理编辑,要从取得初级职业资格的人员中选聘。没有职业资格的人员,不可以取得专业职称。

9. 正确理解职业资格与职称的关系

职业资格制度具有行业准入性质,要求进入行业工作的人员,必须具备国家规定的资格标准,否则不能进入行业从业。

职称制度是对有资格进入行业工作的专业技术人员进行岗位管理的一种单位内部人事制度,由单位依据国家有关规定根据工作岗位需要聘用,聘用后可兑现职务工资或岗位工资。职业资格与工资无关,专业职称与工资挂钩。

对现岗位中已有出版专业职称的人员要求参加职业资格考试,而不是取消他们的专业职称;但是对新进入或新晋升职称的人员,具有职业资格是晋升职称的前提条件。

10. 职业资格的管理

对资格的规定性要求:

① 新参加工作的大学毕业生,要提前或进入出版单位后一年内取得初级职业资格。

② 担任责任编辑的专业技术人员，必须具备中级职业资格；否则，不能担任责任编辑。

③ 具有初级资格的人员，应在 4 年之后取得中级职业资格；否则，不能担任责任编辑，只能从事较低级的专业工作。

④ 在出版单位担任社长、副社长、总编辑、副总编辑的人员，要具备中级职业资格，进入时不具备的人员，要在两年之内取得中级职业资格；否则，要调出出版单位。

⑤ 新调入出版单位的专业技术人员，要视原专业职称的级别情况，按规定参加资格考试；否则，不能调入或不能担任责任编辑。

对行为规范的要求：

明确有资格从业人员的责任、权利和义务，突出强调职业资格证书持有者应对自己生产出的出版物的导向和质量负总责，强化专业人员个人的责任。

对从业过程的监督和管理：

实行注册登记制度，持证人员每 3 年到新闻出版管理机构进行一次注册登记。登记注册的条件是：在一个登记期内单位年度考核均在合格以上；每年参加不少于 12 天的继续教育。

如有以下情况需缓登 1 年：不能提供参加继续教育的有关资料；在登记期内有 1 次年度考核不合格；脱离出版专业技术工作 1 年。

如在登记期内有 2 次年度考核不合格或脱离出版工作 2 年，不予登记，需调离或重新参加资格考试。

登记、缓登、不予登记，体现了对从业人员从业活动的过程监督和动态管理，防止一本证书定终身的情况出现。

处罚措施：

建立职业资格制度，强化了从业人员的责任和权利，同时也加大了出版管理部门对出版从业人员的责任追究力度。下列情况需要追究的责任是：

第一，出版专业资格获得者如违反有关出版工作的规定，受到严重警告以上行政处分的，将收回资格证书，5 年内不得从事出版工作。

第二，出版专业资格获得者违法受到刑事处罚，收回资格证书，今后不许参加出版职业资格考试并不得再从事出版工作。

这两项处罚措施，体现的是对违规、违法人员的责任追究，建立了规范的淘汰和退出机制。

第五节 书业企业绩效管理

绩效管理是书业企业人力资源管理的重要环节，它不仅有利于书业企业员工的能力开发与职业发展，也是书业企业实现战略目标的重要手段与途径。

一、书业企业绩效管理概述

(一) 书业企业绩效管理的概念

绩效管理是赢得竞争优势的中心环节所在。绩效管理是以目标为导向，管理者与员工在确定目标与任务要求以及努力方向等方面达成共识的基础上，形成利益与责任共同体，共同制定并促成组织与个人努力创造高业绩，成功地实现目标的过程。绩效管理不仅仅是一种量才的手段，也是一种管理方式，即把员工的绩效提升到管理层面上，通过对员工工作业绩的评价，保持对员工的有效反馈，激起员工的工作热情和创新精神，并通过绩效信息的分析，帮助员工提出改进措施，制订有效的培训计划，将员工的职业生涯计划与书业企业既定的战略目标联系在一起，实现书业企业可持续的、稳定的发展。

(二) 书业企业绩效考评

1. 制定绩效考评方法和标准

由人力资源部门根据本企业不同部门的实际情况，制定一个科学合理的绩效考评办法(包括考评量表的设计、标准的核定等)。考评标准以及考评办法制定的好坏将直接影响到绩效考评的最终实施效果。

2. 考评者训练

绩效考评应该公正地进行，因此必须对考评者加以训练。其直接目的是使考评者对绩效考评计划和实施过程能正确理解并在全企业范围内采用统一的评价标准。

3. 员工自我考评

员工根据考评方法，按照考评表的要求，以本人的实绩与行为事实为依据对本人逐项进行“自我评估”。

4. 直接主管考评

直接主管收到员工的考评表后,以员工的实绩与行为事实为依据,按照考评表的要求,对员工逐项评分并写出评语。

5. 综合考评

由业务部门或职能部门进行综合考评打分,考评结果由直接主管告知属下员工。

6. 考评面谈

由直接主管与员工面谈并提出改进意见。如员工本人不同意主管的考评意见,可向上一级主管提出申诉并由上一级主管做出最终考评。员工应理解和服从考评结果。

7. 考评结果的归档

直接主管将属下的考评结果(绩效考评表以及考评分数汇总表)送交人力资源部门,人力资源部门对考评结果做出统计分析,报主管总经理签核,然后存档,以备在以后的人事决策时使用。

二、绩效考核的基本方法

常用的绩效考核方法主要有比较法、特性法、行为法、结果法、质量法等五种。下面分别介绍。①

(一) 比较法

比较法是指按被考评者绩效相对优劣程度,通过比较,确定每位被考评者的相对等级或名次的方法。按照比较的程度不同,可分为排序法、强制分布法两种。

1. 排序法

排序法有简单排序法和交替排序法两种。简单排序法就是考评者将所有被考评(或本部门)的员工从绩效最高者到绩效最低者(或从最好者到最低者)排出一个顺序来。交替排序法就是考评者首先在被考评的员工中找出最优者,然后再找出对比最鲜明的最劣者;下一步接着找出次优者、次劣者。如此循环,由易渐难,绩效中等者较为接近,直到全部排完为止。

---

① [美]雷蒙德·A.诺伊,等.人力资源管理:赢得竞争优势.北京:中国人民大学出版社,2001:352-371.

2．强制分布法

强制分布法是按照事物"两头小，中间大"的分布规律，先确定好各等级在总数中所占的比例。例如，按照下面比例原则来确定员工的绩效分布情况："绩效最高的"15%，"绩效较高的"20%，"绩效一般的"30%，"绩效较低的"25%，"绩效很低的"10%。然后按照被考评者绩效的相对优劣程度，强制列入其中的一定等级。表5-4为强制分配法示例。

表5-4 强制分配法

考核项目					
比例	绩效最高的 15%	绩效较高的 20%	绩效一般的 30%	绩效较低的 25%	绩效很低的 10%
姓名	张××	李×× 陆××	郭××	……	……

强制分布法迫使考评者(或管理者)根据分布规则的要求，而不是根据员工的绩效进行归类。比如"绩效很低的10%"的那部分不一定干得最差，只是表明，与其他的人相比，这部分人的工作表现和成绩属于最差部分。所以，各部门之间差异的含义，仍需要用具体的工作信息做出补充说明。

比较法设计容易，运用较广，是一种有效的工具。该方法能排除出现居中趋势误差、过度严格误差的可能性。其绩效衡量的结果被用于加薪、晋升等管理决策方面。

比较法的不足之处是：首先，它难以将员工绩效与组织战略目标联系在一起。尽管评价者可以根据员工个人的绩效对于组织战略的支持程度进行评价，但这种联系常常并不是直接表现出来的。该方法具有较强的主观性，评价结果的效度和信度取决于评价者。因此，企业在利用比较法时，可以采取多位评价者的做法，以减少个人偏见对评价结果所造成的不利影响。其次，比较法难以对员工进行绩效结果的反馈。因为员工绩效结果是根据对员工相对排序得出的，员工个人完全不清楚他们将采取怎样的改进做法，才能改善自己在绩效排序中的位置。同时也给管理者增加了负担，他们需通过其他方法去获得员工绩效结果。最后，员工和管理者都难以接受根据比较法得出的绩效评价结果，因为每个人的评价结果都取决于他们自己与一个群体、一个团队或者一个部门中其他员工之间的相对绩效比较的状况，而不是绝对的绩效标准。

(二)特性法

特性法即关注员工在多大程度上具有的、被认为对企业的成功非常有利的特性。在这种方法中所使用的一些技术通常都要对一系列的特性如主动性、领导力、竞争力等加以界定,并且根据这些特质来对员工进行绩效评价。

1. 图评价尺度法

图评价尺度法是一种常用的绩效管理方法。该方法首先挑选出对企业成功有利的一些特征,并对其进行界定或分级。

图评价尺度法既可以为评价者提供大量的不同点数(自由尺度),也可以给评价者提供一种具有连续性的点数,评价者只要在这个连续段上做出一个复选标记(连续尺度)即可。

2. 混合标准尺度法

混合标准尺度法解决了图评价尺度法所存在的一些问题或不足。这种方法首先是对相关的绩效维度进行界定;然后分别对每一个维度“好”、“中”、“差”的绩效内容与标准进行界定或阐明;最后在实际评价表格的基础上,将这些说明与其他维度中的各种绩效等级说明结合在一起,就形成了一种混合标准尺度。

混合标准尺度法最初是作为特性导向尺度法而开发的,但它也被用于以行为导向描述的绩效评价中并被作为一种减少绩效评价误差的手段。

以特性为基础的绩效评价方法是各种组织中运用得最为普遍的方法之一。特性法不仅非常容易开发,而且对于各种不同的工作、不同的战略以及不同的组织都具有普遍适用性。因此,应用特性法,只要对与工作有关的特性界定得科学、合理,并对其做出仔细的定义,就能使特性法保持评价结果的信度和效度。

但是,特性法也存在不足。首先,这种评价技术与组织战略之间常常不完全一致。其次,该方法常常只有非常模糊的绩效标准,可能会导致不同的评价者对绩效标准产生不同的理解,不同评价者的评价结果会出现很大的差异。最后,特性法不能为员工工作提供具体指导,即应当怎样去对公司的目标提供支持,或者怎样改进个人绩效。此外,当评价者提供绩效评价反馈时,这些技术也容易引起员工的抵触情绪。

(三) 行为法

行为法是一种试图对员工(或被评价者)为有效完成工作所必须显示出来的行为进行界定的绩效管理方法。这种方法的主要内容是:首先利用各种技术对这些行为加以界定;然后要求管理者对于雇员的行为做出评价。下面,我们来讨论几种基于行为法的绩效评价方法。

1. 关键事件法

关键事件法要求评价者或管理者为每一位员工准备一本“绩效考评日记”或“绩效记录”,由考察人或知情人(通常为被考评者的直接上级)随时记载。但需说明的是,所记载的事件既有“好”事也有“坏”事;所记载的必须是突出的、与工作绩效直接相关的事,而不是一般的、琐碎的、生活细节方面的事;所记载的应是具体的事件与行为,而不是对某种品质的判断,如“他很认真”。事件的记录本身不是评语,只是素材的积累;但有了这些具体事实做根据,经归纳、整理,便可得出可信的考评结论;从这些素材中不难得出有关被考评者的长处与不足,由此对员工进行绩效考评。

关键事件法中的“事件”可以被用来向员工提供明确的反馈,让员工清楚地知道自己哪些方面做得好,哪些方面做得不好,并加深被考评者对事件的理解,有利于员工进行改进,员工也易于接受而且还可充实那些抽象的评语。此外,在这些“事件”中,还可以重点强调那些能够支持组织战略的一些关键事件,使员工的目标与组织的战略目标紧密联系起来。但关键事件法也存在不足之处:管理者往往拒绝每天或每周对其下属员工的行为进行记录,因为每一个事件对于每一位员工来说都是特定的,要对不同员工进行比较通常也是很困难的。

2. 行为锚定等级评价法

行为锚定等级评价法是建立在关键事件法基础之上的。该方法的目的在于:通过建立与不同绩效水平相联系的行为锚定来对绩效维度加以具体界定。在同一绩效维度中存在着一系列的行为事例,每一种行为事例分别表示某一维度中的特定绩效水平。实施行为锚定等级评价法,首先,必须收集大量的代表工作中“优秀”和“无效绩效”的关键事件;然后,再将这些关键事件划分为不同的维度,把能清楚代表某一特定绩效水平的关键事件挑选出来。评价者根据每一维度分别考察员工的绩效,然后以行为“锚定”为指导,确定与员工情况最相符的每一维度的关键事例。这种评价就成为员工在这一绩效维度上的得分。

行为锚定的优点在于:可以通过提供一种精确、完整的绩效定义来提高评价者的信度。其缺点在于:员工的那些与行为“锚定”最为近似的行为,往往是考评者容易回忆起来的信息,因此受到评价者的主观影响。

3. 行为观察评价法

行为观察评价法是行为锚定等级评价法的一种“变形”。行为观察评价法也是从关键事件中发展而来的方法,但与行为锚定等级评价法不同。首先,它不剔除不能代表有效绩效和无效绩效的大量非关键行为,而是用“事件”中的许多行为来具体地界定,并构成有效绩效(或无效绩效)的所有必要行为。其次,它并不是要评价哪一种行为最好地反映了员工的绩效,而是要求评价者或管理者对员工在评价期内表现出来的每一种行为的频率进行评价。最后,再将所得的评价或管理结果进行平均,从而得出总体的绩效评价等级。

行为观察评价法的优点在于:它能够将高绩效者和低绩效者区分开来;能够维持客观性;便于提供信息反馈;便于确定员工的培训需求。但不足之处就是过于烦琐,因为它所需要的信息可能会超出大多数管理者所能够加工或记忆的信息量。一个行为观察评价体系可能会涉及80或80种以上的行为,评价者在评价时,还必须回忆每一员工在6个月或12个月的评价期间内所表现出的每一种行为的发生频率。

行为法是一种非常有效的评价方法。其优点主要有以下几点:

① 它可以将企业的战略与执行这种战略所必需的一些特定行为联系起来;

② 它能够向员工提供关于企业对其绩效期望的特定指导,并进行信息反馈;

③ 行为必须依赖详细的工作分析,因此被界定及被评价的行为都是很有效的;

④ 由于使用这一系统的人也参与该系统的开发和设计,因此,其可接受性通常也很高;

⑤ 由于要对评价者进行大量的培训投资,因此,这些方法是相当可靠的。

行为评价法的主要不足在于:它需要对行为及行为的评价进行超常性的监控和修正,以确保其与组织战略重点的联系;该方法假设存在一种完成工作的最好办法,构成最好办法的行为也是可以确认出来的。因此,它最合适不太复杂的工作,而不太适合那些复杂的工作。

三、绩效考核结果的处理

绩效考核结果的处理就是通过对考核实施所获得的数据进行汇总、分类,利用数据统计方法进行加工、整理,以及得出考核结果的过程。①

1. 考评数据的汇总、分类

考评数据汇总与分类就是将收集到的不同考评者对同一被考评者的考核结

① 林泽炎.3P模式——中国企业人力资源操作方案.北京:中信出版社,2001:341-342.

果进行汇总,然后根据被考评者的特点,对考评结果汇总进行分类。

2. 确定权重

权重就是加权系数。所谓加权就是强调某一考核指标在整体考核指标中所处的地位和重要程度,或者某一考核者在所有考核者中的地位和可信度,而赋予这一考评指标某一特征的过程。特征值通常用数字表示,称为加权系数,加权能够通过确定大小不同的权重,显示各类人员绩效的实际情况,提高考评的信度和效度。

加权的形式一般有两种:一是反映考核指标间彼此程度的加权系数。不同的人员其绩效的指标也不相同。如管理人员的绩效可能主要反映在工作过程中,工作的行为及工作方式最能反映其绩效;而销售人员或一线生产人员,其绩效主要反映在工作成果中,销售额或生产产品数量最能反映其绩效。只有不同的权重才能真实反映员工的绩效。二是反映不同考核者之间考核信度的加权系数,如同级考核的结果要比领导考核的结果可信度大,领导考核的结果比下级考核的结果可信度大。

3. 考评结果的表示方法

在获得大量考核数据之后,可利用数理统计的方法计算考核结果,一般采用求和、算术平均数等较为简单的数理统计方法。

考评结果还需要用一定方式表示出来,一般有以下几种:

(1) 数字表示法,指考评结果用最基本的形式,即直接用考评结果的分值对被考评者的绩效情况进行描述的方式。其优点是具有可比性,规格统一,数据量大,并为实现计算机管理创造了条件。但数字描述不够直观,需与文字结合。

(2) 文字表示法,即以文字描述的形式反映考评结果的方法。它是建立在数字描述基础之上的,有较强的直观性,重点突出、内容集中,有适当的分析,充分体现了定性与定量相结合的特点。

(3) 图线表示,即通过建立直角坐标系,利用已知数据,描绘出图线来表示考核结果的方式。它具有简便、直观、形象、对比性强的特点,适用于个人与个人之间、个人与群体之间、群体与群体之间、个人或群体与评定标准之间的对比关系。

四、绩效信息的反馈

向员工反馈绩效信息的面谈既是一种机会也可能是一种风险。由于管理者必须传递表扬和建设性批评两方面的信息,这使管理者与员工双方都有“动怒”

的时刻。在这样的谈话中，管理者主要关注的是如何既强调员工表现中的积极性方面，同时就员工应如何改进进行讨论。表5-5表示管理者在绩效面谈中应注意的事项。

表5-5　在考评反馈面谈中管理者应注意的事项①

应做什么	不应做什么
事先做好准备	教训员工
聚焦于工作表现和今后发展	将工作考核和工资及晋升一并谈论
对评定结果给予具体的解释	只强调表现不好的一面
确定今后发展所需采取的具体措施	只讲不听
思考负责人在下属今后发展方面的角色	过分严重或对某些失误"喋喋不休"
对理想的表现予以强化	认为双方有必要在所有方面达成一致
重点强调未来的工作表现	将该员工与其他员工进行比较

第六节　书业企业薪酬管理

薪酬管理是企业为实现其目标，由人力资源部负责、其他职能部门参与、涉及薪酬系统的一切管理工作，也是制定吸引人才、留住人才、鼓舞士气的薪酬体系的过程。它是保证企业生产经营正常运行的必要条件。

一、书业企业薪酬的概念

从字面含义看，薪酬是名词化的动词，含有薪水、酬劳、酬谢之意，这样就更容易与激励机制联系起来，给管理者以发挥的余地。而工资是名词，往往与生活费用相联系，似乎是必然的分配结果，是企业应该付给的，管理者没有发挥的余地。在我国，习惯用工资一词来涵盖企业、机关、学校、社会团体等各种单位的劳动者的劳动报酬，宏观和微观都适用。而一些企业为了以示区别，采用薪酬这种

① 林泽炎.3P模式——中国企业人力资源操作方案.北京：中信出版社，2001：344.

叫法,用以特指员工的劳动报酬,只在微观层次使用。① 因此,薪酬是指企业对员工给企业所做出的贡献,包括其绩效、付出的努力、时间、学识、技能、经验与创造等所付给的相应报酬或答谢。它是员工从事所需要的劳动而得到的货币或非货币形式的补偿。事实上,薪酬是一个比较宽泛的概念。因此,本节所指的薪酬是指包含了企业付给员工的工资、奖金或奖励、福利等多种形式的报酬。

二、书业企业薪酬的主要形式

(一)工资等级制度

工资等级制度是根据劳动的复杂程度、繁重程度、责任大小等因素将各类工作划分为等级,按等级规定工资标准的一种工资制度。工资等级制度是整个工资制度的核心内容。由于工资等级制度规定的工资,即按工资标准领取的标准工资构成了员工全部工资收入的基本部分,并成为工资劳动者的主要生活来源,所以工资等级制度又被人们称为基本工资制度。

目前我国书业企业工资等级制度的具体形式主要有下面几种类型:

1. 岗位等级工资制

岗位等级工资制也称岗位工资制,它是按照员工在生产中的工作岗位确定工资等级和工资标准的一种工资制度,是劳动组织与工资组织密切结合的一种工资制度。

(1)岗位等级工资制的特点。

① 按照员工的工作岗位等级确定工资等级和工资标准。岗位工资制不是按照员工的技术能力规定标准,而是按照各工作岗位的技术复杂程度、劳动强度、劳动条件、责任大小等规定工资标准。员工在哪个岗位工作,就实行哪个岗位的工资标准。

② 员工只有达到岗位的要求时,才能上岗工作。岗位工资制对员工个人不制定技术标准,但对各工作岗位规定明确的职责范围、技术要求和操作规程,员工只有达到岗位工作的要求时才能上岗工作。

③ 员工只有变动岗位,才能变动工资等级。岗位工资制不存在升级问题,员工要提高工资,只有调到高一等级的岗位上,才能提高工资。在书业企业经济效益提高或社会整体经济水平增长以及物价上涨过快而工资等级数目不变的情

---

① 王学力.企业薪酬设计与管理.广州:广东经济出版社,2001:2.

况下，对于不能上升到高一级岗位上工作的员工，就要通过提高岗位工资标准来提高工资。

（2）岗位工资等级制的形式。

① 一岗一薪制。指的是一个岗位只有一个工资标准。实行一岗一薪制，岗内不升级。新员工上岗采取“试用期”或“熟练期”办法，期满经考核合格转为正式上岗，即可执行岗位工资标准。

一岗一薪制适用于专业化、自动化程度较高，流水作业，工种技术比较单一，工作物等比较固定的工种。

② 一岗数薪制。指的是一个岗位内设置几个工资标准，以反映岗位内部不同员工之间的劳动差别。岗内级别的制定是根据不同工作的技术复杂程度、劳动强度、责任大小等因素确定的，工资确定同样是依据岗位要求而定。实行一岗数薪制，员工在本岗位内可以小步考核升级，直至达到本岗最高工资标准。

一岗数薪制适用于生产岗位之间存在有劳动差异的情况，所以它适用于岗位划分较粗、同时岗位内部技术有些差异的工种。

2. 职务等级工资制

职务等级工资制是按照企业职员等级规定工资等级和工资标准的一种工资制度。不同职务有不同工资标准，在同一职务内，又划分若干等级，每个职员都在本人职务所规定的工资等级范围内评定工资。

（1）职务等级工资制的特点。

① 按照职务规定工资，实行“一职数薪制”。职务工资制按照职务规定工资，它不是“一职一薪制”，而是在每个职务内再划分若干等级，规定不同的工资标准，以反映同一职务内的各个职员劳动熟练程度的差别。

② 只能在职员职务工资规定的范围内升级。实行职务工资制，各个职员只能在其职务工资所规定工资标准范围内进行升级，当升到最高等级时，除非提升职务或调任其他职务，否则不再有工资升级机会。

③ 调任新职务，即领取新的职务工资。不考虑职员本人原有的工资水平与资历。

（2）职务等级工资制的组成。职务等级工资制是由职务名称序列表、职务工资标准表、业务等级标准所组成。

① 职务名称序列表。企业职务名称序列在计划经济时期是由国家主管部门对各个职能工作的内容进行横向和纵向分析归类，然后制定出明确的、统一的职务名称序列表。在市场经济情况下，企业应该根据本企业生产经营特点自主

设置职务序列。

② 职务工资标准表。它是由职务工资等级数目、职务工资类别及其划分标准、职务工资标准及职务等级组成。职务工资等级数目是指职务工资一共有多少个等级。一般来说,职务工资等级多少同书业企业的规模呈正比关系。确定职务工资类别的目的,是为了更好地反映同一职务的各个员工的工作熟练程度。职务工资标准的确定要考虑社会上已经形成的这一种职业的市场工资率。

3. 岗位技能工资制

岗位技能工资制是以劳动技能、劳动责任、劳动强度和劳动条件等基本劳动要素评价为基础,以岗位、技能工资为主要内容的企业基本工资制度。

岗位技能工资制由技能工资、岗位工资两个单元组成。

(1) 技能工资。技能工资是根据不同岗位、职位、职务对劳动技能的要求,同时兼顾员工所具有的劳动技能水平而确定的工资。技能工资的等级和档次设置可采取纵横结合的形式,即员工等级纵向可按初级、中级、高级和技师,管理人员、专业技术人员可按初、中、高级技能要求区别设级。各级横向可设若干档次。技术等级考核合格者可择优纵向升级,常规考核合格者可横向晋档。非技术职工(普通工、熟练工等)的技能工资视其岗位对劳动技能的要求,原则上参照初级职工的技能工资档次确定。为鼓励普通工、熟练工钻研提高技能水平,其技能工资最高可延伸到中级技工的技能工资档次内。

(2) 岗位(职务)工资。岗位(职务)工资是根据员工所在岗位或所任职务、所在职位的劳动责任轻重、劳动强度大小、劳动条件好坏以及劳动技能要求确定的工资。

有的岗位工资应根据行业、企业岗位劳动评价分数的高低,兼顾现行工资关系,在岗位归类的基础上确定,可一岗一薪,也可以一岗数薪。管理人员和专业技术人员的职务工资,按照所任职务、所在职位的劳动评价分数的高低,在岗位归类的基础上确定。其职务员工工资可与员工的岗位工资分开设计,实行一职一薪或一职数薪。

以上技能工资和岗位工资是基本工资。除此之外,书业企业根据自己的生产经营特点,可以设置符合自己的辅助工资单元。

4. 年幼序列工资制

所谓年幼序列工资制是员工的基本工资随员工本人的年龄和企业工龄的增长每年增加,而且增加工资有一定的序列,各企业按自行规定的工资表循序增加,故称年幼序列工资制。其理论依据是:年龄越大,企业工龄越长,技术熟练程度越高,对企业的贡献越大,因而工资也越高。

年幼序列工资制的特点:

(1) 基本工资按年龄、企业工龄和学历等因素确定,与劳动质量没有直接的关系;

(2) 工资标准由企业自定,并每年随员工生活费用、物价、企业的支付能力而变动;

(3) 起点工资低,工资差别大,随着企业工龄的增长,每年定期增薪;

(4) 在基本工资外,企业还给员工优厚的奖金和各种各样的津贴、补贴,除考虑员工本人的生活需要外,还适当考虑员工家属的生活需要;

(5) 基本工资是计算退休工资和奖金的基础。

(二) 奖励制度

奖励性薪酬是一种补充性劳动报酬形式,一般是指对员工超额劳动或工作高绩效的一种货币形式的劳动报酬。企业以货币形式给予的补偿就是奖金。其目的是为了提高员工的生产效率从而使企业获得竞争优势。奖励制度是指比较固定的、规范的奖励性薪酬分配和运作方式,一般由奖励的种类、奖励指标、奖励条件、奖励范围、奖励周期、奖金的提取与分配等内容构成。

奖励制度体系按激励的对象可分为非管理人员、管理人员、销售人员、专业技术人员的个体奖励制度。下面分别进行介绍。

1. 绩效加薪制

员工的工资增长通常是与绩效评价等级联系在一起的。目前许多企业普遍采用这种激励性制度。员工工资增长的规模和频率取决于两个方面:一是个人的绩效评价等级;二是个人在工资浮动范围内的位置。如员工绩效评价等级为"超常",他将获得最大比率的工资增长。企业在实施绩效工资时,必须注意应尽量控制劳动报酬的成本和工资结构的完整性。

如何确定加薪呢? 用实际薪资与市场薪资的比较比率确定。"比较比率"是用来表明实际工资与期望工资之间一致性程度的指标。其计算公式为:

某工作等级的比较比率 = 该等级实际平均工资 ÷ 该等级工资中间值

如果比较比率低于1,说明实际工资落后于工资政策所要求的工资水平;如果比较比率高于1,说明实际工资(和实际成本)超过了薪资政策所规定的工资水平。

绩效加薪制度具有下述特点:一是注重个人绩效差异的评定;二是以调薪为

目的的绩效评价信息在企业中主要是由直接监督人员收集;三是使用绩效加薪制度的企业应该存在一种将工资增长与绩效评价结果联系起来的政策;四是企业员工绩效反馈频率可能不高,只是在每年的正式绩效评价阶段才会出现;最后,这种绩效评价的反馈流向是单向的——从直接上级到员工。

2. 佣金制(提成制)

佣金是直接按销售额的一定比率确定销售人员的报酬。它是根据业绩确定报酬的一种典型形式,主要用于销售人员的工资支付制度。其实质上也是绩效加薪制的一种形式。佣金制的优势在于报酬明确同绩效挂钩,因此,销售人员为得到更多的工资报酬,会努力扩大销售额,促进企业市场份额的迅速扩大。另外,佣金制由于计算简单,易于为销售人员理解,管理和监督成本也比较低。

佣金制一般有直接佣金制和工资佣金联合制。直接佣金制是根据销售额的百分比计算的。其计算公式为:

总现金薪酬 = X% × 总销售额(或销售回款额)

或:总现金薪酬 = X% × 参照销售额(或销售回款额) + Y% × 超过参照标准的销售额(或销售回款额)

其中:X%、Y%均为企业规定的提成百分比。直接佣金制容易计算和理解,给销售人员带来很大的激励。

工资佣金联合制包括薪水和佣金在内的补偿性计划,也即现在许多企业实施的基本工资加销售提成的方式。但具体办法各不相同,有的是"80%基本工资 + 20%的奖金",也有的是"20%基本工资 + 80%的奖金"。该方法的优点在于:一是如果提成以一个恰当比例与工资联系在一起,有利于实现企业利润最大化;二是提供了更大的设计灵活性。

但是,各种形式的佣金制具有一个共性,即给予销售人员的报酬完全或部分依据员工的销售业绩。有些销售员的报酬全部直接来源于销售额的百分比,而另一些销售员的报酬则以底薪加提成的形式付给,强调销售额而非利润额。这种工资支付方式的缺陷是会导致销售人员只注重扩大销售额,而忽视培养长期顾客,不愿推销难以出售的商品。由于市场的风险性,而这一风险又转嫁到销售人员的身上,员工在销售旺季和淡季之间的收入波动很大。

3. 合理化建议奖励制度

即对提出合理化建议的员工给予现金奖励。合理化建议不仅有助于公司经济效益的提高,而且还可以增强员工的主人翁意识,加强管理层与员工的交流。企业在制定建议时应注意以下问题:一是奖项的设立应有利于书业企业经营目标的实现;二是奖金额可适当低一些,而受奖面则可宽一些;三是对同一项建议只奖励首次提议者;四是根据建议的合理性及采纳情况,还应给予其他奖金。

(三)福利制度

对员工而言,福利有广义和狭义之分。广义的福利包括三个层次:一是作为一个合法的公民,应享有或是享受政府提供的文化、教育、卫生、社会保障等公共福利和公共服务;二是作为企业员工,享有企业兴办的各种集体福利;三是薪资外的,企业为员工个人及家庭所提供的实物和服务等福利形式。狭义的福利又称为职业福利或劳动福利,是为了满足员工的生活需要,在工资收入之外,企业向员工本人和家庭提供的货币、实物及其他服务形式。福利的内容非常丰富,并随社会环境的变化不断推陈出新。根据福利的享受对象可分为集体福利和个人福利两种形式。根据福利的性质可以分为强制性福利和自愿性福利。从福利的表现形式看,有经济性的福利和非经济性福利。在我国的企业中,有些福利属于人力资源部负责,有些属于党团工会等政工部门及其他职能部门负责。下面做简要介绍。

1. 集体福利和个人福利

(1) 集体福利。它是通过企业举办或通过社会服务机构举办的、供员工集体享用的福利性设施和服务。主要包括;

第一,住宅性福利。免费的单身宿舍、夜班宿舍,廉价公房出租或出售给本企业员工,提供购房低息或无息贷款等。长期以来,我国实行福利分房政策,由国家或企业建设,低租金分配给员工使用。这种制度正在被改革,取代它的是住宅的商品改革和货币化制度。新的改革措施是住宅补贴应为工资收入的组成部分。

第二,交通性福利。企业接送员工上下班的免费或廉价的交通车服务。

第三,饮食性福利。免费或低价工作餐、工作间免费饮料(茶水、咖啡或冷饮)、公关应酬饮食报销、食品免费发放、集体折扣代购等。

第四,医疗保健福利。公费医疗(全部或部分)、免费定期或年度体检及防疫注射、药费或滋补营养报销或补贴以及职业病免费防护、免费或优惠疗养等。

第五,集体生活设施。员工食堂、托儿设施或托儿所、卫生设施及医疗保健、文娱体育设施等,这些都对员工实行免费或是低费服务。

第六,享受带薪休假。除每周末及法定假日或病假、产假外,每月及每年有若干带薪休假或休假日,时间长短通常与员工服务年限或年资工龄相联系。

第七,文体、旅游性福利。这一类福利已向高层次福利发展,注重员工生活水平的提高。例如,企业有组织的集体文体活动(晚会、舞会、郊游、野餐、体育竞赛等);企业自建文体设施(运动场、游泳池、健身房、阅览室,书法、棋、牌、台球等活动室);免费或折扣电影、戏曲、表演、球赛票券;优惠车、船、飞机票及免费订票服务;等等。

第八,教育培训性福利。企业内在职或短期脱产培训,企业外公费进修(业余、部分脱产或脱产),为本企业员工向大学捐助专用奖学金、免费提供计算机或其他学习设施服务等。

(2) 个人福利。它主要是由员工福利基金开支、以货币形式直接支付给员工的福利补贴,是员工福利的非主要形式。主要包括:

第一,额外现金收入。如年终或中秋节、端午节、国庆节等特殊节日加薪,分红,物价津贴,商业与服务业等单位的小费等。

第二,发放给员工的购房补贴。

第三,上下班交通费补贴,市内公共交通费补贴或报销,个人交通工具(自行车、摩托车或汽车)购买低息贷款或津贴、保养费或燃料费补贴等。

第四,生活困难补助,生活消费品价格补贴,以及洗澡、理发津贴,夏季的降温补贴及冬季保温补贴等。

第五,超时酬金。超时加班费、节假日值班费等。

第六,两地分居的员工享受探亲假期、工资补贴和旅费补贴等。

第七,旅游津贴、婚丧假和年休假工资等。

第八,离退休福利。包括退休金、公积金(按月抽取员工基薪一定比例,企业同时提供一定补贴,积累至退休一次发还;若提前离职,企业发还其自供款项,还可按规定对不同的服务年限发给不同的部分企业补贴额),以及长期服务奖金(工龄达规定年限发给)等。

员工个人福利从法律上讲只具有任意性规范的性质,就是如果在劳动合同、内部管理规定中被规定,才具有约束力,否则没有法律效力。

2. 强制性福利和自愿性福利

强制性福利和自愿性福利以是否为国家和政府法律统一规定来分类。

(1) 强制性福利。它是根据国家法律的要求,所有企业必须向员工提供的福利。如社会保障中的大部分项目。我国正在建立的社会保障制度包括:① 养老保险;② 失业保险;③ 工伤保险;④ 医疗保险;⑤ 生育保险;等等。

(2) 自愿性福利。它是企业根据自身的经济效益和企业的经营战略,以及企业的经营理念和文化所确定的员工福利,如上所述的文化娱乐、集体福利项目等。

3．经济性福利与非经济性福利

(1) 经济性福利。它是指货币或实物形式的福利。前面我们介绍的集体福利与个人福利、强制性福利与自愿性福利等均是以货币或实物形式表现的,是经济性福利。这些福利直接发生经济成本。

(2) 非经济性福利。它是一种广义的福利。这类福利表现为服务或员工工作环境的改善,不涉及金钱与实物,故称为非经济性的,旨在全面改善员工的工作生活质量。有些福利已经超越我们常识所理解的狭义的福利范围,或传统的人事管理职能范围,但对企业人力资源管理具有相当重要的意义。

法律保护性服务。这是员工福利中增长最快的项目之一。通常有两种类型:简易方案和综合方案。简易方案包括提供免费电话或办公室咨询、文件审核及对比较复杂的事件提供免费或优惠价法律服务。综合方案包括其他服务、平等就业权利保护(反种族、性别、年龄等歧视)、投诉检举的反报复、隐私保护,以及代理一些离婚案件、房地产交易及参与民事与刑事犯罪的审判等。

咨询性服务。免费为员工个人进行职业发展提供的咨询服务,即为员工提供分析、指导和建议,提供参考资料与情报服务等;为员工提供心理健康咨询,如为员工免费或以优惠价提供因过分的工作负荷与压力导致的高度焦虑或精神崩溃等心理症状的诊治服务等。

工作环境保护。企业利用人机工程原理进行工作环境美化、工作扩大化、工作丰富化等设计,以及使员工参与民主化管理等。

第六章

6

书业企业质量管理

质量是书业企业的生命线,是实现书业企业战略目标的杠杆。一个书业企业有没有生命力,在经营上有没有活力,首先看它能否及时提供出版物市场所需要的出版产品和服务。提高出版物质量和服务质量,是提升书业企业竞争能力的必由之路。出版物市场竞争首先是出版物质量和服务质量的竞争,出版物质量是出版物进入市场的通行证。因此,在出版市场竞争日益激烈的状况下,书业企业必须重视并开展质量管理,以质量开拓市场,以质量巩固市场。

第一节 书业企业质量管理标准

书业企业进行质量管理首先要明确出版物质量的标准,即在一定时期内出版物满足规定要求的质量特征的数量化指标。书业企业在进行质量管理时,既应有体现具体出版物的微观标准,也应有针对整个企业出版物结构的宏观标准,在实施质量管理过程中书业企业可依据或参考这些标准或规定。但在不同的时期、不同的环境下,这些具体的标准或规定也会各不相同,不是在任何时空条件下标准都越高越好。所以在实际工作中,书业企业应深入调查出版市场和本企业的具体状况,有针对性地不断采取提高出版物质量的措施,使企业质量标准更适合质量目标并有利于企业质量目标的实现。

一、出版物质量的含义

不同的产品具有不同的质量特性,出版物作为一种特殊的商品,其质量也有自己的评价特征。

(1)从出版物作为一种产品的角度看,出版物的质量包括内容质量和外观质量两个方面。出版物内容质量是指它的思想性、科学性、艺术性、可读性及它的实用性和符号表达的通用性等,它是出版物质量的灵魂和核心,对读者的思想和实践活动最具影响。外观质量则包括它的装帧形式、印刷及用纸水平、色彩及耐用程度等,既能强化其内容特色,又可增加其欣赏、适用和保存的价值。

(2)从书业企业管理的角度看,出版物的质量包括微观质量和宏观质量两方面。出版物质量可以按出版物出版过程划分为选题、内容、编辑加工、校对、装帧设计、印刷装订、出版物出版格式等项，分别对其达到质量的水平进行评价，然后综合出一种出版物的总体质量，即一般出版物的微观质量。新闻出版署关于图书质量管理的规定，就是按这种办法来考察的。但一个书业企业出版都具有多品种的特点，其总体质量包括出版物结构和总体特征（即实现出版方针、任务及读者需求的总体反映）。显然，出版物的微观质量和宏观质量是相辅相成的，微观质量是形成宏观质量的基础，二者都需要书业企业认真地加以管理，切实把出版物的质量工作做好。

（3）书业企业质量管理是全过程的管理，也是对全员的管理。出版物的质量在编辑、制作过程中形成，大体包括编辑策划、作者的著译及编辑的审读加工，以及校对、装帧设计及印制等方面。编辑策划主要形成出版物的整体结构、特色，作者的著译和编辑的审读加工主要形成出版物的内容质量，校对、装帧设计及印制主要形成出版物的外观质量。在出版物作为商品销售的条件下，其功能和价值既受社会效益和经济效益两个因素的制约，同时又与其销售服务工作的质量密切相关。价格过高或读者购买不便必然会影响出版物的销售和社会效益的实现。所以，出版物的功能和价值也应当包括其销售服务质量的水平。此外，出版物的编辑、制作和销售阶段的工作质量，还要受到书业企业人员数量、水平和工作时间以及资金的投入等因素的制约，它与书业企业管理部门和管理人员的工作也有关系。因此，书业企业的出版物质量实际上与出版工作的编、印、发全过程，与企业所有工作人员的工作密切相关。书业企业的质量管理工作必须根据出版物质量的形成规律对出版物进行全过程的管理，并吸引书业企业全体人员参与。

（4）质量不仅是一种出版物的生命和价值，也关系到书业企业的声誉和效益。质量良好的出版物不仅能使出版物成为经久不衰的传世之作，发挥好出版物的社会效益和经济效益，得到广大读者、作者的信任和支持，而且对书业企业经营管理水平的提升具有重要的促进作用。因此，书业企业对出版物必须坚持质量第一的原则，把出版物的质量管理作为书业企业经营管理的核心内容。①

---

①　王耀先．出版社的经营管理．沈阳：辽宁教育出版社，1996：162—163．

二、书业标准化与书业企业质量标准概述

1. 书业标准化简述

标准化是评价和衡量出版物质量或书业企业服务质量(还有工作质量、工序质量等)的一个尺度,是书业企业进行出版物质量设计和出版物质量管理的依据。没有各类标准,就无法进行出版管理。标准化工作也需要在书业企业的质量管理过程中进行。在这个过程中,标准和标准化工作经过实际工作的检验,从中汲取营养,不断得到发展,从而获得强大的生命力。由于受到人们主观认识和实践条件的限制,以及由于出版物生命周期的相对缩短,所以标准化的动态性表现得更为显著,这就需要不断加以改善和重新制定、修订,以便使标准更加适合读者的要求和社会的需要,并能得到更广泛的承认和应用。由此可见,书业标准和标准化从某种意义上讲既是书业企业质量管理活动的经验总结,是编辑出版技术、经营管理实践的结晶,也是出版物质量设计与质量控制的依据和基础。

2. 书业企业实施质量标准化工作的原则

书业企业在实施质量标准化工作中,应遵循下列原则:

(1) 书业企业质量标准应当来自于出版物市场的需求,是出版物市场需求的抽象化和定量化。不同的读者,其需求也会大不相同。市场研究是制定或选择书业企业质量标准的第一步。制定或选择书业企业质量标准即是将市场研究的结果定量化,把"真实需求"转化为"代用需求"或"规格"。

(2) 书业企业质量标准的制定、修改必须迅速适应出版质量管理重心的转移,为改进和提高书业企业质量提出有效的依据。同其他管理工作一样,书业企业标准化工作的进行也存在着循环。通过质量标准的制定、贯彻、检查、修订或重订,书业企业质量标准也会通过质量管理的实践而不断完善。制定或选择书业企业质量标准或规格对于整个书业企业质量管理是至关重要的。

(3) 书业企业质量标准是出版物质量设计、服务质量设计、质量控制、质量管理的前提条件和基础。衡量出版物质量的好坏不能仅仅看是否符合《图书质量管理规定》的要求,也不能仅仅看是否获得某种奖项,其最终最高的标准应当是读者的认同。

3. 书业企业标准化的主要任务

书业企业要加强对标准化工作的领导和管理,就需要根据书业企业的生产类型和规模,设立和配备相应的标准化机构和人员,并保持相对稳定。书业企业

标准化的主要任务是：

（1）贯彻执行国家有关书业标准化的方针政策；实施与书业企业相关的国家标准和行业标准；参照有关国内外书业企业的先进标准并根据我国书业企业需要，建立以出版物标准和工序流程类标准为主的标准体系，促进技术进步，提高出版物质量和生产效率，增加经济效益。

（2）对没有国家标准和行业标准的出版物应制定企业标准，并按有关规定备案。

（3）根据需要制定优于国家标准、行业标准的书业企业技术指标，以促进出版物质量的提高，增强出版物的国内外市场竞争力。

（4）运用标准化手段合理发展出版物品种，并科学组织出版物生产，以提高书业企业的生产经营管理水平。

（5）组织标准化人员参与出版物开发、鉴定、定性和技术引进的消化与提高工作。

（6）积极参与与书业企业相关的国家标准和行业标准的制定，并在人力、经费和实验验证工作方面给予支持。

（7）积极支持标准化人员参加有关书业标准化宣传和培训活动，加强书业企业标准化培训工作，提高标准化人员的素质，强化书业企业职工的标准化意识。

三、书业企业的质量标准

书业企业对出版物进行质量管理时，必须明确建立便于检查评估的各类质量标准，并力求量化，以利于判断是非优劣，明确质量责任，这是质量管理中非常重要也比较复杂的问题。书业企业质量标准应以社会、读者满意为基本目标，脱离实际过分追求高的质量，可能造成出版物成本、价格过高和供应周期过长，这不是社会、读者和书业企业所愿承受的。现在国家制定了一系列适合我国书业企业当前情况的标准，需要各方面结合实际贯彻实施。下面主要介绍有关出版物出版方面的一些国家标准和某些主管部门或书业企业的质量要求，不同的书业企业一般还应各自制定符合本企业实际情况而稍高于统一标准的内部控制标准。

（一）关于宏观的出版物结构质量标准

出版物结构既可以从出版物品种方面分析，也可以从印数或印张方面分析，还可以从定价或销售额方面进行分析。具体指标因不同书业企业具体任务、范围和发展阶段的不同而有所不同。与质量管理关系较大的是符合书业企业主要任务范围的出版物品种比例,有较高学术价值或使用价值的出版物品种比例,达到省部级以上单位认可的重点出版物品种比例,社会评价为优秀出版物或合格品、不合格品的品种、印数比例,以及重印出版物的品种和印数比例等。国家目前对此尚无统一的标准规定。在一般情况下,一个专业书业企业,体现其主要专业特色的出版物在品种上应占50%以上,重印书应在品种和印数上都达到总出书量的20%以上,省部级以上单位认可的重点书应达到初版书品种的5%以上,无不合格品且良好品达到50%以上,并有1%以上的品种能获得部委以上单位主持的优秀出版物奖。

(二)选题质量的评价标准

选题质量是国家规定的内容质量项的重要部分,但如何量化评价是至今尚未解决的一个课题,许多书业企业都在探索。这里介绍某地方科技出版社提出的一个选题质量评价指标体系,以供参考。该评价指标系统从学术价值、作者能力及声誉、适用性、生命力、特色、经济效益六个方面采用评分的分级办法,评价选题质量。其中六个方面中的每个项目又分二级、三级和四级三个不同的等级来进行考评。①

1. 学术价值

在学术价值方面主要看选题的时代感、成果水平及填补出版空白三项内容。其中时代感分很强、强、较强、一般四级;成果水平分国际、国家、省、地区四级;填补出版空白分是、否两级。

2. 作者能力与声誉

在作者能力与声誉方面,主要看作者著译能力、声誉及技术职称三项内容。其中著译能力分很强、强、较强、一般四级;声誉分国际、国内、本省、地市四级;技术职称分高级、中级、有专长、一般四级。

3. 适用性

在适用性方面,主要看此选题对社会的指导意义、对读者的适应性两项内容。其中对社会的指导意义分重大、大、较大、一般四级;对读者的适应性分很好、好、较好、一般四级。

---

① 中国出版科学研究所. 出版科研论文选. 杭州:浙江教育出版社,1992:102.

4. 生命力

在生命力方面,主要看出版物出版后重印的可能性和保留价值两项内容。其中重印的可能性分10年内可重印而不修订、5年内可重印而不修订、可重印和有修订再版可能四级;保留价值分永久保留、长期保留、一定时期保留、近期使用四级。

5. 特色

在特色方面,主要看有无国家民族特色和地方特色两项内容。其中国家民族特色和地方特色都分有、无两级。

6. 经济效益

在经济效益方面,主要看印数和补贴后效益两项。其中印数分5万以上、3万~5万、1万~3万、0.3万~1万四个等级;补贴后效益分2万以上、1万~2万、0.1万~1万、持平四个等级。

在评估中,他们采取由参评人员评分的办法进行评估。计分时,对不同类型的出版物取不同的分值系数和权重。对于分四个等级的项目,分值系数依次为1、0.8、0.6、0.4;分三个等级的项目,分值系数为1、0.8、0.6;分两级的项目,分值系数为1和0。权重则针对专著、工具书、实用技术书等多有不同。对专著,学术价值项目中的三项内容分别为15、14、8,作者能力和声誉项目中的三项内容分别为10、8、6,适用性项目中的两项内容分别为6、2,生命力项目中的两项内容分别为2、6,特色项目中的两项内容分别为9、9,经济效益项目中的两项内容分别为0、5;对实用技术书,学术价值项目中的三项内容分别为2、2、4,作者能力和声誉分别为12、2、0,适用性分别为2、0、12,生命力分别为12、4,特色分别为6、6,经济效益分别为10、8。每一评价项目的得分应为分值系数和权重的乘积,各项目得分的总和即为该选题的总分值。各评估人所评的总分值即作为决策该选题取舍的依据。

假如某出版社同时有《中国人性史》和《中国艺术精神》两个选题。该社选题评估小组由5个评估人员(A、B、C、D、E)组成,其中A评估员通过选题论证会和对该选题深入细致的分析后,从学术价值、作者能力和声誉等六个方面对《中国人性史》和《中国艺术精神》两选题的每个项目进行评估。A评估员对《中国人性史》和《中国艺术精神》两选题中各项目的计分如下:

《中国人性史》选题的学术价值中的项目分值系数分别为0.8、0.8、1,作者能力及声誉中的项目分值系数分别为1、1、0.8,适用性中的项目分值系数分别为0.8、0.8,生命力中的项目分值系数分别为0.8、0.8,特色中的项目分值系数分别为1、1,经济效益中的项目分值系数分别为0.6、0.6。

《中国艺术精神》选题的学术价值中的项目分值系数分别为1、0.8、0,作者能力及声誉中的项目分值系数分别为0.8、0.8、0.6,适用性中的项目分值系数分别为0.4、0.4,生命力中的项目分值系数分别为1、0.8,特色中的项目分值系数分别为0、0,经济效益中的项目分值系数分别为0.4、0.4。

由上述可知,《中国人性史》和《中国艺术精神》两选题都可以归属为专著类别,其权重系数是既定的。

所以A评估员对《中国人性史》选题所评估的总分值为:学术价值(0.8×15+0.8×14+1×8)+作者能力及声誉(1×10+1×8+0.8×6)+适用性(0.8×6+0.8×2)+生命力(0.8×2+0.8×6)+特色(1×9+1×9)+经济效益(0.6×0+0.6×5)=87.8(分)。

用同样方法可以计算出A评估员对《中国艺术精神》选题所评估的总分值为:学术价值(1×15+0.8×14+0×8)+作者能力及声誉(0.8×10+0.8×8+0.6×6)+适用性(0.4×6+0.4×2)+生命力(1×2+0.8×6)+特色(0×9+0×9)+经济效益(0.4×0+0.4×5)=56.2(分)。

依此类推可以假定B、C、D、E四个评估员对《中国人性史》所评估的总分值分别为:75.5分、63.7分、78.6分、81.2分,对《中国艺术精神》所评估的总分值分别为:65.7分、63.8分、54.9分、68.6分。

最后可以依据A、B、C、D、E各评估员分别对两选题所评估的总分值,计算出《中国人性史》选题最后的得分为:(87.8+75.5+63.7+78.6+81.2)/5=77.36(分),《中国艺术精神》选题最后的得分为:(56.2+65.7+63.8+54.9+68.6)/5=61.84(分)。因为77.36>61.84,所以选题《中国人性史》优于选题《中国艺术精神》。据此,我们可以把这种由各评估人员最后所评的总分值作为两选题取舍的依据。

(三)图书生产质量的评定标准

我国图书成品质量标准的评定是按照2004年12月19日新闻出版总署通过、2005年3月1日开始实施的《图书质量管理规定》所提出的标准进行的。该规定适用于依法设立的图书出版单位出版的图书的质量管理,出版时间超过10年且无再版或者重印的图书,不适用本规定。图书质量包括内容、编校、设计、印制四项,分为合格、不合格两个等级。内容、编校、设计、印制四项均合格的图书,其质量属合格。内容、编校、设计、印制四项中有一项不合格的图书,其质量属不合格。除此之外，图书内容必须符合《出版管理条例》第二十六、二十七条规定，其内容质量属合格。新闻出版行政部门对图书质量实施的检查包括：图书的正文、封面（包括封一、封二、封三、封底、勒口、护封、封套、书脊）、扉页、版权页、前言（或序）、后记（或跋）、目录、插图及其文字说明等。正文部分的抽查必须内容（或页码）连续且不少于10万字，全书字数不足10万字的必须检查全书。

1. 图书内容质量标准

（1）在思想、文化、科学、艺术等方面，有一定的学术价值、艺术价值、文化传承价值或使用价值的图书为合格。

（2）包含以下列内容的图书为不合格：

① 反对宪法确定的基本原则的；

② 危害国家统一、主权和领土完整的；

③ 泄露国家秘密、危害国家安全或者损害国家荣誉和利益的；

④ 煽动民族仇恨、民族歧视，破坏民族团结，或者侵害民族风俗、习惯的；

⑤ 宣扬邪教、迷信的；

⑥ 扰乱社会秩序，破坏社会稳定的；

⑦ 宣扬淫秽、赌博、暴力或者教唆犯罪的；

⑧ 侮辱或者诽谤他人，侵害他人合法权益的；

⑨ 危害社会公德或者民族优秀文化传统的；

⑩ 有法律、行政法规和国家规定禁止的其他内容的；

以未成年人为对象的图书不得含有诱发未成年人模仿违反社会公德的行为和违法犯罪的行为的内容，不得含有恐怖、残酷等妨害未成年人身心健康的内容。

2. 图书编校质量标准

（1）差错率不超过万分之一的图书，其编校质量属合格；

（2）差错率超过万分之一的图书，其编校质量属不合格。

3. 图书整体设计标准

（1）图书的整体设计和封面（包括封一、封二、封三、封底、勒口、护封、封套、书脊）、扉页、插图等设计均符合国家有关技术标准和规定，其设计质量属合格；

（2）图书的整体设计和封面（包括封一、封二、封三、封底、勒口、护封、封套、书脊）、扉页、插图等设计中有一项不符合国家有关技术标准和规定的，其设计质量属不合格。

4. 图书印刷质量标准

(1) 符合中华人民共和国出版行业标准《印刷产品质量评价和分等导则》(CY/T 2-1999)规定的图书,其印制质量属合格。

(2) 不符合中华人民共和国出版行业标准《印刷产品质量评价和分等导则》(CY/T 2-1999)规定的图书,其印制质量属不合格。

5. 不合格产品收回标准

经检查属编校质量不合格的图书,差错率在1/10 000以上5/10 000以下的,出版单位必须自检查结果公布之日起30天内全部收回,改正重印后可以继续发行;差错率在5/10 000以上的,出版单位必须自检查结果公布之日起30天内全部收回。对于印制质量不合格的图书,出版单位必须及时予以收回、调换。

(四) 书业企业售后服务的质量标准

书业企业售后服务质量是出版物质量的延伸。书业企业理想的服务质量水平是达到6R,即:(1) 适当的质量(Right quality);(2) 适当的数量(Right quantity);(3) 适当的时间(Right time);(4) 适当的地点(Right place);(5) 好的印象(Right impression);(6) 适当的价格(Right price)。

目前,我国对书业企业售后服务质量尚无全面统一的规定,但散见于各类出版管理文件中的具体要求仍有不少。结合出版活动中常见的一些问题可粗略概括为以下几个方面。

1. 供应力求及时、足量

特别是各类课本和教学必需用书,以及一些时效性强的节日用出版物和在国内外有较大影响的出版物,要避免脱销。虽然这主要与书店工作有关,但书业企业一般都对本版出版物有总发行权,须同时承担"保证供应"的任务,要适时满足书店添货的要求,并努力办好门市、邮购等直销服务。对备货短缺的出版物要适时安排重印,通过书店征订过的出版物,要优先满足预订者的需要,并努力避免超过预告期的情况发生。按新华书店系统的规定,预订出版物超期3个月未出版的,其原订数应当作废,损失由书业企业承担。书业企业自办的批发零售业务,也应努力做好各种供应服务工作。

2. 价格公道、合理

国家规定,出版物的售价应在版权页上明确印出,并在全国范围内一致,不能对边远地区加价销售,也不应不标明价格(对出口书例外)。预订出版物的预告价应尽可能比较准确,超过预告价1/3时允许读者退订。对各类批发机构的发行折扣原则上应保持一致，对定额包销数量大的，可给予一定优惠，滞销出版物才可减价出售。邮购出版物增收的费用，应以保证邮资及必要劳务费用为原则，一般不应超过定价的10%～15%。

3. 如实宣传介绍出版物特点

让读者自愿选购，书业企业在宣传中不许欺骗或随意夸张，销售中不许搭配销售滞销出版物，不许利用行政手段强行推销或以低价推销不好的出版物。

4. 热情接待购买者

要一视同仁，讲礼貌，守信用。对印装质量不合格的出版物应允许退换。邮寄出版物有丢失时应查究补足或退款，对读者来信来电要及时答复。读者购买出版物后，寄运有困难时应尽可能提供帮助；使用出版物有困难时，也应采取措施帮助指导。

目前，书业企业较普遍的问题是对销售服务质量重视不够，存在官商习气。有的书业企业领导对一些服务质量问题听之任之，甚至对某些不守信用的恶劣表现也不严肃处理。在出版市场已由卖方市场转变到买方市场的条件下，销售服务的质量对扩大出版物销量，实现书业企业效益有越来越大的影响，所以，迅速加强和改进这方面的工作，具有重要的现实意义。

第二节　书业企业质量控制

质量控制是书业企业质量管理过程中的重要一环，对书业企业质量管理成功与否至关重要。书业企业质量控制的职能是按照书业企业质量标准衡量质量计划的完成情况并纠正出版过程中的偏差，以确保书业企业质量目标的实现。在质量控制过程中，书业企业通过综合运用各种质量控制方法来实现所要达到的各种质量计划和质量目标。

一、书业企业质量控制的基本原则

书业企业质量控制职能涉及许多问题，但必须遵循以下一些基本原则。

1. 针对书业企业质量目标

书业企业质量控制应该尽可能地建立在前馈而不是反馈的基础上，以便在书业企业质量偏差出现之前就及时觉察并予以防止，防患于未然。与此相对应，书业企业质量控制的任务是发现偏离书业企业质量标准的偏差，并采取措施纠正这些偏差，以确保书业企业质量目标的实现。

2. 讲求经济效益

书业企业在选用质量控制标准时，要注意用最小的代价来达到控制的目的。功能成本分析和质量成本控制是书业企业实现经济效益的两种有效方法。

3. 职责明确

书业企业实行质量控制的首要职责应由执行该计划的人员来承担，包括操作人员和管理人员。

4. 尽可能采取直接控制方式

书业企业质量指标越是明确、全面、完整，控制越是能反映指标的要求，书业企业质量控制也就越有效。书业企业质量控制的最直接方式就是尽可能保证书业企业的质量管理人员具有高素质，因为在书业企业管理系统内质量管理人员的素质越高，对企业质量间接控制的需要也就越少。

5. 组织保证与相应的技术和信息

书业企业质量组织机构越是明确、全面和完整，设计的书业企业质量控制标准越是能反映组织机构中的岗位责任制，书业企业质量控制就越有效。虽然书业企业质量控制技术和信息是书业企业质量管理人员赖以进行控制的手段，但是，各种控制技术和信息对不同的书业企业管理人员有不同的意义和作用，因此，必须根据每个人的具体情况来采用。

6. 客观、精确和适合的标准

书业企业主要以质量标准来衡量企业质量指标的完成情况。但书业企业不能把控制工作死板地同某个无用的标准联系在一起，使标准控制成为束缚职工的"囚牢"或"围墙"，而应按"适应性"要求保持一定的灵活性，以便在整个标准失效或突然改变时，予以纠正。当发现偏离计划的误差以后，必须采取行动，通过适当的计划、组织、协调和指挥工作予以纠正，这样才能保证书业企业质量控制是正确而有效的。

7. 抓住关键点并主要集中于例外情况

如何选择书业企业质量的关键点，是一种管理艺术。就关键点控制来讲，书业企业管理人员必须观察质量关键点上所发生偏差的大小。

二、书业企业质量控制方法

书业企业质量控制方法各种各样，但归纳起来主要有三种：PDCA 循环工作方法、质量成本管理方法和统计方法。

（一）PDCA 循环工作方法

1. PDCA 循环的含义

PDCA 循环的概念最早是由美国质量管理专家戴明提出来的，所以又称“戴明环”。四个英文字母及其在循环中所代表的含义如下：

（1）P（plan）——计划，确定方针和目标，确定活动计划；

（2）D（do）——执行，实际去做，实现计划中的内容；

（3）C（check）——检查，总结检查执行计划的结果，注意效果，找出问题；

（4）A（action）——行动，对总结检查的结果进行处理，对成功的经验加以肯定并适当推广和标准化，对失败的教训加以总结，以免重复出现，未解决的问题放到下一个 PDCA 循环中。

PDCA 循环实际上是有效进行任何一项工作的合乎逻辑的工作程序。在质量管理中，PDCA循环得到了广泛的应用，并取得了很好的效果，因此，有人称 PDCA 循环是质量管理的基本方法，所以书业企业在进行质量管理时，也应予以采用。之所以将其称为 PDCA 循环，是因为这一过程不是运行一次就完结，而是要周而复始地进行。一个循环完了，解决了一部分问题，可能还有其他问题尚未解决，或者又出现了新的问题，需要再进行下一次循环。其基本模型如图 6-1 所示。

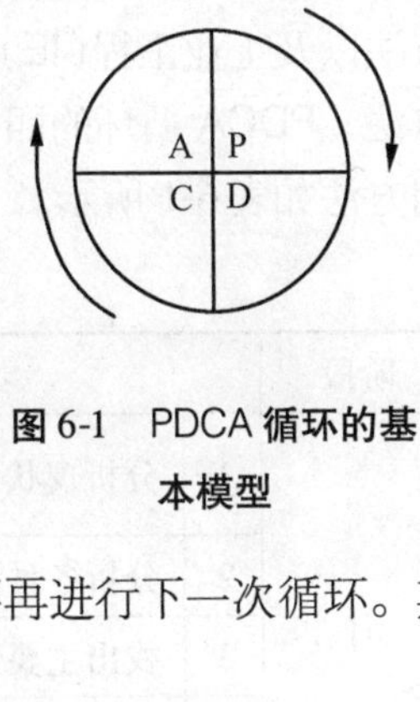

图 6-1　PDCA 循环的基本模型

2. PDCA 循环的特点

（1）大环带小环。如果把整个书业企业的工作作为一个大的 PDCA 循环，那么各个部门、小组还有各自小的 PDCA 循环，就像一个行星轮系一样，大环带动小环，一级带一级，有机地构成一个运转的体系。其模型如图 6-2 所示。

（2）阶梯式上升。PDCA 循环不是在同一水平上循环，每循环一次，就解决一部分问题，取得一部分成果，工作就前进一步，水平就提高一步。到了下一次循环，又有了新的目标和内容，更上一层楼。如图 6-3 所示。

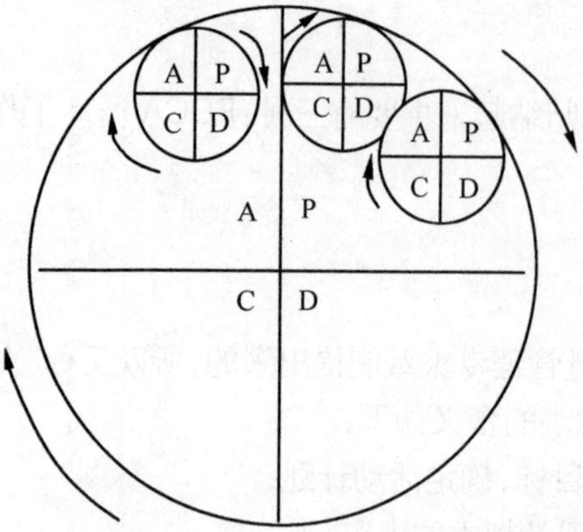

图 6-2 PDCA 循环的特点之一：大环带小环

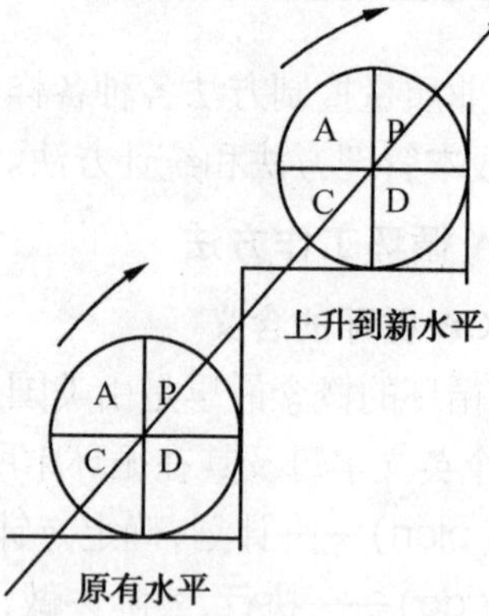

图 6-3 PDCA 循环的特点之二：阶梯式上升

(3) 科学管理方法的综合应用。PDCA 循环以质量管理(QC)的统计处理方法以及工业工程(IE)中工作研究的方法，作为进行工作和发现、解决问题的方法。PDCA 循环的四个阶段又可细分为八个步骤，每个步骤的具体内容和所用方法如表 6-1 所示。

表 6-1 PDCA 循环的步骤和方法

阶段	步骤		主要方法
计划	1	分析现状，找出问题	排列图，直方图，控制图，分类法，统计分析表
	2	分析各种影响因素或原因	因果分析图
	3	找出主要影响因素	排列图，散布图
	4	针对主要原因，制订措施计划	回答“5W1H” 为什么制定该措施(Why) 达到什么目标(What) 在何处执行(Where) 由谁负责完成(Who) 什么时间完成(When) 如何完成(How)
执行	5	执行、实施计划	认真落实措施，严格执行计划
检查	6	检查计划执行结果	排列图，直方图，控制图

续表

阶段	步　骤		主要方法
行动	7	总结成功经验，制定相应标准	将成功的经验标准化，制定或修改各种工作标准或技术标准，将失败的教训形成戒律
	8	把未解决或新出现问题转入下一个循环	提出遗留问题，转入下一个循环解决

3. 书业企业采用 PDCA 循环应遵循的原则

（1）要按彼此关联的四阶段八步骤进行工作。

（2）从编辑部、印刷车间到个人，都要按该循环工作，使全企业围绕一个总目标一层一层解决问题。

（3）每通过一次循环，就要修订一次标准，改善效果，再进行下一个循环，使出版物质量不断得到提高。

（二）书业企业质量成本管理方法

书业企业质量成本是书业企业为确保达到满意的出版物质量和服务质量所产生的费用以及因没有获得满意的出版物质量和服务质量而导致的损失。书业企业质量成本的构成如图 6-4 所示。

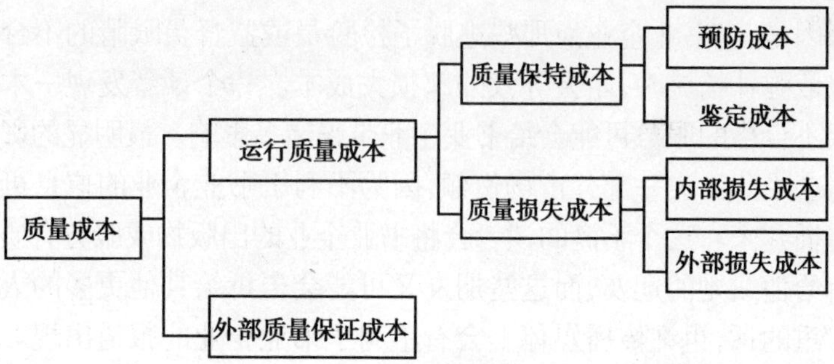

图 6-4　书业企业质量成本的构成

从图 6-4 中可以看出，书业企业质量成本包括两大部分，即通常所说的运行质量成本和外部质量保证成本。前者是为了达到并保持企业预期的质量目标而发生的各种费用，后者是指为满足合同规定的质量保证而要求提供客观证据、演示和证明所发生的费用。其中，运行质量成本又由预防成本、鉴定成本、内部损失成本和外部损失成本这四种成本所构成。

1. 书业企业质量成本的一般分析

如图6-4所示,书业企业运行质量成本包括质量保持成本和质量损失成本两大部分。质量保持成本又可分为预防成本(包括外部质量保证费用)和鉴定成本,质量损失成本则分为内部损失成本和外部损失成本。其中,预防成本是指为预防出版物质量和服务质量缺陷的发生所支付的费用;鉴定成本是指为评定出版物是否具有规定的出版物质量而进行试验、检验和检查所支付的费用;内部损失成本是指交货前因出版物未能满足规定的出版物质量要求所造成的损失(全过程中);外部损失成本是指交货后因出版物未能满足规定的出版物质量要求所造成的损失。下面主要对内部损失成本和外部损失成本进行一些分析:

(1)内部损失成本。内部损失成本是在出版不合格出版物或提供不满意服务的过程中产生的。它主要包括两个方面:生产损失和再加工成本。一种出版物或一次服务由于质量太差,不能满足质量标准要求而不得不予以弃除时,会给书业企业带来一定的损失,这种损失就称为生产损失。当一种出版物或一次服务由于质量问题而不得不通过对其进行重新加工或改善来弥补时,所带来的成本就称为再加工成本。在服务方面,再加工成本还指读者对服务不满意时,书业企业需要再次免费或优惠服务而增加的成本。

(2)外部损失成本。书业企业出版的出版物或提供的服务在到达读者手中后才发现有质量问题,就会导致外部损失成本的增加。将它与内部损失成本区分开的原因是:当书业企业为那些逃脱了检验员或监督员眼睛的不合格出版物或服务采取弥补措施时,才会导致外部损失成本。一个读者发现一本出版物或体验一次不合格的服务可能会给书业企业带来诸多影响。最明显的影响是书业企业可能会由此丢失一部分市场份额,因为不利于书业企业的信息可能会从这个读者传播开来。这个不满的读者会将书业企业的出版物或服务有质量问题的信息告诉给他或她的朋友,而这些朋友又可能会告诉给其他更多的人。最后如果情况严重的话,也许传播媒体上会有不利于书业企业的报道出现。这对书业企业今后的影响是无法估计的。可以肯定的是,书业企业的市场份额、企业形象、企业利润等均会受到或多或少的冲击。这样,问题不仅仅是产生外部损失成本,它还有可能带来保证成本和诉讼成本。经验表明,保持较低的外部损失成本是十分重要的,它可以提高书业企业的出版物(服务)信誉,不会因为读者的投诉或抱怨而失去潜在的市场。①

2. 书业企业质量成本管理的原则和方式

(1) 书业企业质量成本管理应当遵循的原则。

第一,以寻求适宜的质量成本为目的。任何书业企业都有与其出版物结构、出版物印数、设备条件、管理方式和人员素质等相适应的质量成本,书业企业开展质量成本管理的目的就是找到适宜的质量成本控制方式,来优化书业企业的质量成本。

第二,以严格、准确的记录数据为依据。书业企业实施质量成本管理非常重要的一点就是要对成本数据流进行细致的核算和分析,所以提供的各种数据和记录必须真实、可靠,否则对决策只能起到误导作用。

第三,建立完善的成本核算体系。要对成本进行控制,就要对成本的核算有统一的口径,应对人工工时、出版物加工成本、损失成本、出版生产定额等有统一的核算和计价标准,这样对于出版物质量成本的计算才能快速、及时、准确,并且可以减少相关职能部门数据统计的主观性。

(2) 书业企业开展质量成本控制的方式。书业企业开展质量成本控制的方式就是制订和实施质量成本控制计划。书业企业实施质量成本控制计划必须要在书业企业的决策层达成共识,书业企业质量成本管理不仅仅是书业企业质量管理部门的职责,还需要书业企业各相关部门的协调和配合,共同努力,才能够实施好并达到优化书业企业成本结构的目的。

第一,制订质量成本管理计划。质量成本控制内容涉及书业企业的许多部门,应该制定每个部门各自的质量成本控制职责和目标,对管理计划进行详细的统筹,特别是需要对从事质量成本工作的管理人员进行系统的培训,包括学习质量成本项目的构成,质量数据的收集,质量成本的统计、核算、分析、报告、计划和控制等内容。同时要特别重视部门之间接口的管理。

第二,建立质量成本核算、统计、管理的组织体系。书业企业实施质量成本控制必须有组织上的保证,因此应根据书业企业质量成本管理的需要,在相关部门确定专、兼职的质量成本核算、统计和管理人员,并明确各自的职责和任务。

第三,制定质量成本管理的标准和制度。书业企业应制定开展质量成本管理所需要的程序,规定质量成本的原始记录表格和内容格式,建立书业企业质量成本管理的评审和考核制度。

---

① 苏加滨.论质量成本的控制.世界标准化与质量管理,2002(10):63—65.

第四,编制质量成本计划。包括制定书业企业质量成本目标、采取的具体措施以及检查与考核的指标。相关的职能部门必须编制本部门的质量成本计划,以使书业企业质量成本进入控制阶段。

第五,质量成本的统计、核算和分析。收集有关书业企业的质量成本数据和记录,同时按规定时间进行质量成本二级科目与三级科目的统一计算,汇总填报。

根据质量成本统计的汇总结果,书业企业的财务和质量管理部门应做出质量成本的趋势分析,并编写质量成本报告。

第六,质量成本的考核。书业企业一般应以月为单位进行质量成本的考核,必要时每个季度重新考核一次。书业企业质量成本的控制情况应与经济责任挂钩,以提高考核的管理水平。

第七,提出质量改进计划和措施。书业企业主管应该根据质量成本报告,结合书业企业的具体情况,确定以改进质量目标为核心的书业企业质量改进计划和相应的改进措施,并落实责任部门和进度计划,完善质量体系文件,对改进后的质量成本进行追踪,并根据需要调整和变更下一个季度的质量成本计划。

书业企业通过质量成本计划的实施,逐步地达到改善出版物质量、减少质量损失、提高书业企业效益的目的。

3. 书业企业质量成本的控制

书业企业质量成本控制是实现书业企业质量成本管理的重要手段,也是完成质量成本计划、降低出版物质量成本和服务质量成本的保证。书业企业质量成本控制工作贯穿于书业企业管理的整个过程之中,包括实施前、实施中和实施后三个部分。

(1) 确定质量成本控制目标。书业企业通过质量成本分析,找出影响出版物质量成本的主要环节和因素,围绕质量改进计划确定控制目标,并根据编辑出版过程分解质量环节,通过对纸张等原料采购、出版物编辑制作、出版和销售等环节的质量成本分析,找出影响的关键点,确定分环节的质量成本目标,来编制具体的月度或者周质量成本计划。

(2) 寻求最佳的质量成本控制点。实践证明,预防成本和鉴定成本随着出版物合格率的提高趋于增加,而其他两种质量损失成本则随着合格率的提高而减少,从经济学的观点来看,适宜的质量成本应该建立在这两类成本合理平衡的基础之上(图6-5)。

图6-5中横坐标表示合格品率,纵坐标表示单位质量成本,其中曲线①表示

内外质量损失成本，曲线②表示鉴定成本和预防成本之和，曲线③表示总质量成本。

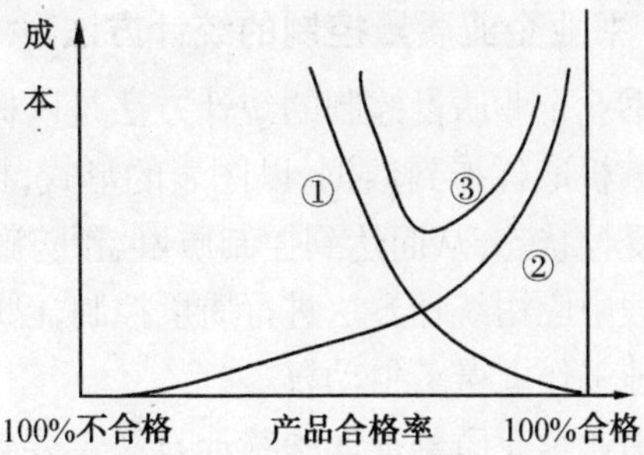

图 6-5　书业企业质量成本曲线

一般来说，如果书业企业管理人员提高了出版物质量可靠性水平，则由此增加的预防成本就会较高。但与此同时，由于出版物质量提高而使各种浪费减少所带来的收益也是巨大的，这是众多书业企业投入大量人力、物力、财力来提高出版物质量或服务质量的原因所在。

增加预防和鉴定成本可以增加出版物的合格率，减少废品出版物损失，但是过多的增加又会增加出版物的单位质量成本。对书业企业来说，过高的质量标准要求也是一种浪费。所以，书业企业的出版物质量成本必须有一个合理的范围。图 6-5 中曲线③的最小值就是这两类成本的合理平衡点，也是最佳的质量总成本。这个最佳质量成本不仅仅是理论上的概念，在实际中对书业企业也有现实的指导作用。

另外，书业企业质量成本在某个阶段是相对稳定的，为降低质量损失成本必然要增加质量保持成本。因此，综合分析质量成本的各个方面，将质量成本控制在相对合理的范围是书业企业开展质量成本管理的任务，即追求出版物适宜的质量。

（3）建立质量成本控制系统。书业企业质量成本并不是一个静态的概念，它随着出版物的更替、设备的改造经常进行调整，因此最佳质量成本也是一个变化的数值，书业企业需要建立一个动态的质量成本闭环控制系统，以使质量成本处于最佳的受控状态。

总之，书业企业质量成本控制的主要目的在于降低出版物单位成本，把书业企业出版物的额外损失减少到最低，这也是书业企业开展质量管理工作的初衷。工作的重点是确保书业企业质量成本管理方案的顺利实施，并有效地实现书业企业质量成本计划目标。要实现这个目标，关键在于书业企业管理者要高度重视对影响出版物质量问题的主要因素的改进。只有对书业企业质量管理工作的内涵有了充分的认识，质量成本管理工作才能得到强有力的支持，实施才能顺利。另外，书业企业各个部门是否自觉地按计划实施质量成本管理方案也很重要，这就需要建立一套完善的监督和约束机制，包括财务监督和质量审核。

（三）书业企业质量控制的统计方法

书业企业质量控制的统计方法是以概率论和数理统计原理为基础，通过对总体随机取样得到数据，以图表的形式，揭示出版物质量变异的情况，判断是否处于受控状态，从而达到控制质量、预防疵次出版物发生的目的。书业企业在质量管理中应用统计方法进行质量控制，已取得了显著的效果，它使书业企业的质量管理工作取得了主动权。

书业企业质量管理的统计方法主要包括所谓的“七种工具”（统计分析表、分类法、排列图、因果分析图、直方图、散布图和控制图），但常用的有以下四种。

1. 排列图

排列图又称为帕累特图。排列图是分析和寻找影响出版物质量主要因素的一种工具，其形式见图6-6。图中横坐标表示引起出版物质量低劣的各项因素，纵坐标表示出现质量问题的累计次数，曲线表示累计频数的高低。排列图在分析主次原因时结合了统计方法，并按照ABC分类法把排列图划分为A、B、C三个区域。通过对排列图的观察分析，可抓住影响出版物质量的主要因素。

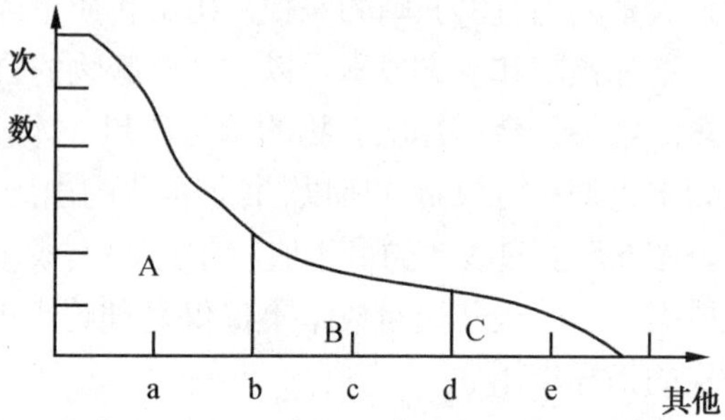

图6-6　排列图

书业企业在实际出版工作中会发现，形成质量不合格出版物的原因可能很多，如编辑印刷人员的思想业务素质、工作的程序方法、工作的制度及外部的环境条件等，但我们不可能眉毛胡子一把抓地去解决，必须分清主次，明确重点。即使在总体质量达到合格水平时，其每项成果的微观细节也有差别，而且形成差别的原因也有偶然性（如因编辑注意力不集中造成校对上的偶尔疏漏等）和经常性、普遍性（如因管理制度上漏洞造成出版物质量低劣的事故）的区别。在这种情况下我们就可以采用排列图的方法，分析主次原因，以便采取对策。如图6-6所示，横坐标为引起出版物质量低劣的原因，有a（管理制度落后）、b（编辑素质低）、c（编辑工作的程序方法不当）、d（工作制度不严）、e（缺乏有效的激励机制）和其他六种因素。由图6-6可知，A区是出版物质量事故发生的主要区域，即管理制度落后和编辑素质低是造成出版物质量低劣的主要原因。这种方法实际上不仅在出版物编辑出版环节中可以应用，在其他许多环节的管理工作中，例如在出版物库存管理中,都是十分有用的。

2. 因果分析图

因果分析图是以结果作为特性,以原因作为因素,在它们之间用箭头联系表示因果关系。因果分析图是一种充分发动员工动脑筋、查原因、集思广益的好办法,也特别适合于在工作小组中实行质量的民主管理。当发现某种出版物有质量问题,但未搞清楚原因时,可针对问题发动大家寻找可能的原因,使每个人都畅所欲言,把所有可能的原因都列出来。如图 6-7 所示,这是一个书业企业的编辑出版流程中出版物有文字错误问题的因果图。该书业企业出版的某种出版物有文字错误,其原因可能有四大类:原稿、编辑、校对和排版印刷。每一类原因可能又是由若干个因素造成的。与每一因素有关的更深入的考虑因素还可以作为下一级分支。如在编辑方面可以把编辑疏忽、编辑自做主张和编辑缺乏相关知识三方面的原因作为下一级的分支。当所有可能的原因都找出来以后,就完成了第一步工作,下一步就是要从中找出主要原因。

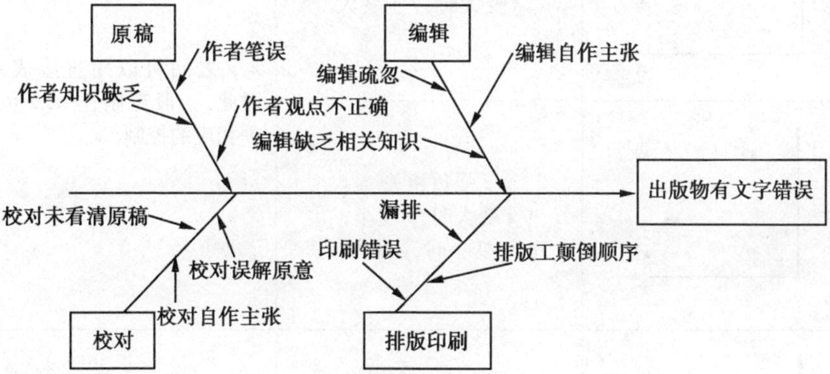

图 6-7　因果分析图

3. 散布图

散布图又叫相关图,它是将两个可能相关的变量数据用点画在坐标图上,通过对其观察分析,来判断两个变量之间的相关关系。这些关系在实际编辑出版中也是常见的,例如,出版物的校对与出版物质量之间的关系,某种纸张的材料与出版物印装质量的关系等。这些关系虽然存在,但难以用精确的公式或函数关系表示,在这种情况下用相关图来分析就是很方便的。假定有一对变量 x 和 y,x 表示某一种影响因素,y 表示某一质量特征值,通过试验或调查收集得到 x 和 y 的数据,可以在坐标图上用点表示出来,根据点的分布特点,就可以判断 x

和 y 的相关情况。表6-2 表示了六种典型的相关形式。

根据表6-2,我们可以假定 y 表示“某一出版物有文字错误”这一质量特征值,用 x 表示可能影响出版物有文字错误的各种因素(作者笔误、编辑疏忽、选题、校对人员擅做主张修改原稿、印刷错误等)。通过试验和调查收集的数据可以得出:作者笔误与出版物有文字错误之间的关系可算作第一种形式(强正相关),编辑疏忽与出版物有文字错误之间的关系是第三种形式(弱正相关),选题与出版物有文字错误之间的关系就是第五或第六种形式(不相关或无线性关系)。

表6-2 散布图的典型形式与说明

图 形	x 与 y 的关系	说 明
D_1 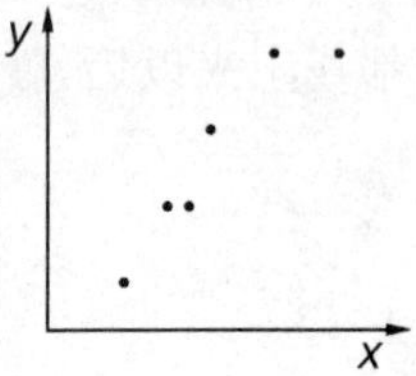	强正相关 x 变大时,y 也变大	x、y 之间可以用直线表示。对此,一般控制住 x,y 也得到相应的控制
D_2 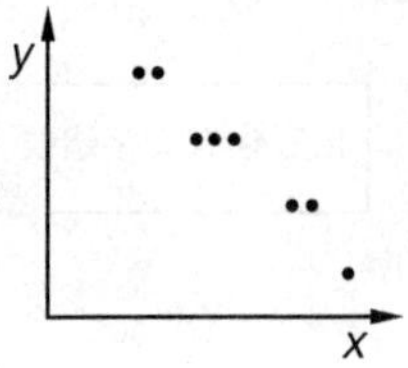	强负相关 x 变大时,y 变小; x 变小时,y 变大	
D_3 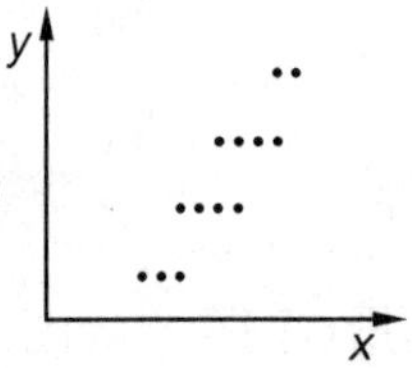	弱正相关 x 变大时,y 大致变大	除 x 因素影响 y 外,还要考虑其他的因素(一般可进行分层处理,寻找 x 以外的因素)
D_4 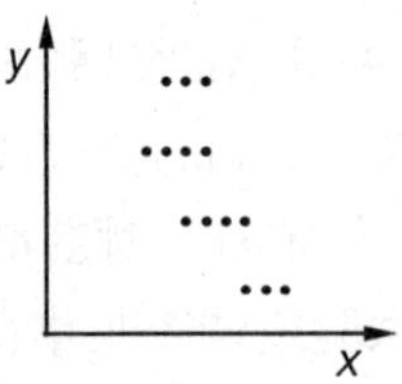	弱负相关 x 变大时,y 大致变小; x 变小时,y 大致变大	

续表

图　形	x与y的关系	说　明
D_5 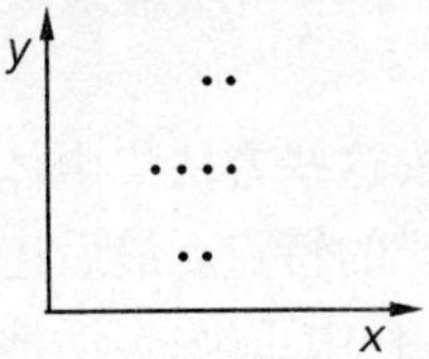	不相关 x与y无任何关系	
D_6 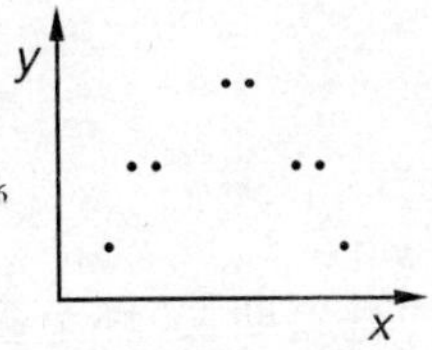	x与y不是线性关系	

4. 控制图

控制图又称为管理图。如图6-8所示，它是一种有控制界限的图，用来区分引起出版物质量波动的原因是偶然的还是系统的，可以提供系统原因存在的信息，从而判断编辑出版过程是否处于受控状态。控制图按其用途可分为两类：一类是供分析用的控制图，用控制图分析编辑出版过程中有关出版物质量特性值的变化情况，看工序是否处于稳定受控状态；再一类是供管理用的控制图，主要用于发现编辑出版过程是否出现了异常情况，以预防产生不合格出版物。这种办法对于掌握和控制编辑出版环节中某道工序的质量来说比较直接，并有利于针对情况采取相应的管理。

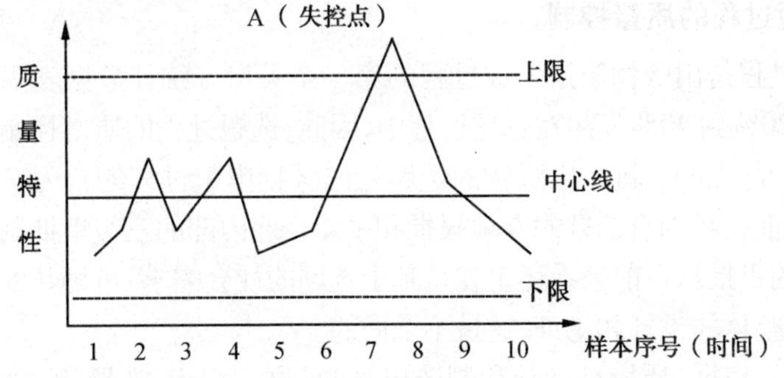

图6-8　控制图

依据图6-8，我们可以假定中心线为国家或某一书业企业出版物质量合格标准线,横坐标为书业企业定期检查的样本序号,纵坐标表示出版物有质量问题的统计数据,图中曲线表示10类样本相对应的错误率曲线。如发现偏离合格线较多时,则反映该样本的质量问题突出,必须进一步分析原因和抓紧采取纠正措施。

以上介绍了书业企业常用的四种质量管理统计方法,这些方法集中体现书业企业质量管理“以事实和数据为基础进行判断和管理”的特点。最后还需要指出的是,这些方法看起来都比较简单,但能够在实际工作中正确、灵活地应用并不是一件简单的事。

三、书业企业生产过程的质量控制

与一般物质产品的生产过程不同,出版物出版过程具有周期长、环节多、供需更替频繁等特性。这就给书业企业的质量控制造成了很多困难,增加了质量管理的难度。书业企业应根据出版物生产过程的具体情况,并同时根据每一出版物品种的特殊要求,狠抓关键环节或工序,以点带面,确保对出版物的质量管理。

书业企业在进行质量控制时,需要在分析出版物质量原因的基础上进行。首先要明确一定时期的主要控制点,然后有针对性地建立控制方法,以期取得总体提高出版物质量的效果。不同书业企业和书业企业的不同时期,其主要的质量控制点并不相同。

书业企业生产过程的质量控制包括选题过程的质量控制和编辑出版过程的质量控制两方面。

(一)选题过程的质量控制

选题过程是出版物质量形成过程的第一个关口。统计数据表明,出版物质量问题有20%到40%发生在选题过程中,因此,选题过程的质量控制,是出版物质量管理的起点和关键。出版物的选题是出版物出版过程的首要环节,历来受到重视,因而在我国有选题的专项报批和书业企业内部的三级审批制度。但是,这种严格的审批从目前来看还主要是基于选题的社会需求、市场开发、经济效益等,而缺乏整体的设计和论证,这是不全面的。

实际上,根据“质量是设计和制造出来的”这一观点,选题的过程同时也是出版物质量的设计过程,选题的确定,也是出版物质量方案的确定。因此,在选题过程中,应该提出该选题的质量标准要求,设计出达到出版企业质量目标的具体实施方案,并对影响出版物质量的周期、成本、材料等因素作出论证。

所谓选题控制,实际上就是编辑人员将编辑部的意图与作者的写作实际相结合,合理优化选择书稿论题和内容的过程。编辑要以自己对科学发展新动态和新特点的敏感性,把反映"三高"(高层次、高水平、高质量)、"五新"(新思想、新观点、新理论、新方法、新成果)的书稿放在选题计划的首要位置上,力争做到"人无我有,人有我优"。同时,编辑必须主动走出去,调查研究,掌握作者队伍情况,并依据作者队伍情况调整和优化选题计划。

选题过程的质量控制一般应抓住以下几项工作:制定好出版物质量目标,加强对选题的论证工作,严格遵守选题论证过程的工作程序和进行出版物质量的经济分析。而加强选题论证和审批程序是控制选题质量的主要组织措施。

1. 加强选题论证

选题的论证首先要在编辑申报选题之前进行,规定编辑在选题申报单上必须填明论证的具体材料和结论;其次是较重要的选题还要在编辑论证申报的基础上再经编辑室、部主任或总编辑在签批之前征集有关方面人员的意见或召开必要的专项论证会议(请有关编辑、印制、发行、财务部门负责人参加)。

2. 严格遵守选题审批程序

选题的审批要坚持执行三级审查的制度,即编辑申报、室主任审核、总编或主管副总编批准。选题计划还应在总编同意的基础上再经社长认可,并报上级主管部门即国家归口管理部门批准备案。特殊项目的选题要按国家规定专项报有关部门审批。书号是合法出版项目的标志,在全出版社应统一管理。只有经过论证和三级审批的选题才给书号,不允许有任何未经论证和审批的选题与书稿直接发到印制生产部门用书业企业的名义和书号出书,也不允许把书号分给编辑或其他职工个人自由使用,不允许任何形式的买卖书号。

(二)编辑出版过程质量控制

编辑出版过程是出版物质量的直接形成过程。编辑出版过程质量管理,应抓好以下几个环节的工作。

1. 组稿控制

鉴于出版物质量的特殊规定性,书稿编写者的理论水平、科学知识水平、业务水平和写作能力对出版物的思想内容质量、编校质量起着至关重要的作用,因此,选题确定后的组稿过程以及相关的审稿等,都是十分必要的质量控制过程,应予以特别的重视。

(1) 作者水平考察。因组织高水平的作者队伍,对出版物的写作质量至关重要,所以编辑人员要根据选题要求研究哪些作者适合承担写稿任务。要确保作者的专业水平、写作能力、写作态度等能适合选题的要求,除编辑在约稿前要认真考察外,必要时可要求先审查其编写的提纲或部分样稿,大型工具书还可约请社外知名专家牵头组织编委会具体组稿。

(2) 研究编撰要求。在研究书稿编撰要求时,编辑人员既要坚持出版的宗旨和要求,又要充分尊重作者的意见。编辑人员主要是从出版角度、从读者角度提出意见,对有关书稿的学术观点、篇章结构、叙述风格等问题,编辑人员可以提出建议,但不能强迫作者接受,要保证作者有自由创造的广阔天地。

(3) 建立约稿合同审批制度。建立约稿合同的审批制度是控制组稿质量的重要一环。合同中应包括与作者商议好的写书指导思想、读者对象、知识起点、书稿性质和字数,以及版权关系、交稿时间等。对约稿合同,在书业企业内要统一管理,应有一位企业领导归口审批。

(4) 确定约稿关系后,组稿工作并未结束,还要继续和作者联系,了解写作进度,帮助作者解决写作中的困难和问题,督促作者按期交稿。作者交稿后组稿工作才告完成,编辑过程转入审稿加工阶段。

(5) 不符合写稿要求的作者和不符合质量要求的关系稿要坚决杜绝。与作者及其有关单位进行协作出版、自费出版或补贴出版时,也要注意对其单位作必要的考察。

2. 审稿控制

审稿是决定书稿可否接受出版的关键环节。要做好审稿控制,必须坚持"三审三严"。

所谓三审,包括两个方面:其一是指三审制度,即责任编辑初审、有关专家二审、主编或编委会集体终审。因为三级人员所处的地位不同,考察问题的角度不同,对审查会有不同侧重和不同深度,缺一不可。同时要明确规定各级审稿的具体要求。其二是指三审内容,即对书稿政治倾向、学术水平和保密情况等三项重点内容的审察。在政治上,一切稿件都必须符合国家相关法律、法规,正确引用马列主义经典作家的著作,符合党的民族、宗教和统战政策,不得违背"双百"方针和"两为"方针。在学术上要坚持用学术质量标准去衡量、鉴别稿件,主要看其是否有新观点、新见解、新结论,是否有创新,是否有学术价值。在保密问题上,一定不能泄露国家的政治、军事和科研机密。

所谓三严,就是要以严肃的态度、严格的要求、严谨的作风执行三审制度,为书稿把好政治关、学术关和文字关。在审稿中,要特别注意公正客观、不徇私情,只认稿不认人,未达到出版标准的稿件坚决不用。同时,要能容纳各种不同学术观点的稿件。

3. 编辑加工控制

编辑加工是书稿发排前责任编辑对书稿的认真通读和修改。出版物以什么样的面貌出现在读者面前,在很大程度上取决于责任编辑对书稿的编辑加工水平,因此说,编辑加工本身就是一种对书稿的再创造过程。

(1) 在编辑加工过程中,需要编辑在理解、把握作者思想、观点和写作风格的基础上,对原文进行必要的加工和修改。实践表明,多数作者的稿件是瑕瑜互见的,为了保证出版物的整体质量,编辑必须与作者合作,或者提出修改意见由作者修改,或者是自己动手进行增、删、调、改、校。

(2) 编辑加工应从小处着手,其任务不是发现优点,而是改正缺点,主要按照出版要求并考虑读者的需要,对作者的原稿进行修改和整理。其目的主要在于力求提高原稿的思想、科学和文字水平,消除在内容和形式上存在的缺陷与差错。在原稿上应加各种必要的技术性标注,为排版、制版和校对扫除障碍,以确保出版物质量。当然,对在审稿时忽略了的大问题,加工时也应当解决。

(3) 在编辑加工过程中,要使整个稿件达到国家规定的"齐、清、定"要求,以确保发稿质量,必须由有经验的编辑在有时间保证条件下认真进行。

4. 校对控制

从某种意义上说,校对工作是编辑工作的延续和补充。校对工作不能限于"校异同"(校出有违原稿之处),还要"校是非"(校出原稿的差错)。

(1) 在校对控制中,不宜采用编校合一即编辑包校的办法。如果编辑缺乏校对经验,这样做出的出版物质量未必有保证。所以编辑和专职校对员既有分工(校对的侧重点不同),又需合作,注意发现和弥补对方的不足,共同保证出版物的编校质量。

(2) 书业企业三个校次原则上应由三人分别进行,以便取长补短,防止个人校对由于知识、经验不足或由于疏忽可能造成的差错。之所以这样做,道理是显而易见的:一部书稿须经过多次校对才能保证质量。国家规定,一切出版物,在排版过程中都必须经过至少三次校对,有的出版物还需校四次以上,不能随意减少。校对部门无论是设在出版社还是设在印刷厂,都需建立严格的校对质量层层检查把关制度。一般应要求初校查工厂毛校质量,二校查初校质量,三校查二校质量,通读整理或校对管理人员查三校质量,在有编辑审读校样时,则编辑检查以前各次的校对质量。各次校样的质量检查结果都应如实登记,并在责任制度中作为奖罚的依据。

(3) 在二校或三校之后尽可能作一次校样通读。经验表明,二校或三校之后作一次通读,对发现原稿质量和避免一些重要的校对错误,常有良好效果,值得提倡。通读校样可以由编辑承担,也可以由科学文化素质较高的校对人员承担。对科技专著或其他有特殊要求的书,由作者审读一次更有好处。

(4) 要尽可能把校样送作者审阅一次。因为对作品的出版质量最关心的是作者自己,作者的专业知识水平和对作品内容的熟悉程度一般说来超过编辑,作者审阅校样能敏锐地察觉专业词语或内容被编辑改错的地方。

(5) 当校对机构设在印刷企业时,通过合同明确印刷厂对毛校样的质量要求(一般应在1‰~2‰)和有关质量的交接手续,如付印清样,要由印刷企业的责任者签字,不合手续和不合质量要求的稿样,印刷企业有权退回等。

5. 装帧设计控制

装帧设计质量是保证出版物外观质量的重要内容,对印制工艺和成书质量都有重要影响。对出版物的装帧设计,应该从文字安排、标题处理到封面、环衬、扉页及书内空间处理作全面设计,使全书的整体设计成为理想的三度空间的结晶。

出版物装帧设计控制主要包括:

(1) 出版物的装帧设计不仅要由专业的美术编辑、技术编辑来承担,由于出版物装帧设计又与文字编辑工作密切相关,因此,文字编辑也应该协助装帧工作。

(2) 装帧的审美性要求装帧设计要尽量发挥其美学功能。装帧设计的求美,既不是不切实用的美,也不是与出版物性质、内容脱节的美;它不仅仅要求装帧设计使人感到愉悦,看起来舒服,而且要求这种美感力量具有表现性,能够发挥其启示功能,与出版物的性质、内容浑然一体。因此,对出版物装帧,就要求能与出版物的性质和内容协调、统一。

(3) 装帧设计要求体现整体性原则。从广义来说,出版物的装帧应从出版物的性质、内容出发,从出版物内容与形式是一个整体的认识出发来进行设计。从狭义来说,出版物的装帧各环节应成为一个整体,以整体观念去考虑、处理每一个环节的设计,而不应是各个环节各自为政地去进行设计。

(4) 一般应由编辑检查出版物的整体设计(包括开本、色彩、用纸、装订形式)、封面设计和美术插图是否反映出版物的内容特色,图文是否一致等,并在发稿时转室主任、总编辑审批。科技插图是出版物内容的必要组成部分,除有关设计人员注意修描完好、图字规范以外,也应经有关的书稿编辑检查。

(5) 版式设计机构一般放在印制生产部门,其工作质量可由版式设计部门的领导人检查,必要时请生产部门的领导核定。

6. 印刷控制

印刷不属于编辑工作范畴,但对出版物质量有非常重要的影响。试想,一本出版物编辑加工得再好,如果印得模模糊糊,墨色深浅不一,装订颠三倒四,那么,整个编辑工作将前功尽弃。为保证出版物的出版质量,必须做到以下三点:

(1) 要选择国家批准有权承印书刊的正规厂家印刷出版物。

(2) 对印刷工作要提出标准要求,并在印刷期间深入车间,及时抽检样张。抽检中,要看印刷品墨色是否浓淡适中、均匀一致;要看图文印迹是否有缺笔断划,是否有层次不清的网线;要看版面是否清洁。

(3) 还要看每版两面最末一行的页码及版口是否对齐。

7. 周期控制

一部书稿往往是作者多年研究的成果,其内容包含着新思想、新观点、新理论、新概念,是作者心血的结晶,作者无不希望自己的书稿早日面市,所以控制和缩短出版周期尤其显得重要。

周期控制的方法很多,而最普通的办法是提高工作效率,对不拟采用的稿件及早退掉。

8. 样书检查控制

国家规定,出版物成品需由印刷厂先送成品样书给书业企业做成品检查,在经书业企业的印制和编辑部门检查后,经一位社级领导批准发行。这是成品质量的一个控制点,是对读者负责的具体体现。同时,样书检查也是出版物与读者见面前,编辑出版人员对出版物成品总体质量的最后一次把关。

样书检查控制主要包括以下几个方面:

(1) 检查出版物整体和各部分装帧设计的效果和印装质量。

(2) 审核在编辑出版过程中提出的改动是否已经落实,有无重大文字或技术性差错及因形式变化影响发行的问题。

(3) 确认或变更原定的发行方式。

(4) 明确规定样书检查的时限。因为样书检查这一工序一般时限很紧,明确规定时限既可以防止因抢交书时间或先交书店后才送审,甚至不送审的情况;也可以防止审查中的无谓脱期,丧失发售时机。一般要求印刷部门、编辑部门能在一两天中审查完毕。但如发现有重要的实质性错误,仍须采取补救措施(如加勘误表等),不能不了了之。不合格出版物绝对不可投放市场。

四、书业企业流通过程的质量控制

出版物的流通,作为整个出版活动不可或缺的重要部分,对出版物的生产和整个出版业的发展有着非常直接的作用,所以对出版物的流通过程实施质量控制具有重要的意义。

出版物流通活动大体要经历四个过程。相对应地,每个过程都有各自的质量控制措施和关键点。

(一)信息流通与市场沟通过程的质量控制

信息流通与市场沟通过程是整个出版物流通过程的前奏,是一个为出版物商品交易做准备的过程。它的主要任务是传播出版物商品信息、诱发读者需求、沟通供求联系、形成潜在市场。这一过程的质量控制包括产销关系的确定和出版物的宣传征订两个步骤。

1. 产销关系的确定

这是书业企业选择出版物流通组织并与之建立经济联系的过程。在社会化大生产条件下,书业企业不可能将出版物直接转送到读者手中,而必须通过中间商来组织流通。因此,出版物流通组织者的选择也就是中间商的选择。对确定产销关系这一过程实施质量控制,就是要慎重地选择中间商。①

书业企业应根据自己出版物的特点和自身企业的状况对中间商进行选择。选择中间商主要考虑以下四个方面因素:

(1)销售对象。中间商的销售对象及其分布范围应与书业企业出版物的目标市场及目标市场读者的分布范围基本一致。同时,中间商所处的地理位置应能便利地向书业企业订货或方便书业企业目标读者的购买。

(2)经营能力。中间商是否拥有一支训练有素的销售队伍,资金与资产有多少,是否有足够的物流处理设备与能力等,这些问题都直接关系到中间商的市场开拓能力。因此,在选择中间商时也应对上述各方面分别进行必要的考察,以选择各方面条件较好的中间商。

(3)商业信誉。即中间商是否为本企业的目标读者所信任和尊敬,中间商与相关企业的关系是否融洽、资信程度如何,等等。

(4)竞争情况。书业企业必须了解中间商所经营的出版物与本企业出版物的

① 罗紫初. 出版发行学基础. 太原:山西经济出版社,2000:237.

关系，应考察本企业的出版物能否与该中间商经营的其他竞争者的出版物相抗衡。①

2. 宣传征订

这是出版物正式流通之前，根据所建立的产销关系情况，由书业企业或中间商通过适当方式向经营商或直接向读者宣传出版物、征求订数的过程。对这一过程实施控制，主要有以下两个方面：

(1) 最重要的是确定适合书业企业出版物类型的宣传方式。出版物宣传方式按其信息媒介的不同可分为三大类型：一是文字图画宣传；二是实物宣传；三是口头宣传。通过各种各样方式所进行的宣传，不仅沟通了书业企业与流通组织者的联系，而且还沟通了出版者与读者的联系。

(2) 选择好宣传媒体和写好文字宣传材料。宣传媒体可以有广播、电视、报纸、刊物及相关出版物的某些部分等多种，还可以专门印制某些征订目录、书讯材料及单页宣传品。用于各种传播媒介的文字宣传材料，既要根据媒体的特性有所不同，更要考虑宣传的目的和对象的需要，或联系政治、经济等形势着重介绍书业企业的优势和出版物特点，或着重介绍出版物的基本内容、主要特色，有的还介绍作者情况及写作的背景。一般对出版物的读者对象及适用价值，以及出版物的装帧、篇幅、定价和销售地区等应有说明，但对一种材料不求面面俱到，对不同的出版物、不同的材料，可以有不同的侧重。

(二) 出版物交易过程的质量控制

出版物商品交易过程，是与前一过程即宣传征订过程交叉进行的。征订的过程，既是市场沟通的过程，又是出版物商品交易的开始。

出版物商品交易过程的质量控制由四个阶段组成。

1. 批发

这是按照宣传征订的意向，由出版企业或批发商向零售商成批转移出版物商品所有权以供其继续转售的商品交易过程。在社会化大生产条件下，批发由于具有节省流通耗费、增强出版物商品辐射力、缩短流通时间等优势，所以在出版物商品交易过程中处于不可或缺的地位。对批发环节的质量控制主要体现在以下几个方面：

(1) 降低批发交易成本和提高批发效率。衡量出版物交易方式的优劣，有两个基本标准：一是成交效率的高低；二是交易成本的大小。所以，书业企业在批发中应通过选择最优方式来降低批发的交易成本和提高批发的效率。

---

① 方卿，姚永春. 图书营销学. 太原：山西经济出版社，2000：314.

(2) 对批发机构的批发资格进行审查。国家新闻出版总署与商务部共同颁发的《出版物市场管理规定》(2011年)中要求,设立出版物总发行企业或者其他单位从事出版物总发行业务,应当具备下列条件:① 有确定的企业名称和经营范围;② 以出版物发行为主营业务;③ 有与出版物总发行业务相适应的组织机构和发行人员,至少一名负责人应当具有高级以上出版物发行员职业资格或者新闻出版总署认可的与出版物发行专业相关的中级以上专业技术资格;④ 有与出版物总发行业务相适应的设备和固定的经营场所,经营场所的营业面积不少于1 000平方米;⑤ 注册资本不少于2 000万元;⑥ 具备健全的管理制度并具有符合行业标准的信息管理系统;⑦ 最近三年内未受到新闻出版行政部门行政处罚,无其他严重违法记录。除出版物总发行企业依法设立的从事总发行业务的分公司外,总发行单位应为公司制法人。设立出版物批发企业或者其他单位从事出版物批发业务,与总发行企业相比,主要在营业面积和注册资本方面有所不同。一般批发业务企业其中进入出版物批发市场的单店营业面积不少于50平方米,独立设置经营场所的营业面积不少于200平方米;注册资本不少于500万元。

2. 零售

这是指零售者直接向读者销售出版物的商品交易过程。零售是整个出版物商品流通过程的最后一道环节,它担负最终实现出版物商品价值的任务。

(1) 在零售阶段,关键是选择好出版物零售的方式。出版物零售的主要方式有:门市零售、日常流动零售、团体销售、预订销售、大型书展书市销售以及邮寄销售等。

(2) 书业企业在零售过程中,要选好营业场所,应坚持"静中求闹,闹中取静"的原则。

(3) 书业企业办理各类零售业务时,要力求做到备货品种齐全。对丛书、系列书尤其要注意备齐配套,力求使读者能从书业企业买到他们在其他地方买不到或难以配齐的出版物。这有利于提高书业企业在读者心目中的信誉程度。

(4) 零售服务中要力求做到热情周到,耐心答复购买者的各种询问,售出的出版物一般应包扎好,门市书款当面点清,邮购书要争取在1周左右即寄出并附发票,来款与书款不一致时要及时回信查询,多余书款及时寄还,无出版物供应时应说明原因并尽可能找到解决办法。

3. 调剂

这是出版物市场经销商之间互相调剂余缺的出版物流通活动。出版市场千变万化,流通过程中难以预料的情况也经常出现,因此,出版物商品交易中的失误在所难免,这就决定了调剂活动必然成为出版物商品交易过程的重要环节。

(1) 综合运用各种调剂方法。出版物调剂活动的组织,可通过以下四种方式进行:一是重印征订时报调;二是印发调剂书目调剂;三是举办调剂会进行样、卡展调;四是刊登广告调剂。

(2) 在出版物调剂过程中运用合适的调剂策略。一是特价调剂,即以双方都能接受的低于常规批发折扣的成交价格组织调剂;二是码洋对等调剂,即调剂双方以码洋大体相等为前提,互相调出调进出版物;三是委托寄销调剂,即以寄销形式组织的调剂活动。①

4. 退货

退货即出版物批发出去之后,允许销货店将销售一定时期后的存货全部退给出版企业,存货损失完全由出版企业负担。当前退货批销形式仅在出版企业向新华书店销货店寄销出版物或出版企业与新华书店发货店联合向销货店寄销图书时才采用。在日益激烈的市场竞争条件下,出版物的退货率越来越高。对退货的质量控制主要是降低退货率。

当前降低退货率的方法有:

(1) 书业企业应慎重选择寄销的品种。书业企业应选择出版物质量比较好的本企业出版物进行寄销;专业性很强,读者需求面较窄的专业书和学术专著,适宜直销、邮购或发给相关的专业零售书店销售,而不适宜普遍配发寄销。

(2) 通过书店销售信息档案来划分销售店的类型。根据各销货店上年度的销售、退货、资信情况将它们确定为 A、B、C、D 四类,不同类型的书店,配发不同数量的出版物。

(3) 社店实施销售合同制。不管是出版社还是销货店都应以合同来约束和规范自己的行为,对发货、退货的数量、质量、时间和托收均应作出一定的约定,违者要承担相应的经济责任。

(4) 社店之间应健全相应的流转运行机制。社店双方对出版物的进发均要求本着"多品种、勤周转"的原则,因此社店之间必须建立正常的流转运行机制,使整个操作程序化、规范化,从机制上保证销售的正常开展。

(5) 将退货率作为书业企业发行业务员业绩考核的一部分。书业企业应该按发行码洋、回款率、发行平均折扣、退货率、备货率等几项指标加权平均,最后依据加权平均值和回款实洋的多少来计算业务员的工资和奖金。

---

① 罗紫初．出版发行学基础．太原:山西经济出版社,2000:240.

(三) 物流组织过程的质量控制

出版物的物流组织,是书业企业组织者按照出版物商品交易的要求组织相应的出版物的实体运动。在出版物实体从生产领域向消费领域运动的过程中所产生的运输、仓储、包装、发货等活动,构成书业企业物流组织的基本内容。

全部物流组织工作,由仓储与运输两大流通环节组成。

1. 出版物仓储工作

这是指使用仓库收储出版物的作业过程。它的基本条件是:组织好出版物的验收入库,保管好出版物,并根据商品交易需要包装发货。因此,收货、保管、发货,便构成了仓储工作的基本内容。对出版物仓储工作进行质量控制的关键是做好收货、保管、发货工作。

(1) 对入库的出版物必须进行正确的清点和验收,查看入库出版物的数量是否无误、出版物是否有破损、品种是否正确。

(2) 妥善做好入库出版物的货位安排、确定合理的堆码方式、设置账卡、定期盘存和处理存书等方面的保管工作。保管不仅要确保出版物的在库安全,而且要积极地服务于销售,促进销售的实现。

(3) 应依据运输条件、发书数量、出版物时间性要求等因素来合理选择发货方法和发货时间。

2. 出版物运输工作

这是指使用运力将出版物从出版地向销售地进行实体转移的过程。与其他商品物质运输相比,出版物发运具有时间性强、发运面广、发运点多、发运数量零碎、起点低等特点,由此而使运输的组织也显得异常繁杂。对出版物运输工作的质量控制主要是针对不同的发货方法来选择不同的运输形式。

目前,我国出版物运输主要采用以下几种运输形式:一是直达运输;二是中转运输;三是转站分运,也称凑整分运;四是转仓运输。根据“运输方式以发货方法而定”的原则,使用垂直发货方法时,一般采用前三种运输形式;转仓运输则是适应二级分发与二级发货方法的运输形式。

(四) 货款结算过程的质量控制

所谓货款结算,即指在出版物流通过程中,由于所有权的转移而在出版社、书店、读者单位和个人之间发生的款项收付行为。相对于国外书业企业来说,我国书业企业的货款结算存在着期限短、结算方式单一、货款结算管理手段及方式落后等缺点。

对书业企业的货款结算进行质量控制的关键在于提高货款回收率。目前提高货款回收率的方法有：

（1）适当延长出版物货款结算期限。因为延长出版物货款结算期限可以使出版物在零售领域滞留时间长一些，这样便增加了出版物与广大读者见面的机会，同时也大大维系了出版物生产、批发和零售三者之间的正常运作，支持了出版零售业的发展。

（2）灵活运用各种各样的货款结算方式。在目前我国出版物货款结算方式以金融机构托收为主的基础上，可以考虑采用通过专门的"书商结算公司"、其他中间机构或书业企业直接派人到销货店收取货款等方式。这对保证书业企业出版物货款的按期回收具有积极意义。

（3）综合运用多种货款结算管理方式。第一，充分运用法律手段，以确保货款回收；第二，运用业务合同，确保购货方如期付款；最后，积极适当地使用经济手段，促使批发商或零售商如期甚至提前付款。经济手段是多种多样的，如通过预收保证金和利用折扣这一经济杠杆来鼓励销货店付款。

五、书业企业销售过程的质量控制

书业企业销售过程包括出版物售前、售中和售后三个环节，书业企业销售过程的质量控制包括建立一套完整的售前、售后服务控制体系，销售服务质量控制和读者购买后的质量评价与信息反馈控制三个方面。

1. 建立一套完整的售前、售后服务控制体系

（1）书业企业应着力提高员工的整体素质。应要求员工以竞争的心态，提高各细节上（包括统一着装、礼貌用语及微笑服务等）的服务标准，形成一种积极进取、努力创新、关心书业企业发展的企业精神。

（2）在丰富出版物品种基础上，加大技术改造的力度，加快计算机开发和互联网应用，全面推进业务流程的联网操作，使读者可以通过电脑查询了解所需出版物的信息。

（3）营造优雅的购书环境和高雅的文化氛围，加深读者对书业企业的情感。如在店内实行科学采光，选择适当的背景音乐，设立数量合理的休息设施（高档的收费休息设施、免费的休息设施、低收费的阅览厅）等。同时在店内应设置数量充足的收款台，采取现金、银行卡并行的收款方式，以利于读者便捷地结算。实行电话、电传、网上购物，送货上门，开展礼品书的代客送书业务。书业企业应有自己特制的包装纸、包装袋、书签，根据读者的需要为其提供不同形式的包装服务。

(4) 可利用报刊、广播、电视等媒体和各类书目、海报,对书业企业形象、出版物及销售方式进行宣传,使读者获得更多的信息。促销手段要不断推陈出新,除了签名售书与节假日打折外,还可采用有奖销售、为特殊读者群体(如残疾人、儿童等)提供特殊服务等形式,方便读者购书。售后服务应有残次出版物退货、受理读者投诉等承诺,还可借鉴图书俱乐部收购旧书打折销售的办法,减轻一些读者购书的经济负担。

2. 销售服务质量控制

销售服务质量的控制要在其形成的各个环节上制定有关的质量责任制度,使每个人都明确自己的责任,并与岗位责任制联系起来,对责、权、利有统一的明确规定。对于能经常注意调查、了解读者的需求及购买心理,主动热情地向读者宣传推荐好书,多方面地为读者预约订书、选择出版物品种及办理买书退书手续提供方便的员工,要适当给予奖励。对于以貌取人,或对畅销书搞"近水楼台先得月",收受回扣及有其他恶劣表现的员工,要进行批评甚至处罚。书业企业要适时听取售书人员的反映,合理安排定价、出书时间及储备数量、供货期限和销售网点,并及时向他们提供出版物出版变动信息。

3. 读者购书后的质量评价和信息反馈控制

出版物的质量,从根本上说,取决于售出后社会和读者的评定。

(1) 书业企业除了在出版物发行过程中会接触到一些读者的来信和反映以外,还应建立收集对本企业出版物质量意见的控制机制。诸如向有关宣传媒介赠送样书,邀请他们开展评论;主动约请有关专家学者评论出版物;积极收集各种社会团体评选优秀出版物或在书市、展销等活动中反映出来的质量信息;到书店或有代表性的读者单位开座谈会或对某些读者进行问卷调查;等等。条件允许的书业企业可以抽出必要的干部或组织离退休的老编辑人员对已出版的出版物经常作质量抽查,这也是一项促进出版物质量提高的行之有效的方法。

(2) 书业企业对出版物质量的各种反馈信息要责成专门人员建立起收集、分析、传送和处理的保管控制机制。设有质量管理办公室的,可由其负责集中从各方面传来的反馈信息,并注意适时加以整理和分析。涉及面较宽的问题,可采用发通报的形式传送,面窄的则可复印送有关部门领导研究处理,并注意适时了解处理的结果。此外,也要注意收集和向企业内部有关部门及时提供有关质量管理的一些基础资料,包括各种质量标准规定、工作规范及相关单位的一些质量动态信息等。这对质量管理工作常有重要的作用。①

---

① 王耀先. 出版社的经营管理. 沈阳:辽宁教育出版社,1996:193—194.

第七章

7

书业企业资源计划(ERP)

第一节 书业企业 ERP 系统概述

以知识经济、网络经济和电子商务为特征的新经济迅猛发展,现代信息技术广泛而深入的应用以及经济全球化格局的出现,给书业企业管理带来新的机遇,也提出新的挑战。现代信息技术与管理的结合,对实施有效的书业企业管理具有十分重要的意义。书业企业信息管理彻底改变了书业企业、特别是大型书业企业的管理方式,极大地提升了其市场应变能力和竞争能力,其中,ERP 作为当前在全球范围内应用最广、最有效的一种企业管理方法及软件系统,成为书业企业做大做强的利器。

一、ERP 的内涵和特征

(一) ERP 的内涵

ERP 是英文 Enterprise Resource Planning(企业资源计划)的简写,ERP 的核心是计划,对象涵盖企业的有形资源和无形资源。企业的有形资源包括员工、资产、技术、信息等,无形资源包括企业品牌、企业文化、领导能力等。ERP 不仅能对企业的资源进行科学计划,还能对客户需求、企业内部的经营活动和供销双方的资源三者进行整合,从而优化企业的业务运作流程,提高生产效率。ERP 既体现了以用户需求为中心的经营管理思想,同时也是现代企业管理思想、管理模式和信息技术的有机统一。

目前,关于 ERP 的定义有多种,比较典型的定义包括:

(1) 德勤咨询公司的定义:ERP 系统是一个允许公司"对其业务流程的主要环节进行自动化和集成化,让公共数据和业务活动在企业内外得到共享,在实时环境里生成数据并访问信息"的套装软件系统。

(2) SAP 公司的定义:SAP 提出了"管理 + IT"的概念,即 ERP 不只是一个软件系统,而是一个集组织模型、企业流程、信息技术、实施方法为一体的综合管理应用体系。ERP 使得企业的管理核心从"在正确的时间制造和销售正确的产品",转移到了"在最佳的时间和地点,获得企业的最大利润"。这种管理方法和手段的应用范围也从制造业扩展到了其他行业。

(3) APICS 的定义:ERP 系统是一个财务会计导向的信息系统,主要功能为对满足客户订单所需的资源(包括采购、生产与配销、运筹等项目所需资源)进行有效整合与规划。ERP 系统的目标是扩大企业整体经营绩效、降低成本。

(4) Gartner Group(顾能)公司的定义:“ERP(Enterprise Resource Planning)是用来管理整个企业业务的应用集合。ERP 系统超越了 MRPⅡ范围的集成功能;支持混合方式的制造环境;支持能动的监控能力,提高业务绩效;支持开放的客户机/服务器计算环境。”

结合出版产业来看,我们认为,ERP 系统既是一种整合书业企业管理理念、业务流程、资源配置等因素来建立高效管理信息系统平台的集成管理系统,也是一种以价值链和供应链管理为核心的现代书业企业管理思想及方法。

(二) ERP 的基本特征

1. 集成性

ERP 扩展了管理系统和集成的范围,以客户为中心,通过产品研发、生产、服务的相互集成为客户提供增值服务。ERP 支持以协同电子化业务交互、相互信任、双赢机制和实时企业作为特征的供应链及价值链管理模式,将企业所有信息数据与管理应用集成在统一的信息平台上,从而能在更大范围内实现资源优化配置,如生产、营销、财务等环节都能实时调用产品研发部门的主数据,分社可随时了解各部门的相关信息、业务进展与财务凭证同步等。此外,ERP 的集成功能还包括质量管理、流程作业管理、实验室管理、产品数据管理、维护管理、配方管理、管制报告和仓库管理。

2. 实用性

ERP 可以满足同时具有多种生产组织类型的企业的需要,根据不同企业的功能需求来提供定制化的模块内容与系统接口,按客户的业务模型来重组业务流程,不仅适用于不同行业的企业,也有分别适用于同行业不同规模企业的服务方案。ERP 系统既能为企业提供全面的管理模式与管理平台,也能为企业提供针对某一功能模块的小型整改方案,既可支持离散型的制造环境,也可支持流程型的制造环境。

3. 先进性

较之其他管理信息系统,ERP 系统目前在全世界范围内处于领先位置。除了已经普遍采用的图形用户界面技术、面向对象技术、计算机辅助软件工程技术、关系数据库技术、数据采集和外部集成技术之外,ERP还实现了更为开放的平台操作;采用适用于网络技术的编程软件;加强用户自定义的灵活性和可配置性功能,用以实现不同行业用户的需要。先进网络通信技术的应用,使ERP系统可以实现供应链管理信息的高度集成和共享。同时,ERP还拥有智能管理功能,可以对信息进行智能化清洗、过滤并按要求自主获取匹配信息。

4. 动态性

ERP系统可以重组并优化企业业务流程,强调创新和效率。在协同商务时代,市场竞争激烈,环境瞬息万变,企业制订的计划在具体实施过程中可能需要不断修改,ERP系统不仅可以立即更新和传递相关的数据文件,还能够根据实际情况来调整企业的战略规划,迅速适应企业的变化,做到系统动态可重构。ERP系统的模块标准功能适应各项业务的变化,新的业务产生或是业务流程发生变化时,可以通过重新配置ERP系统参数来满足企业需要,避免二次开发。总而言之,ERP系统的维护与开发是在连续不断的动态过程之中进行的,从而保证了企业信息管理系统具有长久的生命力。

二、书业企业实施ERP的意义

1. 再造信息系统,提升管理水平

当今,全球化竞争日趋激烈,书业企业的外部生存环境发生了较大的变化。书业企业要在激烈的市场竞争中取得优势,就必须加快信息化的步伐,改善自身的信息管理系统。ERP系统的实施和应用,意味着书业企业要用一套更先进的管理模式来运作企业,为书业企业带来更长远的经济效益与社会效益,这就要求企业的全体员工,包括企业决策层,改变传统的思维方式和管理模式,来适应书业企业新的发展要求。推广ERP系统的过程也是在书业企业推广、应用与扩散信息技术的过程,由此提高其管理的功效,从而为书业企业的科学决策提供了依据。

ERP作为一个管理软件,能将编辑、营销、财务和物流等系统无缝整合,集成信息并再造信息系统平台,使书业企业负责人能及时深入地了解企业的相关信息。在传统编辑业务流程中,有的编辑为了加快自己策划图书的进度,故意简化程序,导致产品质量不合格。ERP系统能避免此类现象的产生,做到责任可溯。从而方便企业负责人开展管理工作,制定科学的工作方案及应对策略,以加快书业企业对市场环境的反应能力,提升书业企业竞争优势。

此外,ERP作为一种管理思想,融合了先进的管理理念,可以及时调整书业企业的战略目标,从根本上改善企业的管理模式和员工的工作模式。实施应用ERP 系统的过程就是全面提高书业企业管理水平并赢得竞争优势的过程。

2. 优化业务流程,提高工作效率

管理学家迈克尔·哈默曾说过:"在企业的运行中,绩效的显著提升只有通过根本性的变革才能实现。"ERP 项目实施的重要意义之一,就是能最大程度地优化书业企业的业务流程,提高工作效率。

传统书业企业的业务流程运作相对复杂,效率低下。首先,体现在各部门之间缺乏工作上的交集,信息交流不畅,容易导致重复性劳动和无效劳动。比如传统书业企业中编辑与营销两个重要环节间,普遍缺乏业务信息的交流。编辑无法及时了解自己策划出版的图书在市场上的营销状况,而营销人员也不清楚编辑的意图,无法进行合理的图书营销方式的选择。如果在选题策划初始阶段两个部门能共享资源、交流意见,将会大大提高出版物的质量。其次,生产管理环节自动化程度不高,影响了工作效率。目前,许多传统书业企业依然是手工输入财务凭证、人工处理销售订单,导致工作量大、失误较多。比如,某出版社编辑在年初支付作者一笔稿费,年底由于人工查单据时漏掉,又支付一笔,还是作者提醒才发现重复支付的状况。通过业务流程优化,能够在强调各部门职责和权限的前提下,增加相关部门在业务流程中的联系,取消不必要的工作环节,对必要的工作环节进行合并与简化,提高自动化程度,做到各部门业务信息共享,减少重复劳动和失误率,提升工作效率,更合理地利用企业资源。

ERP 系统强调业务流程的优化和集成,它把生产、财务、营销以及技术等子系统整合成一个一体化的系统,在统一的信息管理平台下工作,做到机构不重叠、业务不重复和信息不孤立,达到缩短流程周期、节约运作资本、增强企业整体合作意识、提升书业企业管理精度的目的。

3. 有效降低成本,增加企业利润

由于出版业的生产活动是基于内容生产的活动,因而出版行业具有一定的特殊性。其产品生产时间弹性大,出版物数量及品种较多,大量生产环节如印刷、装订、设计等要委托外面的供应商来完成,核算方法及发行方式有别于普通商品,涉及的财务流程和财务要求具有自身的特点,等等。ERP 系统的使用,能使书业企业的需求计划更科学,从而降低成本,为书业企业创造更大的利润。这主要表现为:

一方面,ERP 强调财务的特性使其具有较为完善的企业财务管理体系,能将书业企业的资金流、物流与信息流有机结合,使得价值管理概念得到真正实施。书业企业使用ERP系统之后,可以建立一个相对稳定和均衡的生产计划,通过供应商计划法与供应商保持良好稳定的合作关系,从而降低纸张等原料的采购成本,减少原料的库存量。对于书业企业内部业务流程而言,通过ERP进行信息交流,能减少纸质文档使用及其传递工作,解放大量人力,从而间接提高劳动生产率并降低书业企业运营成本。在书业企业供应链的下游环节,ERP系统作为包含供应链管理功能的系统工具,能提升产销的配合度,使书业企业与出版物发行商和零售商之间形成一种新型的合作伙伴关系,使书业企业能迅速响应出版物发行商和零售商的需求,用最短的时间发货,通过信息平台跟踪回款进度,使资金迅速回笼,提高企业资金的周转率。

另一方面,ERP环境下企业员工的工作会更有秩序,而员工工作质量的提高,自然会使出版物质量相应提高。ERP系统采用基于过程的质量监控,能与ISO 9000系列互相配合,质量管理有了技术上的保证,从而可减少出版物的不合格率,为书业企业节约资源,使利润最大化。

4. 挖掘员工潜力,提升企业形象

ERP系统能改善企业的管理模式及员工的工作模式,提升企业形象。ERP作为一种管理思想,把新的工作理念及工作方式引入书业企业,重组后的业务流程使员工的机械劳动与重复劳动减少,减低了员工在机械手工劳动中发生错误的可能性,使员工从繁杂的事务中解放出来,从而更好地发挥自身价值与能力。

以选题申报环节为例,传统书业企业虽然也会预测选题的经济效益或制订成本计划,但操作起来非常麻烦,计算过程主观性过强。而书业企业使用ERP系统后,可以强化编辑人员对选题获利能力的预测。比如,在选题审批前将相关选题输入ERP系统进行简易成本分析,ERP系统简易成本的计算较人工计算更为公开、准确和透明,编辑人员可以做到“心中有底”。在产品出版过程中,编辑人员也可以关注出版物的成本变化,随时对出版方案做出调整。等出版物正式出版后与后期实际收益相比对即可得出实际获利情况。获利能力分析可以作为员工业绩考核的一个部分,且公正客观,不易受人为因素影响,能真正起到鼓励员工积极性的作用。同时,优化后的业务流程能明确各部门的职责范围,有效减少书业企业内部的矛盾,创造出和谐氛围,从而塑造良好的企业文化。

另外,ERP使书业企业能更好地履行对客户的供货承诺。在激烈的出版市场竞争中,要想增加企业的市场竞争优势,必须具备灵敏的市场反应能力,响应客户需求,按时交货。但是,传统书业企业依靠手工管理方式来处理订单,使得营销人员很难对发行商做出准确的供货承诺。ERP可根据产销数量,随时更新对客户的承诺数据,只需把发行商对某种出版物的需求输入系统,就可知道目前可提供的库存数量,以及何时能补货,可分几次补货,满足客户需求。客户满意度提高,企业形象随之提升。

三、主流 ERP 软件及方法论介绍

1. SAP 公司的 ASAP 实施方法论

德国 SAP 是当今全球最大的 ERP 软件厂商,在 ERP 系统软件市场上占据较大的市场份额。SAP 公司为众多知名企业提供 ERP 系统软件,涉及的行业包括制造业、服务业(金融、电信、商业)等。在我国,也有部分书业企业选择德国 SAP 公司的软件系统,如高等教育出版社、广州日报集团等。SAP 主推的 R/3 是用于分布式客户/服务环境的标准 ERP 软件,分为物流、财务和人力资源 3 大模块,具有强大的成本管理、财务预算控制和决策支持能力,使得 R/3 软件系统能够完美地处理公司业务流程中各类管理任务。R/3 软件功能强大,各模块关联度高,因而价格也较其他软件昂贵,并且实施起来有一定难度,适合资金实力雄厚、管理基础较好的书业企业采用。

ASAP 实施方法论是 SAP 公司为使 R/3 项目的实施更简单、更有效而总结出来的一套快速实施方法,共分五步来指导 R/3 项目的实施全过程。如图 7-1 所示,ASAP 的五个步骤包括:项目准备、业务蓝图、实现过程、最后准备、上线与技术支持。ASAP 能够在项目实施过程中对时间成本、资源、质量进行有效控制。它主要包括:ASAP 路线图、SAP 工具包、SAP 技术支持和服务、SAP 培训和 SAP 参考模型。SAP 公司开发的 ASAP 实施方法论,能成功帮助企业大幅度减少实施 ERP 项目的时间与成本,同时进一步确保了项目实施质量,降低了投资风险。

图 7-1　ASAP 实施路线图

(资料来源:SAP 公司网站)

2. ORACLE 公司的 AIM/PJM 实施方法论

Oracle Applications 实施方法论是一套建立整体解决方案的方法,包含

AIM(应用系统实施方法论)和PJM(整体项目管理方法论)等各自独立的方法论。其中AIM包含从定义用户的实施方法、策略到新系统上线运行等不可缺少的实施步骤。如图7-2所示,AIM共分为七个阶段。

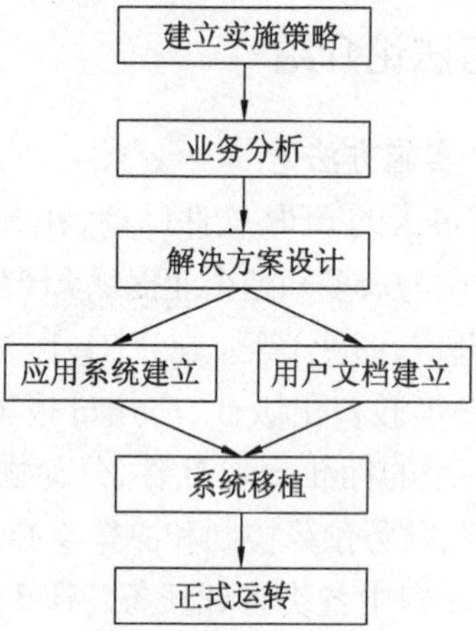

图7-2 AIM实施方法论

(1) 建立实施策略。这一阶段包括项目建立和项目规划两大环节,主要确定项目总体需求,明确项目实施目标范围及方法,建立项目实施组织,编制项目实施计划,确定项目阶段目标、资源预算与风险估计及文档控制与管理职责等。

(2) 业务分析。业务流程分析时要定义各部门的工作计划与职责、当前系统/业务流程/业务量、业务与技术需求、应用产品功能培训、产品功能与业务需求的匹配程度、功能开发与数据转换需求以及各层次硬/软件需求结构等。

(3) 解决方案设计。这一阶段的主要任务是制订工作计划与设计标准、培训/测试环境安装、针对重点的培训、设计解决方案、设计硬/软件逻辑与物理结构、设计安全控制与备份/恢复计划、扩展程序(接口/功能/数据转换)设计与详细的业务转换计划等。

(4) 应用系统建立。针对设计解决方案,确定详细计划与职责,建立开发与测试环境,并行开发扩展程序与产品的集成测试,建立正式运行的硬件环境,业务系统测试与文档记录,解决方案修改和确认系统功能等。

(5) 用户文档建立。制订统一的文档编制计划,界定文档的编写标准及格式,编写相关的系统操作手册,扩展程序文档/技术手册和业务流程/用户参考手册,最终对用户的主要应用进行培训。

(6) 系统移植。为了减少ERP系统正式上马时的风险,各相关职能部门要先模拟运行以证实系统的可行性,然后再将数据正式输入新系统。通常新旧系统并行一段时间再进行系统移植,能有效减少风险。

(7) 正式运转。在新旧系统并行期间如果未出现大的问题,ERP 系统便可以正式运转,关闭原有系统,最终确认系统实施完成。

PJM 的目标则是给 ORACLE 系统的实施提供一个有效的管理框架,运用统一的手段来完成对所有项目的计划、评估、控制和跟踪活动,如图 7-3 所示。

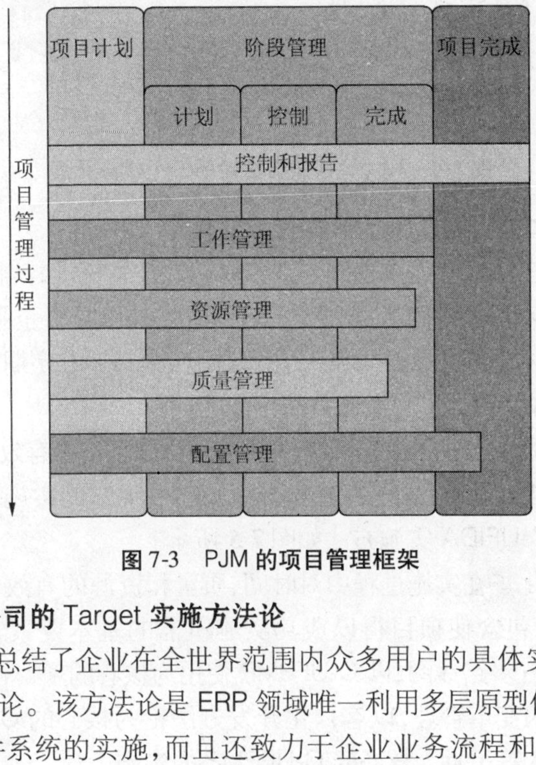

图 7-3　PJM 的项目管理框架

3. BAAN 公司的 Target 实施方法论

BAAN 公司总结了企业在全世界范围内众多用户的具体实施经验,提炼出 Target 实施方法论。该方法论是 ERP 领域唯一利用多层原型化的工具,它不仅侧重于 ERP 软件系统的实施,而且还致力于企业业务流程和组织的改进与完善。Target 实施方法论的特点包括:注重结果、全员参与、风险共担、针对目标、建立正式的里程碑和责任;公司模型原型化、文档清晰、使用专业化的工具、灵活且简单等。

Target 实施方法论指出企业内部的三个核心元素:人员、系统及组织,如图 7-4 所示。该系统在利用自身的动态企业模型的同时,进行业务优化和系统实施过程同步的优化企业方案,以区别于传统的 ERP 项目实施方法。

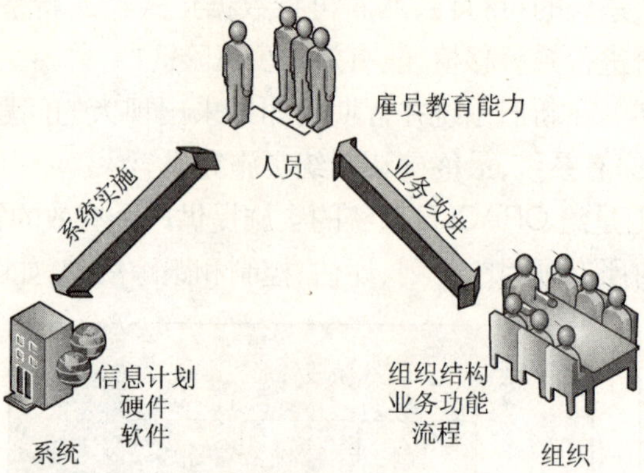

图7-4 Target 实施方法论的三个核心元素

4. JDEdwards 公司的 R. E. P 实施方法论

R. E. P 方法在结构上追求稳固与弹性并存的技术标准,其特点为快速、经济和可预测。主要步骤如下:确定公司愿景,培训项目小组,分析企业需求,模拟测试,技术开发与修改,环境调适及测试,投入运行,升级至新版本和定期系统维护检测等。

5. 用友公司的 C-UFIDA 实施方法论

C-UFIDA 是用友公司为使其 ERP 项目实施更简单、更有效而开发的一套面向客户的实施方法。其特色是多角色的协同交付、丰富的实施工具运用以及任务的精确安排。C-UFIDA 实施方法如图 7-5 所示。

C-UFIDA 优化了在实施过程中对时间、质量和资源的有效使用等方面的控制,该实施方法论包含使项目得以成功实施所需的基本要素。具体环节包括 C-UFIDA 的实施五步路线图,以 C-UFPMP 使用为核心的项目管理,以行业最佳业务实践为核心的变革管理,以客户化开发方法论为核心的 C-UFPMP 客户化开发和以实施导入等工具为核心的 C-UFPMP 的实施工具。

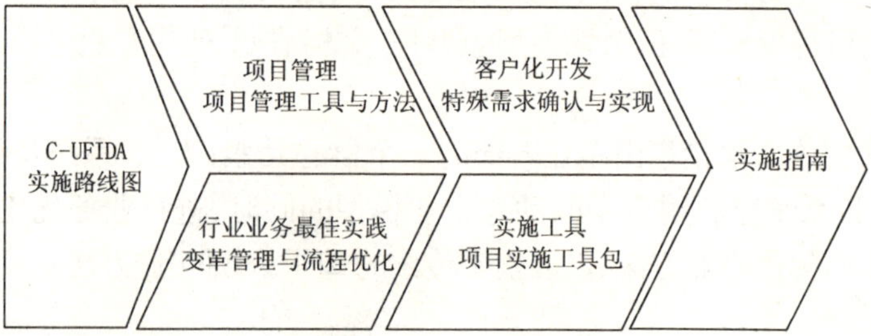

图7-5 用友公司的 C-UFIDA 实施方法论

6. 金蝶公司"六手指"实施方法论

金蝶公司的实施方法论分为六个阶段,又称"六手指"实施方法论,如图 7-6 所示。该方法论的特点是:系统实施的进度和目标能够得到控制与把握,计划灵活性大,实施效率能提高 2~3 倍。

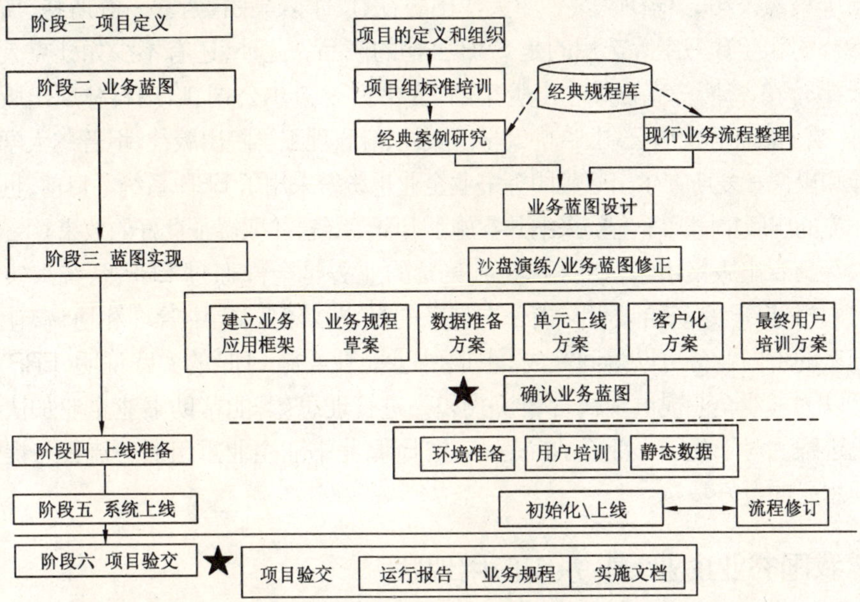

图 7-6　金蝶公司"六手指"实施方法论

(资料来源:金蝶公司网站)

四、国际出版产业中 ERP 系统的应用

ERP 系统最初只应用于制造业,随着书业企业信息化的需求,许多书业企业认为 ERP 系统可以帮助自己优化供应链、提高企业管理水平。从 20 世纪 80 年代后期起,出版领域陆续有企业开始实施 ERP,如哈珀科林斯英文出版公司引进的是维斯塔计算机服务公司的出版程序包,而兰登书屋(Random House)使用的 ERP 程序包是 1995 年从德国 SAP 公司引进的。

由于 ERP 在出版业成效显著,不少 ERP 的软件制造商将目光转向出版产业,如著名的 ERP 软件制造商 SAP 公司,着力研制为书业企业量身定制的媒体解决方案,并提出出版发行战略规划(Strategic Publishing Planning)。其内容包括:图书内容与版权管理、基于出版物的生命周期管理、图书订阅与营销管理、广告服务管理以及出版业CRM。作为一套综合的战略规划,它还支持业务管理和拥有客户关怀流程,为客户提供包括财务、人力资源和后勤等在内的核心业务流程功能模块。

已经成功使用ERP系统的书业企业已为数不少,如矮脚鸡—道布尔戴—戴尔出版集团公司、贝塔斯曼、牛津大学出版社、皮尔森集团、西蒙·舒斯特、斯普林格公司和兰登书屋等选用的是SAP公司的产品。此外,还有不少如杜克大学出版社、沃尔特斯—克鲁维尔出版集团、麦格劳·希尔公司、哈珀科林斯出版公司、休顿·米福林出版公司、哈佛大学出版社、麻省理工学院出版社、坦普尔大学出版社和里德—爱斯唯尔出版集团等书业企业也纷纷采用了ERP系统。目前,世界上一流的出版集团几乎全部采纳并实施了ERP系统,并取得了良好的效果。

汤姆森出版集团年营业额26亿美元的业务是全部通过ERP系统来实现的。同样,ERP系统给读者文摘公司带来的是成本降低、集中管理和协调,让不同国家的不同业务可以瞬间完成。国际书业企业实施ERP的实践证明,ERP系统可以为书业企业提供现代管理模式和先进管理思想,能帮助书业企业加快国际化进程。对于我国书业企业而言,实施ERP是书业企业重组业务流程与提升管理水平的良好契机。

五、我国书业企业ERP系统应用现状

我国书业企业实施ERP起步较晚,许多书业企业信息化程度还停留在传统的信息管理阶段。随着书业企业自身的发展,越来越多的书业企业已经认识到:未来社会是信息化与网络化的社会,要赢得竞争的主动权,实现中国出版"走出去"、建立国际出版传媒集团的最终目标,必须运用国际通用的管理手段。鉴于ERP系统强大、灵活、复杂和高效的特点,书业企业纷纷投入巨额资金加以引进,以期自身能迅速适应市场及客户需求的变化。

目前,我国已有一批书业企业使用了ERP系统,如高等教育出版社、人民教育出版社、外语教学与研究出版社、青岛出版集团、浙江出版集团、新华出版社、中央党校出版社和广州日报集团等。其中,高等教育出版社2003年就成功实施ERP项目,目前已进行多轮更新与扩展,取得了不错的效果。但整体而言,ERP系统在我国书业企业的使用并不尽如意,还存在着一些问题,比如用于书业企业的软件系统大多是从通用性软件系统移植而来,没有针对书业企业的特性来进行改造,而我国书业企业使用ERP起步晚,许多书业企业无法准确提出功能需

求,软件公司也不了解相关出版流程和出版业务,导致 ERP 项目实施后不能与企业需求无缝衔接,无法达到书业企业预期的效果。有的书业企业负责人对 ERP 了解不足,认为 ERP 项目主要是技术层面的事,相当于装一个计算机软件,不用全员动员,因此,没有在书业企业内部进行推广培训,导致 ERP 项目在实施过程中得不到员工配合,实施后也形同鸡肋,员工依然采用原有的工作程序,模块功能得不到利用,造成巨额资金浪费。

由此可见,书业企业构建 ERP 信息管理系统时,必须求真务实,从企业自身实际情况出发,开发符合书业企业需求的 ERP 软件系统,在 ERP 项目建设中实施企业的业务流程重组和管理思想变革,同时吸收学习国际先进的现代书业企业管理理念和技术手段,使我国的书业企业有一个质的飞跃。

第二节 书业企业 ERP 系统框架

一、书业企业 ERP 系统框架概述

书业企业的生存和发展都离不开企业管理,而企业管理的主要内容是对各种信息的处理。书业企业信息繁杂且更新较快,因此,要对这些信息及时、准确而有序地进行处理,仅靠手工难以完成,这就需要利用 ERP 系统来改进管理思想,处理相关信息。

书业企业首先通过使用生产计划管理模块完成市场预测、选题申报、审批和备案的过程,并通过此模块安排发稿计划,然后进行出版物的编辑加工和印制,同时,还要与质量控制体系相挂钩,以保证出版物质量的提高。其次,通过市场营销管理模块负责出版物进、销、存的管理,利用分销资源计划和电子商务来完成出版物的销售。在此过程中,发生的费用、成本与利润全都与财务管理模块有机联系。同时,对人力资源的管理和客户关系的管理更是贯穿于书业企业信息管理的整个过程中。

二、书业企业 ERP 系统模块构成

书业企业 ERP 系统的具体模块构成虽然根据软件不同会有些许差异,但大

体按其功能可分为生产计划管理模块、市场营销管理模块、财务管理模块和人力资源管理模块。

在进行ERP项目规划时,书业企业也可根据自身情况与软件系统提供商进行商议,设计出符合企业需求与使用习惯的细分模块。如高等教育出版社将模块细分为项目管理模块、生产计划模块、物料管理模块、销售与分销模块、财务会计模块、管理会计模块和人力资源模块等。中央党校出版社的ERP系统则细分为八个模块:编务管理模块、印制管理模块、发行管理模块、财务模块、领导查询模块、业务管理模块、系统管理模块和OA模块。

三、书业企业ERP系统基本框架图

书业企业ERP信息管理系统如图7-7所示。

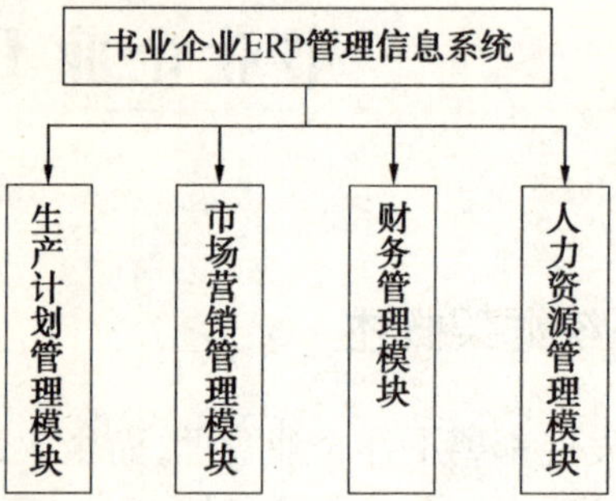

图7-7 书业企业ERP信息管理系统框架图

四、书业企业ERP系统各模块的基本功能

(一)生产计划管理模块

生产计划管理模块的基本功能有:销售预测、建立项目结构、选题申报与审批、书号分配、创建产品主数据、编制书目及宣传册、编制生产计划、书稿审阅加工、插图绘制、装帧设计、排版、校对、购书、出版物印制、质量检查、简易成本分析、销售预测、合同管理、供应商评估、纸张采购及库存管理、出版物采购及库存管理和样书领用管理等。

(二)市场营销管理模块

市场营销管理模块的基本功能包括:查询报价、标准销售、现金销售、合同购书、作者优惠购书、图书折扣管理、潜在客户管理、退货管理、调货管理、客户关系管理和交货管理等。

(三) 财务管理模块

财务管理模块的基本功能有:销售收入核算、往来业务核算、收款业务及付款业务、现金管理及分析、税金核算及缴纳、报销费用、出书成本核算、固定资产管理、存货核算、稿费计算与支付、成本(利润)中心会计、成本(利润)中心预算、标准成本制定、标准工价制定、成本费用分摊及分配、成本费用分析、期末结账、企业经营情况分析和企业财务状况分析等。

(四) 人力资源管理模块

人力资源管理模块的基本功能有:员工主数据管理、工资管理及核算、保险及公积金缴纳、人事事件(包括员工录用、转正、离职、退休、出国等)、组织结构管理、职位管理、员工福利和考勤及奖惩管理等。

(五) 书业企业 ERP 系统模块任务与流程改进

1. 生产计划管理模块

生产计划是 ERP 系统的一个重要计划层次,它通过调整选题方案、书稿进度和库存数量等来满足预测需求。简单地说,生产计划描述"书业企业将要生产什么"的问题,它使生产任务从宏观计划向微观计划过渡。生产计划管理模块既是生产部门的工具,也是市场营销部门的工具。

(1) 生产计划管理模块的主要任务。生产计划管理模块的主要任务是为书业企业的编辑和出版人员提供有关书稿编辑制作的信息,以解决下面的问题:

① 书业企业应该生产什么样的出版物?

② 出书计划是否合理?

③ 从哪里、在什么时间能够获得什么样的书稿?

④ 如何控制书稿编辑和印刷的进度?

⑤ 书稿存储量是否符合书业企业需求?

⑥ 出版物的质量是否达标?

(2) 生产计划管理模块对编辑业务流程的改进。生产计划管理模块是 ERP 系统中的一个集成解决方案,其目的是帮助书业企业执行生产计划中的所有任务,因此,需要结合书业企业自身的特点,对传统编辑业务流程进行改进。此模块较强地体现出 ERP 系统在书业企业实施中的开发特点及对出版产业流程的改造作用。

① 出版物选题策划申报流程。编辑人员在完成前期市场调研和选题的策划后,在ERP系统中进行项目的创建,填写选题的相关信息,如内容提要、选题特色、作者情况、同类书比较和重印前景等,然后在系统内申报选题,再经编辑室、分社和总社相关领导签字后,由运营管理部门对选题项目进行命令下达。

ERP系统在流程中主要改进的地方包括:建立信息数据仓库,将图书信息、生产信息、销售信息等进行汇总,使编辑人员能通过相关信息判断选题价值。以项目管理的方式进行选题的开发与生产,加强产品组的内部联系,使营销部门对项目可以进行整体的宣传推广,财务部门则能对项目进行成本归依及利润分析。此外,ERP系统还引入项目成本计划的概念,在选题申报中加强了对成本、利润等经济效益方面的定量分析。编辑无需时刻关注原材料的成本变化,只要将相关需求输入系统,系统便会自动计算出完成该选题的预期成本及收益,减少了编辑人员的工作量,并使相关的财务预测更加准确。引入项目成本计划概念还能为选题后期的预算分配和实际成本控制服务,规范选题开发和生产活动。图7-8为上海世纪出版集团使用ERP系统后能在选题申报阶段为相关人员提供的数据及信息分析。

② 出版合同创建审批流程。选题审批通过后,编辑就要开始组稿,与著作权人签订出版合同。编辑在ERP系统中输入出版合同类型、作者情况及稿酬支付等方面的数据,便可在系统内生成出版合同文本和出版合同审批单。相关负责人审批签字后,编辑与作品著作权人签订出版合同,双方签章后,编辑将合同交由合同管理人员存档,并将合同号输入ERP系统,以备后期查询。除出版合同外,约稿合同、授权委托书等也按相同方法处理。ERP系统内无法查询到合同编号的书稿不能完成系统发稿确认,保障了出版手续的齐全。

在出版合同创建审批流程中,ERP系统改进的要点如下:普通出版合同、出版合同审批单、约稿合同和授权委托书等文本文档均由系统创建生成,规范了合同格式,减少了编辑工作量。编辑在发稿时无需填写作者稿酬审核单,由财务部门直接按出版合同的相关数据支付,改进了传统书业企业业务流程中作者稿酬由编辑在出书后核对发放这一流程,使标准更统一,增强了出版合同的规范性。出版合同中约定过的作者优惠购书款项一律从稿费中直接扣除,出版合同之外的作者优惠购书款项采用现金支付的方式,以简化财务操作。

③ 稿件与原材料管理流程。选题创建后,编辑在系统中选择作者信息,系统会自动赋予其作者和供应商的双重角色。编辑根据出版计划向作者约稿,包括稿件内容、字数和品质要求等;同时利用纸张采购管理等模块功能创建采购订

单,确认生产成本。ERP 系统会自动根据书稿进展情况发出订货通知,做到稿件接收与纸张采购同步完成,减少库存压力。

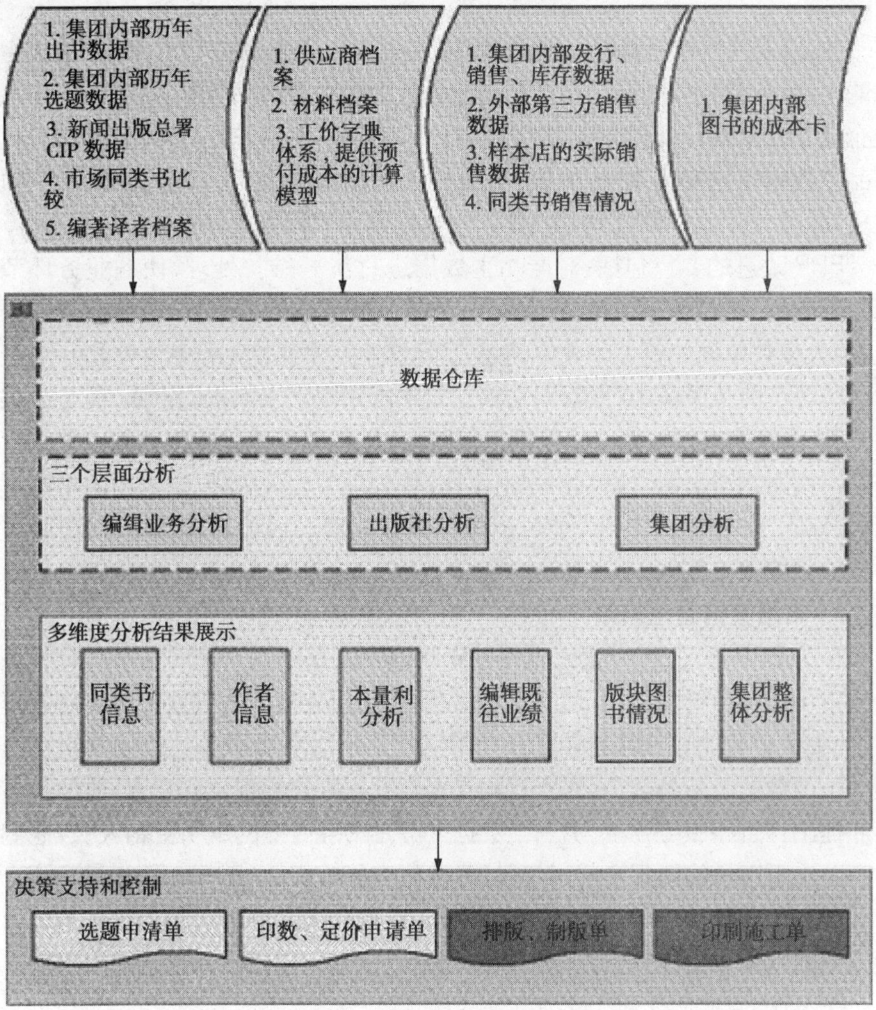

图 7-8　上海世纪出版集团 ERP 系统在选题申报阶段能提供的信息分析

(资源来源:用友软件集团官网)

在这一流程中,ERP 系统改进要点如下:作者/合作者的主数据信息可以重复利用和共享,如通讯联系、财务支付和信息检索等,以方便查询管理,在输入相关出版单据信息时减少工作量,保证信息的统一无误。ERP 系统还能评估当前生产条件,拟订多个采购计划,并从中选优,在预定时间内开始采购所需的原材料。对于书业企业自身有库存的原料,ERP 系统能查询现有库存量和已订货量等。

④ 出版过程控制流程。在选题开始组稿时,编辑就应该对 ERP 系统中产品的主数据进行创建,填写和维护与出版计划相关的产品数据,将其统一纳入书业企业年度出版计划和征订目录中。出版各个环节都需要填写相关数据,打印产品主数据审核单及相关单据,交由相关负责领导签字,确保出版过程顺利完成。

ERP 改进的要点包括:对产品主数据进行统一维护处理,使各业务环节数据共享,减少工作衔接时的人工失误;利用系统数据的共享性,减少重复性工作量,绝大多数单据如新书印数申请单、CIP 数据单、样书分配申请单和专向征订申请单等都能从系统中打印;月交稿计划不再采取手工填报的方式,而是由编辑在 ERP 系统中维护计划交稿日期,系统自动汇兑生成每月交稿计划。整个生产周期可按比例与天数分解到每一道工序,哪个环节出现障碍、影响力大小都可以精确判断。书业企业负责人能对出版计划和过程一目了然,根据具体出版进度进行计划调整。

2. 市场营销管理模块

作为 ERP 系统的一部分,市场营销管理模块是书业企业的窗口。它收集必要的市场资料,产生各种有用的市场信息,传递给生产计划管理模块及财务模块等,使书业企业能够正常运转以及向市场提供出版物和服务。市场营销管理模块的主要数据来源是客户,即所有购买本企业出版物的单位和个人,他们向书业企业提出订货和服务要求;另一个数据来源是书业企业的编辑营销人员,他们收集有关出版市场的情报资料,供市场经营研究和分析之用。

(1) 市场营销管理模块的主要任务。市场营销管理模块的主要任务是为书业企业的营销人员及负责人提供有关的市场信息。它可以回答这样的问题:

① 书业企业应该采取何种市场营销战略?

② 出版物应该选择哪种具体的营销方案?

③ 如何在有限时间内完成出版物的销售指标?

④ 具体出版物的产品生命周期情况如何?

⑤ 如何找出最有效的销售渠道?

⑥ 如何及时发现哪些业务机会处于停滞状态?它们通常停滞在哪几个阶段?相关的负责人员是谁?是否可以改让其他有经验的营销业务人员及时配合?

(2) 市场营销管理模块对营销业务流程的改进。出版物市场竞争的压力迫使书业企业要改善服务、缩短交货时间、提升分销质量及降低销售成本。提高分销效率是提升书业企业竞争力、增加企业利润和客户忠诚度的关键因素。因此,许多 ERP 供应商为企业提供了一套综合高效的 ERP 销售与分销集成的解决方案,来支持书业企业的出版物销售系统。

① 出版物营销准备活动流程。销售准备活动包括:书业企业潜在客户管理、竞争产品信息收集、营销活动管理、查询出版物和报价等。销售业务循环通常是从出版物预销售活动开始,如制定出版物的征订书目、查询及报价等。预销售信息可以用于选择出版物销售策略,有助于保持企业与客户的长期关系,客户可以通过查询书业企业的出版书目来确定采购的种类。预销售信息通过挖掘潜在客户群,来安排营销日期及营销方式以争取得到大合同等。

ERP 系统改进要点包括:客户与联系人信息都会被保存在 ERP 系统中,营销人员可直接向其发送出版书目,保证客户能实时获得完整的出版物资料。书业企业中的营销促销活动被记录在 ERP 系统的销售支持数据当中,并汇报到市场营销管理模块中做进一步的分析。通过数据的逐渐积累,书业企业以后开展市场营销活动时可以快速地获取相关信息。营销人员的业务活动情况不再采用例会和工作报告的方式,而是直接录入 ERP 系统,使管理人员能随时全面掌握每个营销人员的客户跟进情况,调动资源促进订单生成,预防客户流失,有效监管员工的工作和公关费用的合理使用。

② 出版物销售订单处理流程。出版物销售订单在 ERP 系统中是一个电子凭证。订单处理主要包括销售订单报价、计划合同、制定出版物折扣、销售订单输入、客户信用管理、出版物配置和出货日期安排等。书业企业对客户的订单进行编辑并将客户订购的出版物的品名、数量与日期录入系统,ERP 会自动执行折扣、可用性检查、客户信用度检查和更新原材料需求计划等。出版物订单处理模块与财务管理模块、生产计划管理模块紧密相连,快速反应。

ERP 系统改进要点:书业企业在系统中维护销售政策(如出版物折扣策略、客户信用等级等),由系统自动生成价格,可以避免业务人员因销售折扣处理失误而造成损失,在一定程度上规避了经营风险。ERP 系统能按出版物产品分类、地区分类与客户性质等多个不同层次对相关订单数据进行统计,自动生成报表,有助于对出版物营销情况进行深入分析。

③ 出版物交货流程。交货的主要内容包括建立交货文件、出版物分拣和包装。订单生成后,业务人员建立交货文件,交货文件支持整个出货的流程。当交

货文件建立后,再由系统和实体仓储相互合作,挑拣正确的品种与数量,搬运到指定地点统一包装和装卸,包装时根据包装信息来决定其相应的包装方式。发货后及时更新出版物库存。

ERP 系统改进要点包括:建立交货文件后,ERP 系统会自动测算该文件是否可行,检查核实需要出货的出版物的数量,再次检查出版物可用量,计算出货的工作量等,准确度达到95%以上。传统出版物分拣工作需要大量的人力、物力和财力,ERP 系统能提供高效的功能与工具,节省时间和成本。ERP 系统通过包装信息来更新包装材料的存货情况,对可归还包装材料进行监控和循环利用。

3. 财务管理模块

赛迪顾问股份有限公司对集成的财务管理信息系统做了如下定义:"能够帮助企业对各类财务数据进行处理和分析,管理和监控财务活动并与投资方进行沟通,是企业管理信息系统的核心组成部分。"财务管理系统整合了生产计划管理模块、市场营销管理模块和人力资源管理模块的全部信息,并集中处理,生成内、外部财务报表,让书业企业管理层能对企业财务状况进行实时分析。书业企业 ERP 通常将财务管理系统作为核心模块,将信息流、资金流和物流高度集成,从传统书业企业财务的事后核算变为对财务信息的事前预测、事中控制和事后总结。图7-9所示为 SAP 公司的 ERP 财务模块功能概览。

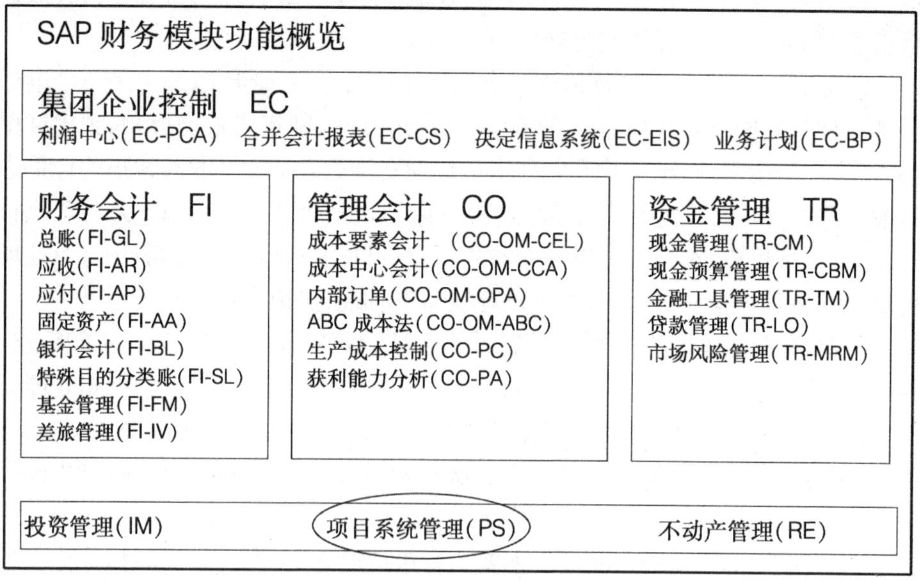

图7-9 SAP 公司的 ERP 财务模块功能概览

(1) 财务管理模块的主要任务。财务管理模块的主要任务是为书业企业决策人员和项目管理人员提供有关的财务管理信息,以解决下面的问题:

① 书业企业的实力如何?可以执行何种战略规划?

② 如何降低书业企业的生产成本?

③ 书业企业的各项支出分配是否合理?

④ 书业企业的经营情况如何?

⑤ 书业企业的财务状况如何?

⑥ 书业企业如何有效地使用固定资产和流动资产?

(2) 财务管理模块对财务业务流程的改进。传统书业企业中,对账、结账与编制财务报告等财务管理行为主要通过手工操作来完成,导致企业管理效率低下、随意性增大甚至失误较多。ERP 系统中的财务管理系统和其他模块有相应的接口,高集成度的管理模块可将采购、生产和营销等过程中的信息自动计入财务模块生成总账、会计报表等,取消了烦琐的输入凭证过程,取代了以往传统的手工操作,实现了财务与业务的协同。此外,ERP 财务管理系统还能做到财务核算更及时、往来账目一致、费用核算部门归口统一、借还款流程明晰、会计制度统一执行、资金使用效率提高以及降低企业经营风险等。

① 采购过程中的财务业务流程。ERP 系统的改进要点包括:原材料采购后,经质量检查部门验收入库,录入库存系统,ERP 系统的会计界面能对增加或减少的应付账款自动生成会计凭证,过账后在总账目系统中同时更新应付账款和存货账户。在采购付款循环中实现了资金流和物流的高度统一。

② 生产过程中的财务业务流程。ERP 系统改进要点包括:申报通过的选题会进入出版制作环节中,此时生产成本增加,ERP 系统的会计界面自动生成会计凭证,在总账中更新相应的会计科目数据。出版物制作完成后,成品入库,再通过 ERP 系统的会计界面生成会计凭证,在总账中减少生产成本账户的金额,增加存货账户的金额,实现出版物生产循环中资金流和物流的高度统一。财务管理系统还能在出版物生产过程中收集成本数据,并用计划与实际结果间的对比来协助对项目结构和进度的监控。

③ 销售过程中的财务业务流程。ERP 系统的改进要点包括:营销部门在接到订单后会通知仓储部门按照订单配货,并及时发货,此过程中出版物库存减少,应收书款增加。通过 ERP 系统的会计界面,自动生成会计凭证,过账后立即更新应收书款和存货有关账户的金额。收到客户支付的款项后,通过 ERP 系统的会计界面,自动生成收款凭证并过账,总账目系统中的现金和应收账款两个项目的数据

同时得到更新。在营销和付款循环中实现了资金流和物流的高度统一。

4. 人力资源管理模块

人力资源管理是近年扩展进来的 ERP 模块,着重于对人的活动的管理,适应企业人性化管理的需要。人力资源管理模块可为书业企业主管领导提供制定经营决策、人力资源计划所需要的各项信息,并且处理日常的人事变动情况。书业企业成功实施 ERP 人力资源管理模块后会优化人事管理业务流程、提高人力资源管理效率、改善员工服务质量、高效完成员工事务处理,提升员工满意度。

(1) 人力资源管理模块的主要任务。人力资源管理模块的主要任务是为书业企业的人力资源部门提供有关的人事信息,以解决下面的问题:

① 企业组织与人员动态信息如何?

② 书业企业需要什么样的员工?

③ 各部门职位的工资预算是多少?职能范围是什么?

④ 书业企业目前拥有的员工是否已经满足企业需要?

⑤ 工作效率是否令人满意?

⑥ 书业企业能否为员工设计职业发展路线?员工的满意度如何?

(2) 人力资源管理模块对人事业务流程的改进。

① 人力资源管理模块对招聘流程的改进。传统书业企业出现部门职位空缺时,会通过人力资源部门进行招聘,雇用有相应技能的人才。通常人力资源部根据空缺职位的要求按以下步骤进行招聘:撰写招聘启事、刊登招聘广告、收集简历、筛选比较、笔试、面试和签订合同等。

ERP 系统对业务的改进要点包括:进行招聘过程的管理;优化招聘过程;在系统内设置员工招聘模块,包含招聘需求申请、审批、招聘信息发布、建立测试题库、成绩管理、录取和招聘评估等内容,减少重复的业务工作量。对招聘过程进行科学管理,从而降低招聘成本。系统建立应聘人员管理库,进行人员与职位的自动匹配,并提供辅助信息,有助于企业进行人才资源的挖掘。

② 人力资源管理模块对考勤管理流程的改进。考勤管理流程主要用来管理书业企业员工日常工作、加班和请假的信息,通过汇总计算出员工的月/年出勤天数,通过评估考勤记录进行奖惩,为员工的薪金发放提供依据,根据书业企业需求对员工工作时间进行调整安排。

ERP 系统的改进要点包括:运用远程考勤系统,按照书业企业的实际需求进行考勤区间的设置,将员工实际出勤情况记录到系统中。对员工的加班、轮班、调休和年休假等做出周密安排,灵活地调整书业企业员工的作息时间表。确保考勤数据的有效性与准确性,可以更科学地做出人事决策,提高员工的工作满意度。如图7-10所示为用友ERP系统的考勤业务流程管理。

③ 人力资源管理模块对绩效评估流程的改进。人力资源部门按照统一的绩效标准对员工的个人行为和工作表现进行业绩考核,评估信息来源包括员工自评、同事评价、工作成绩评估和检测调查表等。绩效评估结果作为薪酬发放和人事安排的依据,同时也可作为辅助信息对书业企业职位设置和职能范围界定进行调整。

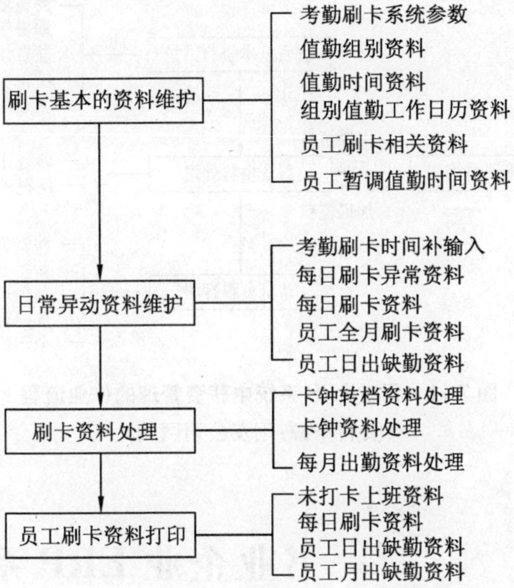

图7-10　用友ERP系统的考勤业务流程管理

(资料来源:用友公司网站)

ERP系统改进要点包括:员工可以通过系统进行匿名绩效评估,客观公正且能灵活利用空余时间段完成。系统模块中可建立一个或多个业务评估模板,使员工的评估更统一和标准。此外,引进技术等级的管理方式,可以量化书业企业员工的工作业绩和工作量大小,更有效地提供反映员工能力的报表。系统定期统计书业企业的劳动生产率。人力资源部门可以通过系统了解每个员工的个人资料,通过岗位调整、人事提拔和培训等使员工的能力得到最大的发挥。

④ 人力资源管理模块对薪资核算流程的改进。适当而灵活的薪资制度能提升企业在人力资源方面的竞争力,是企业发展战略的重要组成部分。企业按照人

事成本计划进行工资预算,结合绩效考评制订薪资计划管理。薪资计划管理的人事主数据包括基本工资和津贴(包括工资扣减项),核算后填写报表提交财务,审批后发放员工工资单。如图7-11所示为用友ERP系统中薪资管理的作业流程。

ERP系统的改进要点有:系统可根据统一标准自动计算跨地区、跨部门和跨职位的不同薪资,规范薪资管理。薪资与绩效管理直接集成,工资的各项扣减及津贴发放由系统自动提供,减少人工的业务工作量。此外,系统还有员工贷款、公积金及保险缴纳等功能。

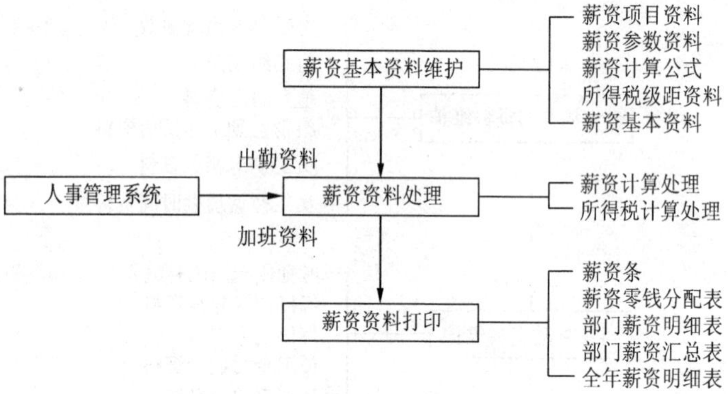

图7-11 用友ERP系统中薪资管理的作业流程

(资料来源:用友公司网站)

第三节 书业企业ERP系统的构建

书业企业ERP系统是按照一定的管理思想开发出来的,书业企业采用这种管理信息系统,意味着要借鉴相应的先进管理理念。可以说,ERP系统的引入首先带来的是管理思想的变革。如何规划、运用和管理ERP系统,使之达到最佳状态以更好地为书业企业的管理服务,是书业企业ERP系统建设过程中不可忽视的问题。

一、ERP系统规划

构建ERP系统对书业企业而言是一项浩大的工程。首先,ERP系统资金投入较大,书业企业要定制一套较为完整的ERP系统需要花费几百万元,还不包括后续的升级投入(后期年投入一般在年收入的1%至4%);其次,ERP系统的项目周期偏长,从规划到运行一般要经历数年才能给企业带来显著的效益;此外,ERP项目涉及面广泛,业务流程几乎涵盖书业企业所有部门。因此,书业企业在决定ERP项目之前,要认真制订项目计划,这也是ERP开发过程中最重要的环节之一。ERP系统规划的好坏,会直接影响整个系统的成败。

(一) 企业管理现状分析

为了使ERP系统能更好地满足书业企业的需求,必须先对企业的现状进行全面而准确的分析。企业管理现状分析的主要内容包括:书业企业的性质、规模、组织机构设置、生产经营状况、业务流程、现行信息管理系统、企业竞争的优劣势和客户需求等。分析过程的参与人员包括书业企业负责人、各业务部门负责人以及外聘的一至两位ERP专家。此环节还重点包括对书业企业的高层进行ERP的先行教育,确保ERP的实施是仅次于书业企业正常运营的第二位的优先级。分析环节的时间应当控制在一个月之内。

(二) ERP系统目标分析

ERP系统目标分析是为了明确ERP系统能为书业企业带来哪些优势。这一过程要求书业企业在对现行系统分析的基础上,根据企业愿景对ERP系统进行分析和设计。如图7-12所示为高等教育出版社信息化构想示意图。新的

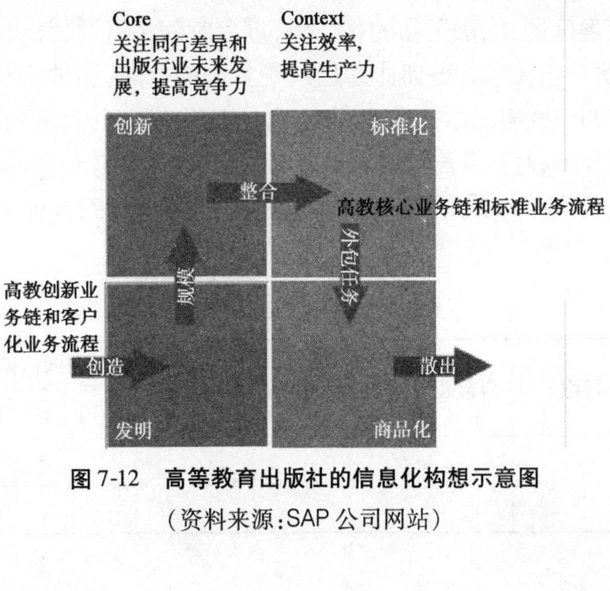

图7-12 高等教育出版社的信息化构想示意图

(资料来源:SAP公司网站)

ERP 系统目标分析设计的主要内容和基本方法包括如下几点:确定 ERP 系统的总体目标、建立 ERP 系统的信息流程、建立 ERP 系统的总体结构和功能、建立 ERP 系统的功能模型、建立 ERP 系统的信息模型、提出 ERP 系统的外部接口要求以及提出 ERP 系统关键问题的技术方案。

在这一环节中,书业企业应提供一份简明扼要且易于检验的书面报告,既为企业发展提供规划蓝图,又为 ERP 系统实施过程中的决策提供依据。报告中还应当包括书业企业愿景和竞争力分析。

(三) 系统实施计划设计

在决定实施 ERP 项目前,书业企业要制订详细的系统实施计划,包括主项目计划及各阶段分解计划。通过系统实施计划有序协调书业企业的人力、物力和财力,确保书业企业有足够的资源支持项目的开展。ERP 是一项复杂的系统工程,如果没有科学的实施计划,系统实施工作就会出现各种问题,导致系统构建失败。

完整的 ERP 系统实施计划包括配置计划、推进计划和人员培训计划。配置计划主要由相关技术人员协同制订,包括对 ERP 系统的体系结构、计算机软件与硬件、组织机构进行合理的选择与配置。推进计划(如表 7-1 所示)要明确项目的总进度、各阶段进度和各功能模块的进度等,用来估算工作量并进行资源协调。ERP 系统的实施周期在文献中通常标注为 18 ~ 24 个月,但在实际操作中有很大差别。因此,制订推进计划时要把握两点原则:不能操之过急,要留出缓冲时间来解决突发问题;明确工作的优先级,以免时间拖得过长,使员工积极性降低,同时也浪费企业成本。培训计划是系统实施的保障,通常 ERP 系统会改变书业企业现有的一些组织结构,从而影响到员工的实际利益,比如对员工的职能职权进行重新分配、对业务流程进行调整等。因此,要制订切实可行的培训计划来帮助企业员工认识到实施 ERP 的重要意义,理解 ERP 的各种功能,配合 ERP 项目的实施。

表 7-1 ERP 项目推进计划

<table>
<tr><th rowspan="2">步骤</th><th rowspan="2">任务名称</th><th rowspan="2">所需工作日</th><th rowspan="2">开始日期</th><th rowspan="2">结束日期</th><th colspan="2">资源协调</th><th rowspan="2">提交成果</th></tr>
<tr><th>公司</th><th>ERP 供应商</th></tr>
<tr><td rowspan="2">一</td><td></td><td rowspan="2"></td><td></td><td></td><td></td><td></td><td></td></tr>
<tr><td></td><td></td><td></td><td></td><td></td><td></td></tr>
</table>

续表

步骤	任务名称	所需工作日	开始日期	结束日期	资源协调		提交成果
					公司	ERP 供应商	
二							
三							
四							
五							
六							
七							
八							
九							

(四)系统经费计划及投资效益分析

ERP 系统开发与实施成本较高,因此,书业企业在系统开发前需进行经费估算。一般情况下,ERP 系统开发定制所需的费用主要包括硬件、环境建设、软件、系统运行、人员培训、管理及其他不可预测的费用。一个详细的经费计划能使 ERP 项目实施过程中不会由于资金不足而影响开发进度,避免反复追加预算从而影响书业企业正常运营。在经费计划制订中,要充分考虑各项因素,尽量使计划制订得合理,保证系统实施过程有足够的经费,但也不要估算过高,导致资金闲置造成浪费。

投资效益分析是为了确保书业企业实施 ERP 项目后能获取相应的效益。完整的投资效益分析报告包括可量化的效益与不可量化的效益两部分,前者主要体现在流动资金、劳动生产率、产品质量、生产周期和库存水平等方面,后者主要体现为企业的现代化管理水平、企业形象与竞争力等。

经费计划与投资效益分析能使书业企业负责人根据投入成本与预期效益来做投资决策分析,决定ERP系统的投资强度,也能作为ERP项目完成验收时的重要参考依据。

(五)可行性分析

可行性分析是ERP系统规划的重要内容,既要考虑书业企业的长远发展,又要考虑书业企业目前的实际情况与需求。可行性分析报告是对前四点的总结论证,结合书业企业管理现状,对实施中的难点与阻力进行分析,探讨企业是否具备实施ERP系统的能力,为领导做决策提供参考,并作为系统实施和项目控制的依据。

二、ERP系统选型

每个实施ERP项目的企业都可以自行开发或是购买现成的ERP软件系统。对于书业企业而言,自行开发软件的可操作性不强,耗时过长、资金投入过大且成功率低。一套成熟的ERP软件系统开发至少需要2~3年时间,还要有大量资金投入。此外,由于书业企业内部懂相关信息技术的人员较少,起点过低,也会导致软件开发失败。因此,购买已成熟的软件对于书业企业而言是更科学理性的选择。

(一)ERP选型的原则

ERP选型是根据已有的书业企业管理平台来选择相匹配的信息平台。提升企业竞争力的关键在于书业企业运营所依赖的管理平台,信息平台是辅助因素。因此,信息平台的内容、架构和功能等都应取决于管理平台,并从形式和结构上与管理平台相匹配。在进行ERP选型时,核心问题是选用何种信息化的手段来改善书业企业的管理状况。首先要分析书业企业内部的业务流程,然后开始具体的ERP选型工作。ERP选型需要把握以下四个原则。

1. 匹配性原则

必须确保ERP软件能够与书业企业的管理层次和硬件环境相匹配,保证书业企业对原有信息资源的有效利用。书业企业不能盲目上马,片面追求名气大、价格高和功能全面的ERP软件,因为书业企业与其他行业企业的具体情况不同,书业企业间对软件的要求也各不相同。因此,最为关键的是,ERP软件要适合书业企业的实际状况,能满足企业的特定需求,能够提供本地化的、最为合适的和最能解决书业企业当下存在问题的方案。

2. 成熟性原则

由于目前应用 ERP 软件的书业企业不多,因此,在选择时更要慎重,尽量不选择那些新上市、对其功能是否完备没有把握的产品,而选择相对成熟并被实践验证过的 ERP 软件。书业企业在选型时一定要先考察 ERP 软件曾经实施的相关案例:软件质量是否可靠;操作是否简易;企业的满意度如何;后期维护是否方便;等等。这样可以有效地减少实施的不确定性,降低选型失误的风险。

3. 开放性原则

ERP 软件是标准化的产品,它一般只能满足企业 80% 的需要,剩下 20% 要根据企业的具体情况进行二次开发。因此,ERP 软件的开放性也是选型时需要考虑的重点。ERP 软件的开放性不仅能够决定系统的二次开发情况,而且影响着系统的集成、完善和维护等后期相关工作。当然,开放性应该适度,因为 ERP 实施后所有的企业数据都用信息化的手段保存,过于开放的系统会导致安全系数不高及管理人员权限过大等问题。书业企业需要考察相关 ERP 软件开放性如何,是否符合企业需求,结合自身情况和需求来选择 ERP 软件。

4. 可持续发展原则

在信息化时代,信息技术的发展日新月异,ERP 的选型不能只考虑能否满足当前的需求,还要考虑系统是否具有可持续发展的能力。ERP 项目所需投入的资金和人力都相当大,因此,必须考虑到可持续性和未来的发展空间。一方面,书业企业必须做好管理人才和信息人才的培养,为企业的信息化进程服务,这是保证企业信息化建设效果的必要条件;另一方面,书业企业应该在选型初始就选择那些发展前景良好、实力相对较强、更有能力为书业企业提供持续并可靠服务的 ERP 软件商,这是企业信息化建设可持续发展的有力保障。

(二) ERP 选型的前期工作

1. 成立筹备小组

项目筹备小组的成员应该从多个部门层次中选择,如书业企业决策层、业务部门、财务部门、信息技术部门和后勤部门等,从中选择优秀且责任心强的相关人员,共同进行项目的筹备。也可分成不同的项目小组,如高教社是将 ERP 作为社内的重点工程和社长工程,分别成立领导小组、专家小组和项目工作组。领导小组负责战略决策、政策变更以及各部门间的协调;专家组负责项目的咨询与论证;项目工作组跟进项目的实施,是具体工作的中坚力量。各小组职能明确,分工协作,共同保证项目的顺利完成。

归根结底,无论采用何种方式,筹备小组都需要完成以下几方面的任务:选型前组织员工进行 ERP 相关知识的培训;总结书业企业目前存在的问题及要通过 ERP 项目解决的企业需求,对书业企业上马 ERP 项目进行 SWOT 分析;做好对已使用 ERP 系统的书业企业的调研工作;了解相关 ERP 软件,和软件商进行接触商谈;等等。

2. ERP 相关知识培训

书业企业实施 ERP 项目,首先要得到企业决策层的认可,因此,对他们进行 ERP 相关知识的培训十分重要,要让企业决策层明白 ERP 的本质、作用和重要性。例如:ERP 究竟是什么? 项目应该如何实施? 它能为企业带来什么样的利益? 等等。其次,还需要对筹备项目小组成员进行统一的培训,让项目小组在实施过程中能更专业、及时地发现并解决问题,使 ERP 项目切实符合企业需求。再次,要对企业员工进行相关知识的培训,因为在 ERP 项目实施过程中,将会牵涉到众多部门,在优化业务流程和职能权限调整时也需要员工的理解和配合,对员工进行培训可以增强他们的积极性,也有利于筹备小组在项目实施中进行协调。

3. SWOT 分析

项目筹备小组在 ERP 选型前需要分析企业的现状,并做出完整的 SWOT 报告,为 ERP 选型提供依据。其内容应包括 ERP 相关知识介绍、书业企业的现状(目前企业在管理中存在哪些可精简的环节,明确企业自身规模等)、实施 ERP 项目的优势、实施 ERP 项目的劣势和可能存在的问题以及实施 ERP 的已备条件(如管理环境、人员要求、资金和时间计划等)和项目实施可能具有的风险及对策等。书业企业决策层可以根据 SWOT 报告来做出是否实施 ERP 项目的决策,一旦决策通过,ERP 项目就可以正式立项,财务部门负责做出项目的预算,落实各项资源和启动 ERP 计划。

4. 考察 ERP 系统厂商

书业企业与 ERP 系统厂商进行接触和选择时,可以根据系统厂商的总体实力、以往的成功案例、采用的管理和流程设计思想、ERP 系统的开放性以及成熟度等多方面综合考虑,参考媒体信息选定几家 ERP 系统厂商。然后,与选定的 ERP 软件供应商进行深入交流,告知企业的需求、实际状况和期望得到的系统功能,最后,确定将与之合作的 ERP 系统厂商。由于各企业的行业类型与生产类型不同,ERP 软件也有较大差别,书业企业应选择符合本行业、本企业生产类型的 ERP 软件。

5. 测试工作

在选择 ERP 系统之前,最好先对其进行测试。书业企业可以从各个主要业务部门的资料中抽取一些典型数据,用来作为 ERP 选型的测试数据。对于书业企业而言,这些数据通常来自以下部门:编辑部、财务部、发行部和出版部等。

(三) ERP 选型方法

1. 层次分析法

所谓层次分析法(Analytic Hierarchy Process, AHP),是指将一个复杂的多目标决策问题首先分解为多个目标或准则,再将其分解为多指标(或准则、约束)的若干层次,然后通过指标评价体系进行比较、研究和判断,从而选择最优决策方案的系统方法。

对于 ERP 选型来说,层次分析模型主要为三层:最高目标即选择合适的 ERP 软件;中间为准则层,即影响 ERP 选择的各个因素;最下层为方案层,即可供选择的方案。确定了影响项目选择的评价准则后构造如图 7-13 所示的层次结构分析模型。

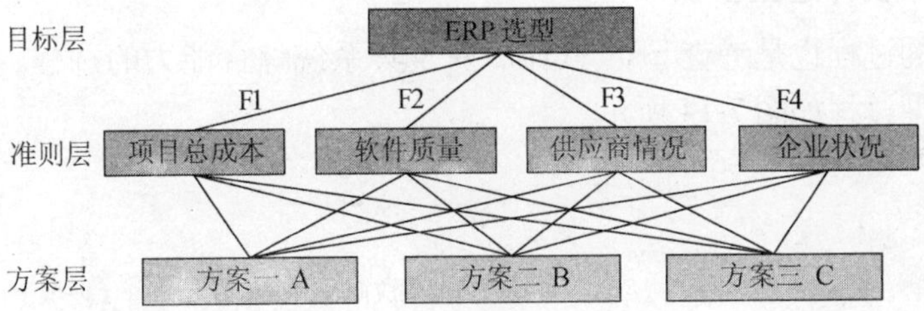

图 7-13 ERP 选型的层次结构模型图

层次分析模型建立后,企业可对评价因素进行两两比较,从而形成比较判断矩阵,最后通过层次总排序来得出结论。层次分析法为 ERP 选型评价与决策提供了有效的工具,其分析结果对于决策者来说具有较大的参考价值。

2. 人工神经网络模型(ANN)

人工神经网络是人工智能的一个分支,近年来使用较为广泛,它是在现代神经科学基础上通过对人脑的某些特性的模拟,建立起由大量神经元互相连接而成的一种神经网络模型,使计算机模拟了部分人脑能力,如对复杂信息的处理能力和学习能力等。人工神经网络应用于 ERP 选型的基本方法是:首先和层次分析法一样,建立ERP系统选型的评价指标体系,然后将基础指标的属性值作为神经网络的输入向量,将评价指数值作为输出变量,然后用足够数量的样本来训练神经网络模型,使神经网络模型得到学习从而加强自组织适应的能力。训练好的神经网络模型就可以作为一种定性和定量相结合的有效评价工具,书业企业只要将ERP系统评价的指标值输入神经网络模型进行运算就能得到目标评价值,辅助企业进行正确的ERP选型决策。

3. 专家调查法

专家调查法又称德尔菲预测方法,是最典型的定性预测法之一,它起源于20世纪40年代末期,由美国的兰德公司最先使用。其基本思想是:由主持预测的机构先选出与预测问题领域相关的专家,数量控制在大约30位。与他们保持适当的联系,通过信件来往或当面咨询,提出问题请专家回答,将专家的意见经过综合、整理、归纳后,匿名反馈给各位专家,再次征求意见。经过多次反复,使专家们的意见逐渐趋于一致并以此作为预测的根据,进行统计分析后得出预测结果。

ERP选型的科学方法还包括数据包络法、模糊评价法等,书业企业可以选择一种或多种方法来使用。正确运用科学方法能帮助书业企业找到最适合的ERP系统,从而减少由于ERP系统不合适造成的企业损失。

(四) ERP软件选型步骤

选型的过程也是考查ERP软件厂商及其系统综合能力的过程。企业应该经历的选型过程如图7-14所示。

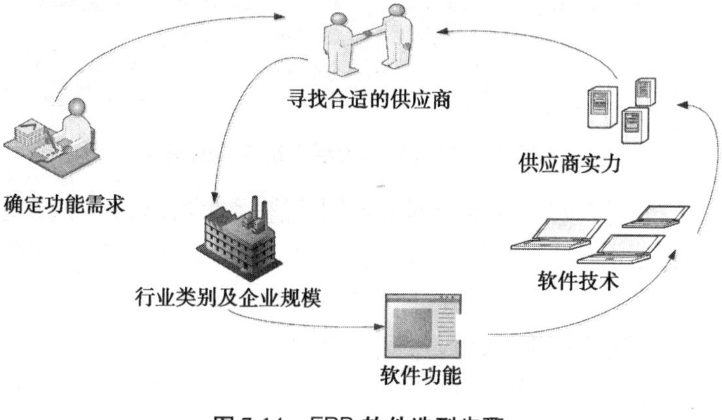

图7-14 ERP软件选型步骤

1. 确定系统功能需求

确定系统功能需求是进行ERP选型的指导,也是鉴定一个系统是否适合于企业的参照标准。书业企业应根据企业现状和存在的问题来明确企业的需求，将希望得到的系统功能通过报告呈现，做到全面准确。

2. 寻找合适的软件供应商

ERP 供应商的选择至关重要。在实施应用 ERP 过程中，书业企业要与软件供应商进行较长时间的合作，因此能否进行长时间的良好合作，对于企业 ERP 实施的成功与否有着重要的推动作用。这个过程需要考虑以下四个方面：

(1) 行业类别及企业规模。不同行业所具备的特征有很大的差异，比如制造业和出版业的流程就大不相同，因此，书业企业必须选择符合本企业所属行业的 ERP 软件，否则就会出现模块功能与业务流程不匹配的情况。此外，即使在出版行业内，ERP 供应商由于产品差异化的需要，往往也会按照企业的规模来细分目标市场，并针对不同的市场设计不同的软件产品。因此，书业企业必须首先确定企业的规模，然后根据自身规模大小来选择 ERP 软件的供应商。

(2) 软件功能。在考察 ERP 软件功能时，要将企业的实际需求与 ERP 的标准逻辑相结合作为依据。书业企业可以参考 Oliver Wight 公司出版的《MRP Ⅱ标准系统》，书中关于 ERP 定义所强调的功能和技术标准都可以作为 ERP 选型的依据。另外，软件功能考察环节还包括考察软件功能的合理性、软件的连通性和开发性以及软件是否简明易学等。

(3) 软件技术。软件技术包括系统的先进性与开放性。好的 ERP 软件应该运用先进的技术，如客户机/服务器体系结构、关系数据库、图形用户界面、计算机辅助软件工程、面向对象技术、数据采集与外部集成等。书业企业还应考察软件是否具有良好的开放性，因为在实施 ERP 系统前，书业企业运用的信息管理系统中可能也有较好的模块与子系统，好的 ERP 软件应能包容原先的模块功能，并有包容未来需要开发新模块的能力，有与其他系统进行数据共享的能力，这些都要求 ERP 系统具有在程序级或者数据级上一定的开放性。

(4) 供应商的实力。书业企业构建实施 ERP 项目不仅仅只是购买一个软件系统，还要购买供应商的相应服务。实践经验表明，ERP 项目的实施需要供应商的帮助与配合，尤其是在项目实施的初始阶段，供应商所提供的咨询、培训和技术支持对于顺利实施 ERP 项目极其重要。因此，书业企业要慎重考察供应商的技术支持能力，如咨询人员的资历、专家顾问的能力水平和培训教师的经验等。经济实力也是需要考察的一个方面，与拥有较强经济实力、业界声誉较好和成功经验较多的供应商合作风险较小。

书业企业在选择几家 ERP 供应商的同时，还应了解各家公司 ERP 项目实施阶段的具体内容,从而判断供应商提供的服务是否全面。图7-15为用友公司ERP系统实施阶段服务内容。

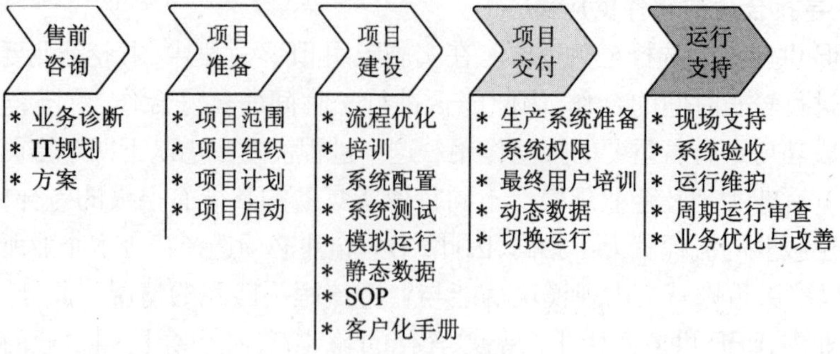

图7-15 ERP系统实施阶段服务内容

3. 实际观摩演示

ERP顾问会根据调研数据来制订该企业实施ERP的具体方案,因此,书业企业应在ERP顾问开始调研前准备好相关的报告和数据等,以配合调研,使调研结果更有效、客观。ERP顾问应向企业参与选型的人员演示根据调研结果制订的实施方案,企业参与选型的人员要认真观看、及时记录,最后按统一标准评分。

书业企业根据评分与报价对ERP供应商进行筛选,可留两至三个供应商继续下一轮的竞争。在这一轮中,书业企业选型小组人员需要提炼企业的目标与模块功能设置的意见,以便供应商能进行有针对性的方案修改。

ERP顾问根据企业需求与更深入的调研报告,撰写书业企业《ERP需求报告》。在第二轮演示前,企业可以准备一些包含企业大部分功能点的实际数据,让ERP顾问能够在系统中输入数据,进行专业演示。数据包括简单的中长期计划、销售订单、编辑流程和报表等。

通常第二轮演示的主要内容包括三部分:一是ERP系统如何满足书业企业的需求;二是对书业企业实际数据的处理过程;三是现场录入一些生产数据,展示ERP系统的功能。

4. 访问软件公司用户

在考察供应商与观摩演示时,书业企业可同步访问各个ERP商家的实施案例。访问对象最好是出版行业内企业,规模与本企业相当,且使用ERP有一段时期。在访问时,应注意了解以下方面:企业状况、信息化建设程度、供应商维护服务、系统功能模块以及客户对 ERP 系统的评价，有条件的还可参与体验。最后访问人员应该撰写访问报告，并分发给 ERP 选型参与者，作为 ERP 选型的依据之一。

5. 选择最佳方案

ERP 选型人员撰写分析报告，参考与各个 ERP 供应商的交流情况，及对各家 ERP 系统的访问状况来进行抉择，选出最佳方案。决策时应综合考虑权衡 ERP 供应商对客户的培训、实施指导与帮助是否及时等各项优缺点，设定适当的权重，形成软件产品选型评价指标体系，再根据得分做最后决定，选出最适合本企业的供应商。

6. 商务谈判

商务谈判需要考虑的内容是多方面的，如购买的系统与功能模块、定制费用、各个模块的报价、系统实施费用、维护费用、硬件要求、项目周期和实施计划等。书业企业既要同供应商在价格上进行谈判，节约投入资金，又不能过于压价导致系统模块功能减少，使得 ERP 系统达不到应有的效果。

7. 签订合同

书业企业确定要购买的商品软件后，要与供应商签订合同。在签订合同过程中，书业企业要注意以下几个方面：所签合同要能具体反映本企业对产品的需求；签订合同前要仔细研究合同样本；合同中应包括处理故障隐患的条款；写清供应商的义务；任何谈妥的事项都应该在合同中注明；要有合理的付款日程表；确认对软件的修改控制权限；合同文字要明确，避免使用模棱两可的文字。

三、ERP 实施管理

ERP 项目在我国实施的成功率并不高，普遍存在最后没有实现系统集成或只是部分实现集成和成本超预算，导致用户满意度较低。研究表明，良好的项目实施管理是保证 ERP 项目能够成功的重要因素。

1. 人力资源管理

ERP 实施过程中的人力资源管理主要包括三个方面：为企业员工组织相关的培训、制订人力资源管理计划及组建项目实施团队。企业员工培训可分为高层管理人员、中层管理人员与一线员工三种，培训应贯穿整个 ERP 项目实施过程。人力资源管理计划负责分配员工在项目中的角色，描述人力资源引入及撤除方式,吸引优秀人才加入,避免人才流失。项目实施团队应定期召开例会,互相沟通交流经验,确保大家思想一致,合力完成项目。

2. 时间管理

ERP项目实施进度取决于多个方面,如团队能力、项目规模、实施难度和领导重视程度等。在具体时间管理过程中,应制定时间进度表,将整个项目拆分为若干模块或是功能子阶段,便于管理与考核。一旦时间进度与计划发生脱节,要迅速找出原因,并采取追加资源和提升工作优先级等方法来确保项目按期完成。

3. 成本管理

ERP实施中要严格实施成本管理,否则很容易超出预算。在项目实施前书业企业要做好成本分配,可按模块或是业务流程来划分,同时与软件供应商签订合同,避免临时追加成本或成本估算错误等情况的发生。

4. 风险管理

书业企业要建立风险管理机制,与专业监督机构及专业顾问长期合作,对ERP项目进行风险分析与跟踪,并提出防范措施。监督分为定期评估和终审评估,贯穿于项目的全过程。定期评估是指专业监督人员根据ERP项目的实施进度,制订计划并在现场做实际分析;终审评估是指在项目实施完成后,对ERP系统所做的全面评价。定期评估是一种预防性监督,通过跟踪实施发展,发现项目实施过程中潜在的问题和风险,及时提出修改建议。监督内容还包括对工作质量的跟踪,判断ERP项目实施是否得到有效的控制,是否达到阶段目标等。

5. 质量管理

ERP项目的质量管理应贯穿整个ERP项目过程。首先,根据ERP项目的实施目标和预期效果,将一些具有可比性、可操作性、可量化的具体评价指标进行分解。其次,要进一步分解一些阶段性评价指标并设置里程碑计划(如图7-16所示),采取分阶段的方式对ERP项目实施质量和效果进行评估,如果出现偏差,能够及时找到问题根源,并落实相应的解决措施,进一步跟踪落实解决措施后的结果是否符合项目要求,一旦问题解决便可以展开下一阶段的工作。

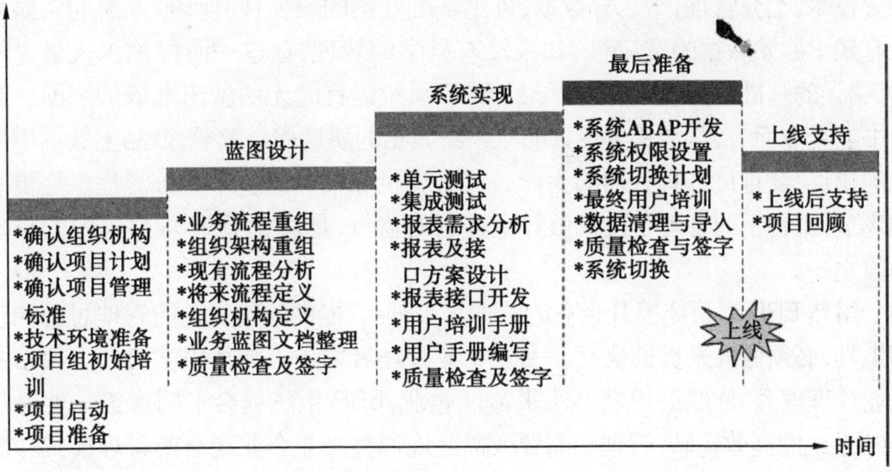

图 7-16　高等教育出版社 ERP 项目里程碑计划

四、ERP 项目失败因素的分析

1. 书业企业对 ERP 选型的内涵认识不足

书业企业 ERP 选型,是对企业管理平台进行识别并为其选择相匹配的信息平台。书业企业在 ERP 选型时,必须先进行 SWOT 分析论证,明确书业企业哪些是目前急需改革的地方,哪些是随着企业发展要调整的地方,企业能为之投入的资金有多少,使 ERP 选型切实符合企业的需求,而不仅仅是靠主观判断和臆想。即使是 SAP 这样的知名系统软件,因其成本高、操作难度大,也未必适合所有的书业企业。西蒙·舒斯特出版公司就曾放弃过 SAP 软件系统,因为其"成本太高,还得在结构与灵活性二者间做出选择"。

当然,ERP 系统本身的复杂性使书业企业负责 ERP 选型的人员既要对信息技术和软件产品有所了解,还要能深入理解并提炼出书业企业管理平台的运行方式,了解书业企业的目标市场特点和运营方式等。否则,不能明确战略性系统需求的书业企业,ERP 项目的失败也就在所难免。

2. 实施过程缺乏管理,忽视相应管理体系的建立

在 ERP 项目实施中,通常采用项目管理技术对其实施过程进行控制及管理。有效地实施控制表现为科学的实施计划、明确的阶段目标和严格的成果考核。比如在项目开展的初期,需要输入大量的企业数据。对于 ERP 系统而言,三分技术,七分管理,十二分数据,可见基础数据的重要性。ERP系统的实施效果有赖于原始数据的准确性,如果没有科学的管理,在这一阶段输入大量过时的、错误的基础数据,将会直接导致ERP系统运行时无法做出准确的判断。对于书业企业而言,从源头上保证整个系统数据的质量相当重要,产品主数据中发生的错误,会直接影响后期的生产、销售、支付和核算等整个业务流程。注重基础环节,用科学的管理手段来做好全过程的监督,是避免ERP项目失败的重要手段之一。

虽然ERP项目能提升企业的管理水平,但它提供的是先进的管理思想和管理工具,必须由人来贯彻执行。书业企业管理者如果不能从中学习到现代书业企业管理理念,依然沿用老办法来治理企业,ERP系统就会形同虚设。要保证ERP系统的高效运转,管理者需要大幅度地调整书业企业现有的管理模式和制度,使信息平台能够服务于管理平台,真正发挥作用。

3. 缺乏长期规划,后期维护投入不足

ERP的动态性可服务于书业企业的长期规划,由于技术、书业企业的生存环境都是不断变化的,因此,ERP系统必须不断改进才能适应书业企业的需求变化。仅把ERP系统投入运转的时刻看成是项目的终点,将投入运转时间(指ERP系统已经完成并且基本的业务流程开始运行的时间)看成是最终的目标,认为这就是ERP项目的结束,会使ERP项目无法发挥其最大的功效。

由于出版业与制造业差异较大,通用型软件如果要满足书业企业的个性化需要,就要做大量的二次开发工作。尤其是中小型书业企业,如果缺少将ERP项目作为长期投资项目的意识,没有进行长期的规划,将有可能导致ERP项目未能实现企业需求就因资金原因而停止,使ERP项目以失败而告终。ERP系统的后期维护发展还包括对员工的持续培训,特别是培养书业企业自己的ERP技术人才。

第四节　出版业 ERP 实施案例

一、高等教育出版社 ERP 的实施案例

(一) 项目背景

高等教育出版社是教育部直属的综合性大型出版社,承担了大量国家级的教材建设规划及出版任务,坚持为教育事业服务,每年覆盖各个层次的教育类书籍的发行量达到1亿册以上,是行业内的领军企业。

随着技术的发展与网络时代的到来,远程教育服务、多媒体电子出版物、数字读物、在线学习软件和按需定制出版物的不断兴起,使得以往单一、简单、通用性的纸质教育出版物在多样、复杂、个性化、多媒体化的新兴教育出版物面前,逐渐丧失其竞争优势。同时,教育理念也发生了很大的改变,"终身学习"和"自主学习"成为人们的新需求。内容资源来源日益多样化也使得市场竞争愈加激烈。环境的种种变化让高等教育出版社意识到原有的运营模式已难以跟上时代的步伐。

此外,传统的信息系统也不符合高等教育出版社发展业务的需求。比如原来高等教育出版社自主研发的信息系统有明显的行业特点,但有两个致命的缺陷:一个是使用 DOS 系统,另一个就是信息数据无法集成共享。出版物信息的录入有多个入口,如果书名不统一,哪怕是细微差别,如"半角"或者"全角"的区别、"上"或者"上册"的区别、有括号或者是没有括号的区别,DOS 系统都无法检索出来,造成数据重复且使用不便。另一个是以前的 MIS 系统没有替代品种信息,新老品种无法建立联系。书业企业在销售新产品的时候如果不清楚老产品的信息,会导致新产品和老产品互相竞争,产生不必要的库存积压。

2002 年年初,高等教育出版社发布了《2001—2010 年发展目标与发展战略》,制定了"以发展为主题,以结构调整为主线,以改革为动力,不断壮大实力,增强活力,提高竞争力,利用十年时间,经过三个发展阶段,把高等教育出版社建设成为国内前列、世界知名的综合性、现代化、具有国际竞争力的大型教育传媒

集团”的发展目标。由于出版企业一般都具有“信息流量大、智力劳动强度高、工作流程复杂”等方面的特点,因此,仅靠人力来应对现代社会的信息化变革所带来的竞争压力,可行性不高。结合国外的先进经验,高等教育出版社决定上马ERP项目,实现工作平台与企业管理的双重现代化,全面提升书业企业的管理水平与市场竞争能力。

(二)项目选型

高等教育出版社社务委员会经过八个多月的考察与十多次专题论证,于2002年9月和10月分三次通过论证报告确定选用软件、项目的实施方与监理方、筹备小组人员等,并决定从10月14日起实施高教社ERP第一期项目。高教社最后选择的是SAP公司的mySAP. com系统4.6D中文版,简称为HEP-SAP系统,其项目实施方为普华永道(PWC)公司,项目监理方是贯能管理技术有限公司。SAP公司创建于1972年,是世界上较知名的ERP系统软件供应商,拥有自己的媒体解决方案,在我国新闻出版行业中,广州日报集团与新华书店总店实施的也是SAP系统。普华永道公司是世界五大咨询公司之一(后来其全球咨询业务被拆分并入IBM公司),成功地为多家书业企业实施了ERP项目。贯能公司在ERP项目监理方面也拥有众多的成功案例。

SAP系统具有信息集成共享、数据及时准确、系统可持续优化等特点。软件产品相对成熟、企业知名度较高、声誉较好、企业实力雄厚、成功案例众多等都是高等教育出版社选型的重要参考依据。

(三)实施计划

高教出版社的信息化目的就是借助信息化整合其核心业务链;并在此基础上,开发出面向企业服务层面的、有针对性的创新业务链信息化运营平台(如图7-17所示)。高教出版社的信息化构想,决定了其信息化路线:前期的重点是核心业务流程的信息化和企业流程的梳理,并以此为基础,对面向企业应用的信息化平台进行开发。因此,高等教育出版社在2002年10月至2003年5月期间实施信息化项目一期工程,项目内容主要是以SAP软件为主,引入了包括PS(项目管理)、PP(生产计划)、MM(物料管理)、SD(销售管理)、FI(财务管理)、CO(成本管理)、HR(人力资源管理)等功能模块在内的七个主要模块。各模块的主要功能如图7-18所示。

图 7-17　高等教育出版社创新业务链运行流程构想示意图

项目管理（选题管理）PS	生产计划（编辑加工与印制生产）PT	物料管理（原材料管理与产成品管理）MM	销售与分销（发行）SD	财务会计 FI	管理会计 CO	人力资源 HR
□简易成本分析 □建立项目结构 □选题申报与审批 □书号分配 □创建产品主数据 □宣传目录编制	□编制生产计划 □书稿审读加工 □插图绘制 □封面设计 □版式设计 □排版 □校对 □印制 □质检	□产品主数据管理 □供应商评估 □合同管理 □纸张采购管理 □纸张库存管理 □出版物采购管理 □出版物库存管理 □样书领用管理	□标准销售 □现金销售 □合同购书 □样书领用 □作者优惠购书 □图书折扣管理 □客户主数据及信用管理 □销售预测及造货计划 □退货管理	□销售收入核算 □往来业务核算 □收、付款业务 □现金管理及分析 □税金核算及缴纳 □费用报销 □出书成本核算 □固定资产管理 □存货核算 □稿费计算与支付	□成本（利润）中心会计 □成本（利润）中心预算 □标准成本、标准工价制定 □成本费用分配、分摊 □成本费用分析 □期末结账 □企业经营情况分析 □企业财务状况分析	□员工主数据管理 □工资管理及核算 □保险及公积金交纳 □人事事件（录用、转正、调职、退休、返聘、出国等） □组织结构和职位管理 □员工福利 □考勤及奖惩管理

图 7-18　高等教育出版社各模块涵盖的业务功能

SAP 系统一期实施范围包括：高等教育出版社、高等教育电子音像出版社、蓝色畅想图书发行公司、高等教育出版社上海分社、蓝色畅想华东子公司、蓝色畅想印务公司,实施周期为2002年10月至2003年5月。项目一期结束后,新系统做到了跨部门、跨公司、跨地区的业务整合与系统集成;梳理了132条业务流程,优化了77项变革管理条目,清理了100多万条企业历史数据;达到财务与业务之间相互有效控制,提高了企业的经营意识。

此后,高等教育出版社又乘胜追击,在2004年和2005年进行了第二期和第三期信息化工程项目实施,并先后引进了BW(数据仓库)、EP(企业门户)和SAP CRM(客户关系管理)系统。其中,数据仓库系统的主要作用是帮助用户将SAP软件中七大模块的企业运营数据合而为一,对数据进行提炼加工集成,得到含有一定量商务价值与意义的信息;企业门户的作用是借助其友好的WEB浏览器的页面以及其单点登录的模式,简化用户的操作界面,并实现了OA系统(办公自动化)与企业的门户系统的单点登录,做到整合资源,综合利用;而客户关系管理系统的引入,则真正做到了以客户为中心,改善企业与客户的关系,提升了客户的满意度。通过前三期的信息化改造工程,高教社初步完成对书业企业内部流程的标准化梳理,对企业销售、研发、库存和装运控制、财务管理和会计核算的标准化流程进行了再造与控制,初步具备了借助信息化对书业企业生产运营流程进行标准化管理的能力,但是,距离高等教育出版社信息化目标的完全实现,仍有一段距离。

为了进一步实现以客户为中心的营销模式,支持商业智能化,做到内容资源集成及数字化,支持网络化出版,高等教育出版社于2006年开始第四期项目工程,升级使用产品为SAP ERP6.0系统,以引入SAP NetWeaver平台(SAP NetWeaver是基于服务的平台,是未来所有SAP应用程序的基础)为主要手段,着手搭建企业SOA(面向企业服务架构)。主要内容包括:集成所有的信息化系统,使全部的生产经营信息数据都能在同一个平台上共享;实现对书业企业所有信息数据的商业智能分析,以做出最合理的业务流程安排;在统一的信息化平台上,开发面向企业服务、应用的信息系统,并与整体的信息化平台集成,逐步完善信息化平台的应用功能,最终将所有企业运营流程整合到信息化平台中。图7-19为高教社基于SAP NetWeaver平台的企业SOA构想图。

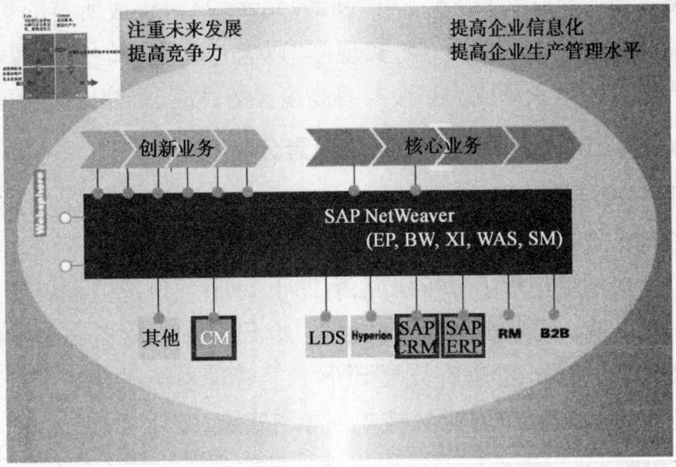

图 7-19　高教社基于 SAP NetWeaver 平台的企业 SOA 构想图

(资料来源:SAP 公司网站)

目前,高等教育出版社正在进行的第五期项目建设还将通过对 CM 等面向企业应用和服务信息系统的开发与创新,进一步拓展信息化平台的应用范围,如图 7-20 所示,通过将全部业务纳入企业 SOA 中,达到全面、高效支持出版社业务流程的最终目的。

图 7-20　高等教育出版社 SOA 信息金字塔

(资料来源:SAP 公司网站)

高等教育出版社 ERP 信息管理系统的最终目标是:系统运行集成,业务信息共享,实现跨部门、跨公司、跨地区的业务整合与系统集成;全面优化业务流程,提高工作效率;提高生产管理环节的自动化程度;为管理层提供科学的经营管理与决策支持信息;通过引入 SAP NetWeaver 平台集成所有的信息系统,建立起面向服务的统一信息化平台,实现向“以客户为中心的业务流程转变”,使书业企业的信息管理系统成为一个具有高度灵活性的、智能化的管理平台。

(四) 高等教育出版社 ERP 项目成功因素分析

1. 项目实施准备阶段

高等教育出版社在实施 ERP 之前做了充分的企业调研,对本企业的使命、经营需求和存在不足进行了分析研究,有助于 ERP 项目选型和规划。根据企业现状撰写包含企业资源状况的可行性报告,给 ERP 项目筹备小组提供了有效参考。只有信息全面准确,企业在开展 ERP 信息管理系统建设时才能合理分配资源,明确项目范围,确保 ERP 项目按规划顺利实施。

此外,高等教育出版社按项目里程碑计划组建了合理的项目筹备小组。项目筹备小组共分三个层面:“ERP 项目领导小组”成员包括组长(社长)、副组长(总编和党委书记)、成员(各分社的社长与各职能部门的负责人);“ERP 项目专家小组”成员包括高教社内信息技术方面的专家及从社外聘请的顾问;“ERP 项目实施小组”成员包括各部门挑选出的 ERP 实施业务代表。项目小组涵盖了不同层面的优秀人员,保证选型的科学性及实施过程中的良好管理。

最后,长达八个多月的选型过程及多次科学论证是选型成功的保障。在论证的过程中,高等教育出版社一方面对 ERP 管理信息系统进行反复的研究与分析,对信息化程度高的国内外企业进行广泛细致的考察调研,包括德国的 SAP 公司、使用 SAP 软件的国内外出版机构等。另一方面,注重对社内不同人员进行 ERP 基本知识和管理思想的培训,如邀请清华大学孙家广院士为高等教育出版社做企业信息化建设的专题报告;邀请海尔集团的项目经理介绍 ERP 的实施给海尔集团带来的变化;邀请 IBM 公司相关专家介绍台湾地区最大的中小学教材出版商康轩文教集团实施 SAP 软件的情况;还邀请了德国 SAP 公司总部媒体解决方案开发部的经理福兰克先生和美国出版业实施 ERP 项目的资深顾问当娜女士为社内相关人员介绍 SAP 媒体解决方案、国外出版社实施 ERP 的成功经验与面临的风险等。

2. 项目实施阶段

在 ERP 项目实施过程中,由于高等教育出版社的资金实力雄厚,因此可以投入较多资金,根据企业特点从 SAP 公司定制需要的相关功能模块,把握住业务流程的关键点,结合企业实际情况用 ERP 思想对业务流程进行合理再造。

高等教育出版社在项目实施阶段进行了有效的项目管理,包括合理的项目阶段规划及分解细化,如图7-21为高教社各阶段的项目规划及具体评估实施的内容。项目分解可以将总项目分成一项项的子项目,通过对每一项子项目的管理控制来保证最终整体项目实施的成功。

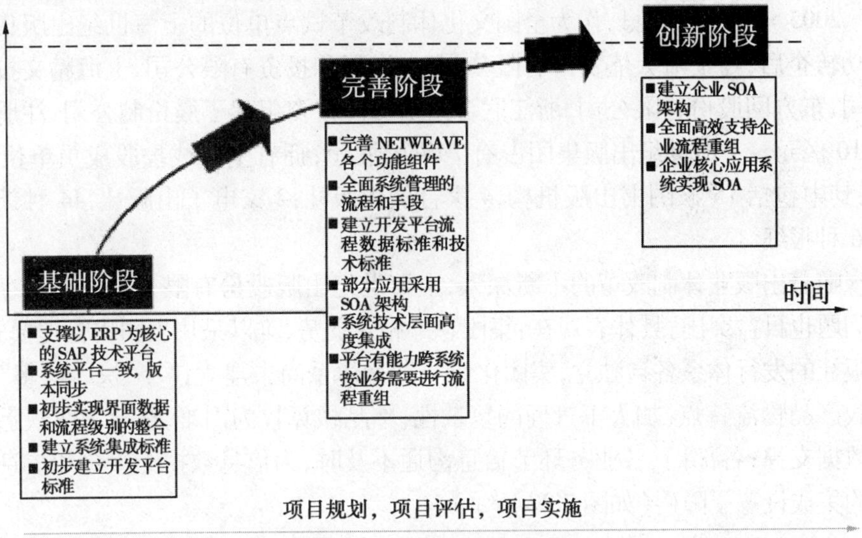

图7-21　高教社ERP项目规划及具体评估实施内容

(资料来源:SAP公司网站)

高等教育出版社启用项目全程监理也是ERP信息管理系统实施成功的重要原因之一。贯能管理技术有限公司是专业的第三方ERP项目实施监理,可以较好地控制项目实施质量。

3. 项目交验及后续阶段

高等教育出版社在每一期项目交验时,都进行详细的测试,以确定系统的稳定性。系统上线一段时间后,再根据各项预期目标对系统进行评估,持续监控系统的运行,保证所有业务流程运行结果有效。做好科学合理的成本预算,使书业企业后续有足够资金对ERP系统进行维护和升级。此外,每一次升级都建立在前一个项目已经成功稳定实施的基础上,确保ERP系统升级是一个逐步完善、稳定发展的过程。

在人力资源管理方面,高等教育出版社对企业员工进行持续培训,使员工真正学会运用ERP系统。同时培养企业自己的信息管理技术人员,保证ERP系统能得到及时维护,也从根本上为应对以后的信息化变革提供技术上的支持。

二、上海世纪出版股份有限公司 ERP 实施案例

1. 项目背景

2005 年 11 月 26 日,作为全国文化体制改革试点单位的上海世纪出版集团成功转企后,与上海大盛资产有限公司、上海联和投资有限公司、上海精文投资公司、东方网股份有限公司、浙江联合出版集团投资组建了股份制公司,注册资本 10 亿元。上海世纪出版集团占有 70% 的股份,拥有全资或控股成员单位 26 家,其中包括 15 家图书出版机构,4 家音像出版社,2 家电子出版社,44 种期刊和 6 种报纸。

随着出版业体制改革的不断深入,上海世纪出版股份有限公司管理上存在的问题也日益突出,具体表现在:集团总部相对弱势,难以采用集团化管理模式;出版社的发行体系各自独立,集团化统一发行体系尚未建立;“小、快、零、多”的出版产品物流特点,加大了管理的复杂性;单品核算较为困难,绩效考核缺乏统一数据支撑;各部门、各业务环节信息沟通不及时,为信息数据的整合和信息系统的集成设置了障碍(如图 7-22 所示)。

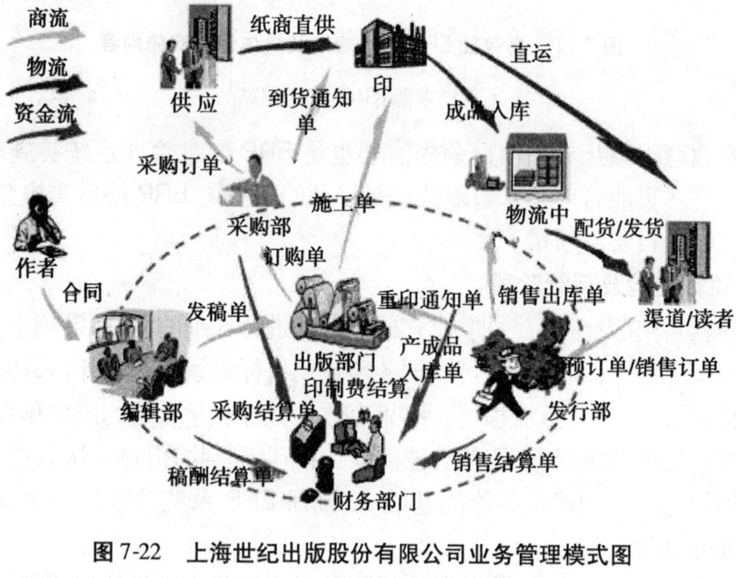

图 7-22　上海世纪出版股份有限公司业务管理模式图

(资料来源:用友软件集团官网)

上海世纪出版股份有限公司亟待通过 ERP 项目解决集团的三大问题：第一，从经营角度出发，改变单纯依靠增加出版物品种来拉动销售的增长方式；加强选题策划和出版计划的管理，提高图书的整体选题质量和单品种盈利能力；通过信息共享，有效减少不良库存；强化资金管理能力，完善成本反馈检查体系，控制生产成本，增加集团利润。第二，从管理角度出发，要进一步明晰集团愿景，改造并优化内部流程，完善集团内部控制体系；通过提升集团管理水平来提高决策的科学性，充分体现集中统一管理模式的优势。第三，从信息化建设角度出发，基于集团业务流程和战略需求，建立一个集成的、开放式的信息平台，保证信息的实时共享和规范统一，为集团决策提供科学依据，保证集团战略目标的实现。

上海世纪出版股份有限公司希望 ERP 项目不仅能为集团提供一个开放式的信息管理系统，更要为集团提供一个以提高主营业务市场竞争力为核心的整体解决方案，使上海世纪出版股份有限公司能逐步向跨地区、跨行业、跨国界，资本一体化、经营多元化和手段现代化，以出版为主体的大型传媒集团发展。

2. 项目选型

上海世纪出版股份有限公司于 2008 年正式开始实施 ERP 项目，选择的是用友软件公司的 NC 出版行业解决方案。用友软件是本土的企业管理软件提供商，在传媒行业有丰富的经验和成功用户，如新华传媒、SMG 文广集团、《解放日报》、文汇新民集团、北京出版集团、安徽出版集团、少儿出版集团、盛大文学、清华大学出版社、中国林业出版社、中央广播电视大学出版社、云南大学出版社、接力出版社和重庆大学出版社等。

用友出版行业解决方案主打“资源协同、精细管控”。由于出版行业具有比较特殊的行业特征，如“产品种类多、市场周期短”，产品生产是一种“创造性的智力活动”，书业企业多为“智力密集型、知识密集型”企业，出版物生产(印制)通常采用委托的方式，销售以委托代销为主等，因此，用友出版行业解决方案提出出版行业的核心管理理念：以客户资源统一、财务资金统一、物资资源统一、人力资源统一，通过“集团化、数字化、资本化、国际化”建设，致力于“为世界人民提供专业、文明、一流的文化盛宴”，打造“受人尊敬的、卓越的世界级的出版传媒企业”。用友公司的核心策略是行业化，提供编务、印制、发行、财务一体化的出版集团整体 ERP 产品。

3. 总体方案

用友软件公司提供的 ERP 项目总体方案如图 7-23 所示。

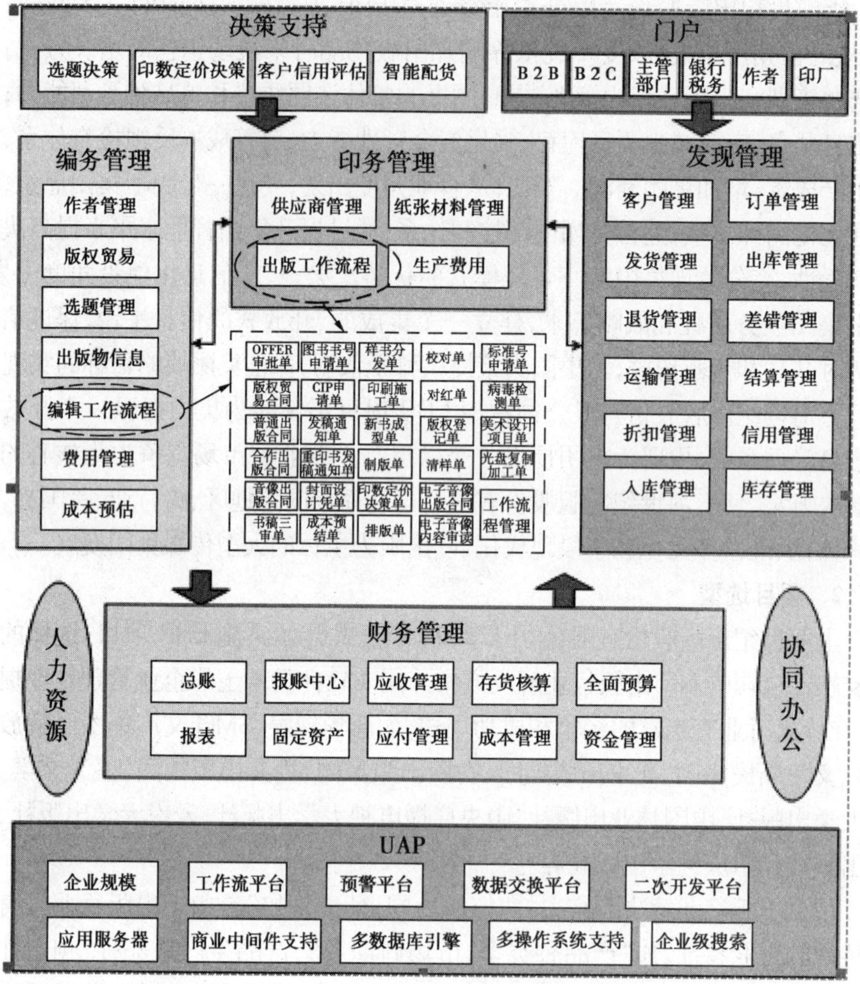

图7-23 上海世纪出版股份有限公司FRP项目总体方案

(资料来源:用友软件集团官网)

总体方案中强化集团的集中式管理,通过信息管理平台对财务管理模块、编务管理模块、印务管理模块和发行管理模块进行实时管理控制,平衡集中管理和分散运作,实现业务系统与财务系统的一体化。采用项目管理思想,将单品图书视作单个的项目进行全过程管理,使编务部门与发行部门有效结合,同时建立集团分析决策体系,在系统中集成所有历史数据、同行业数据以及其他相关数据,建立决策数据仓库,为集团决策提供依据。加强集团的风险控制,项目过程中可进行阶段性的成本预估和盈利预测，随时控制项目风险；增加客户信用评价和客户管理子模块，以降低经营风险和提高客户满意度。支持 B2B、B2C 等电子商务业务。

4．核心业务应用

(1) 编务管理模块。上海世纪出版股份有限公司实施 ERP 项目后，对选题管理、编务过程管理及费用管理流程做了较大的改进，如图 7-24 所示。

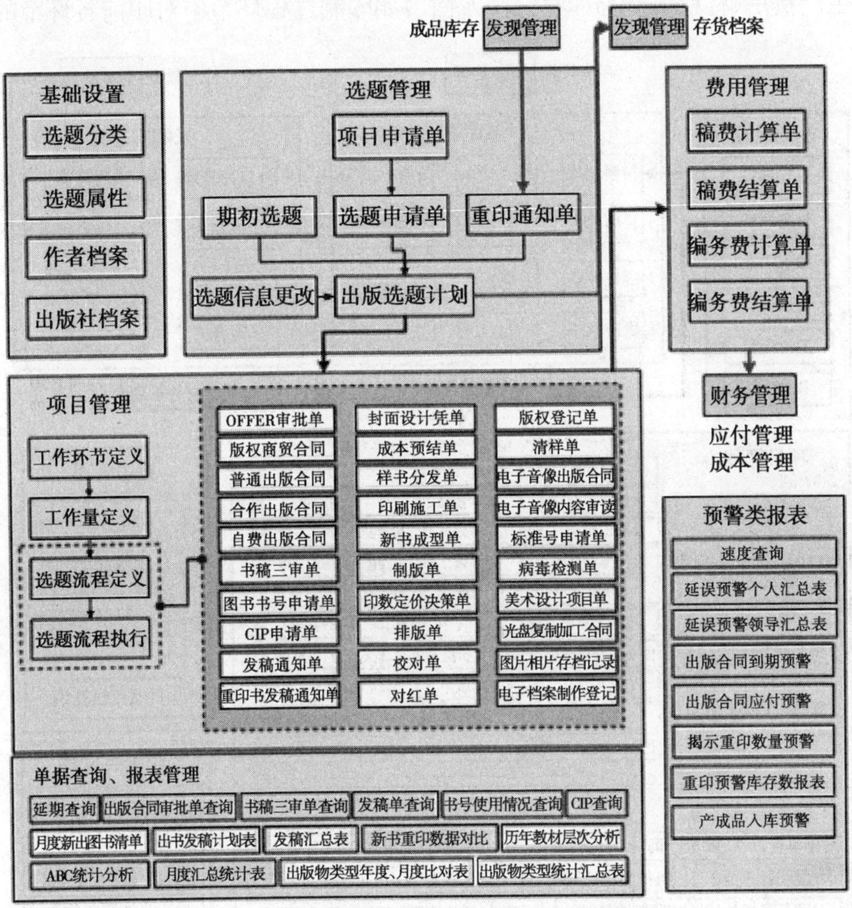

图 7-24　上海世纪出版股份有限公司 ERP 系统编务管理模块

(资料来源：用友软件集团官网)

主要改进的地方包括：出版、发行和财务等部门都可以介入选题审批过程，为选题的决策及定价、印数等提供数据支持和部门意见；通过 ERP 系统可以进行跨部门、跨公司的审批;重印加印申请可根据库存和销售数据等由系统自动生成;支持选题的变更管理;对编辑出版过程中的各个环节进行数据记录和管理;根据需要制定编务工作流程和报表单据模板;可以为每一环节安排工作及时间进度,到期自动提醒;自动按系统标准计算作者稿费并进入财务应付和成本模块;对编审费进行记录和处理。

(2) 印务管理模块。印务管理模块所做的改进主要集中在出版物印制过程、生产费用、材料采购与库存三个方面。如印制过程环节中对印前各环节的数

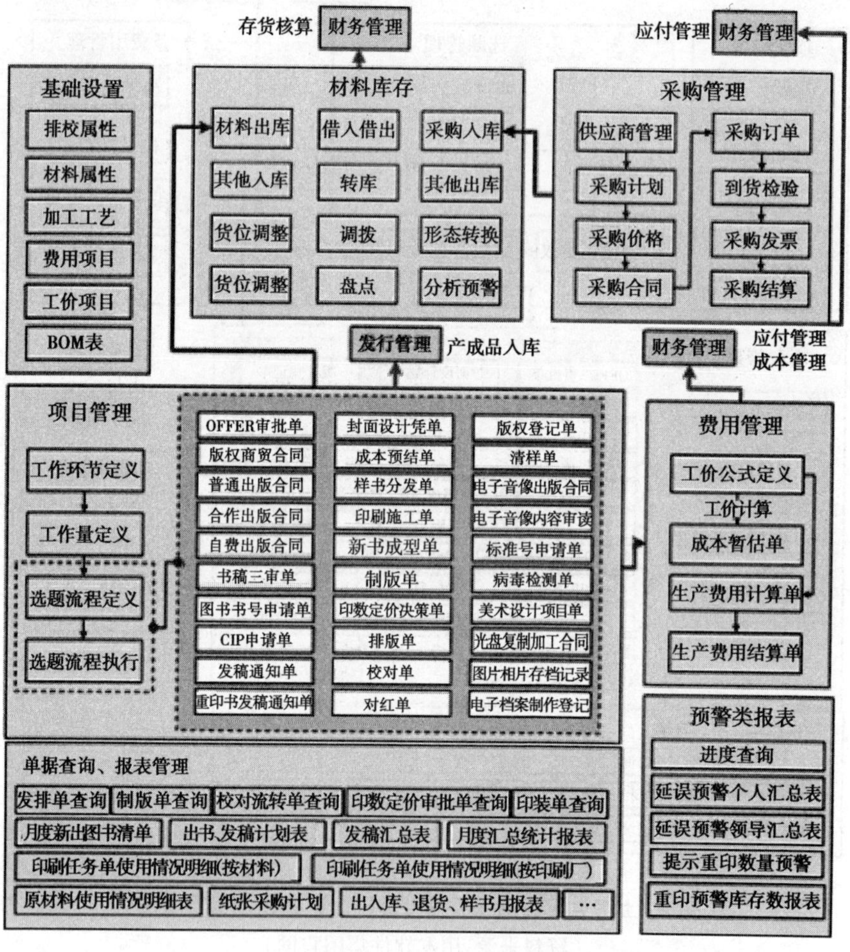

图 7-25 上海世纪出版股份有限公司 ERP 系统印务管理模块

(资料来源:用友软件集团官网)

据进行记录和管理;印制任务单下达后,对出库、工价计算和入库等过程进行管理;按模板自动生成样书分发单;自动根据订单生成加印需求等。在生产费用环节中自动计算工价及各项生产费用;成本数据自动进入财务模块;支付处理各种生产费用;对实际成本与预估成本间的差异进行控制。在材料采购与库存环节中进行材料采购过程的管理等,包括采购入库和领用出库等业务的材料库存管理,按印刷任务单自动生成材料出库单等。图 7-25 所示为上海世纪出版股份有限公司 ERP 系统印务管理模块。

(3) 发行管理模块。发行管理模块主要对客户、销售过程、成品库存三个方面进行管理(如图 7-26 所示)。在客户管理方面提升了客户信用管理功能,如在客户各种业务数据(如订单量、退货率、回款周期等)的基础上,按标准动态调整客户信用,自动生成折扣并进行欠款额度的控制。 销售过程方面支持多种发行

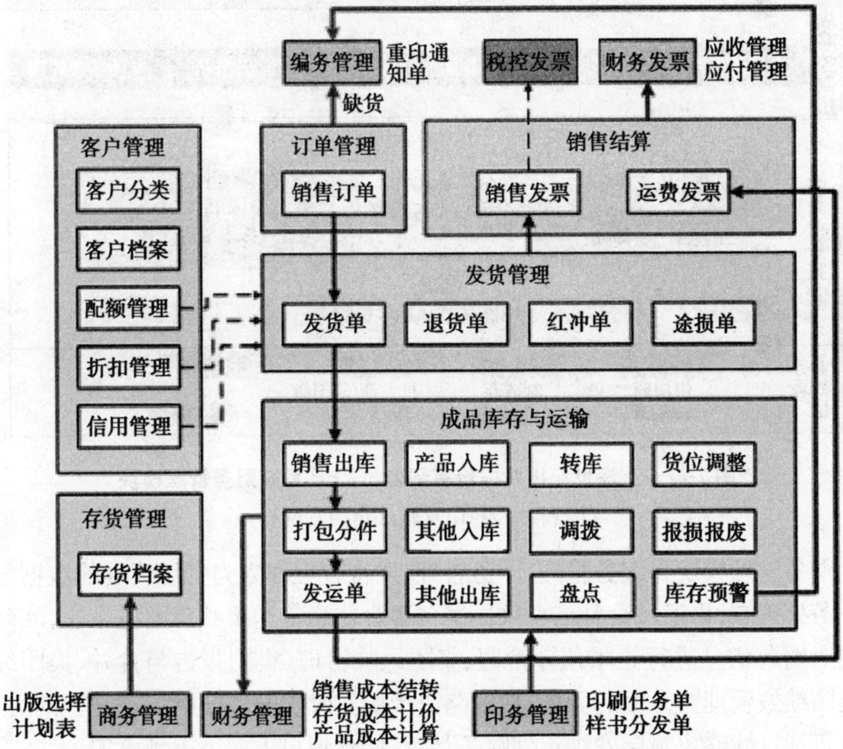

图 7-26 上海世纪出版股份有限公司 ERP 系统发行管理模块

(资料来源:用友软件集团官网)

及销售模式;制定新书主发规则,系统自动进行新书发货。成品库存方面,ERP系统能监管图书成品的入库、发行渠道和库存等情况;对图书入库、调拨、盘点、出库和报废等业务进行处理;支持条码操作;支持集团内部各系统接口;增加库存预警分析功能;等等。

(4) 财务管理模块。上海世纪出版股份有限公司财务管理模块的主要目的是加强集团的统一管理,通过三个层面对财务核算、成本管理、预算管理和资金管理进行控制(如图7-27所示)。

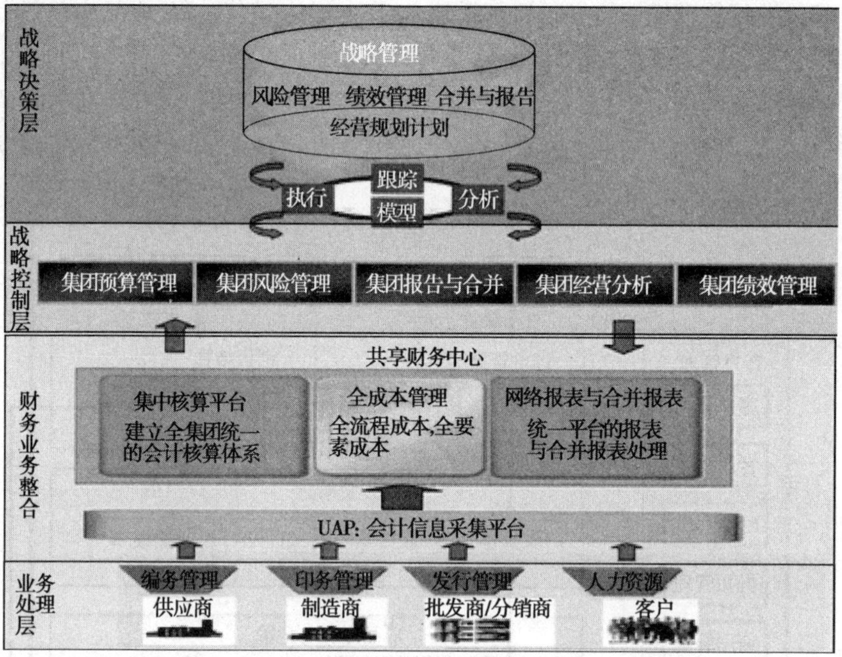

图7-27 上海世纪出版股份有限公司ERP系统财务管理模块

(资料来源:用友软件集团官网)

财务管理模块将编务管理、印务管理、发行管理和人力资源管理的数据汇总至业务处理层,再通过会计信息采集平台整合信息传送至共享财务中心,战略控制层对财务信息进行集团预算管理、集团风险管理、集团报告与合并、集团经营和集团绩效管理等方面的分析,使战略决策层实时了解集团财务动态。同时,集团也可通过战略决策层安排年度财务计划,使计划自上而下得到落实。

(5) 人力资源管理模块。集团通过ERP的人力资源管理模块建立起以业务为导向的新型人力资源管理模式,提供人员信息、薪酬福利和绩效考核等管理功能。建立规范而统一的人力资源体系;优化人力资源管理的业务流程,如薪资计划管理、员工绩效管理等,从而提高员工的工作效率,改善客户服务质量;建立起高效率的查询及分析系统,使管理层能更好地对员工进行管控和规划;实现人事数据的自动流转和上报。图 7-28 为上海世纪出版股份有限公司 ERP 系统的人力资源管理模块。

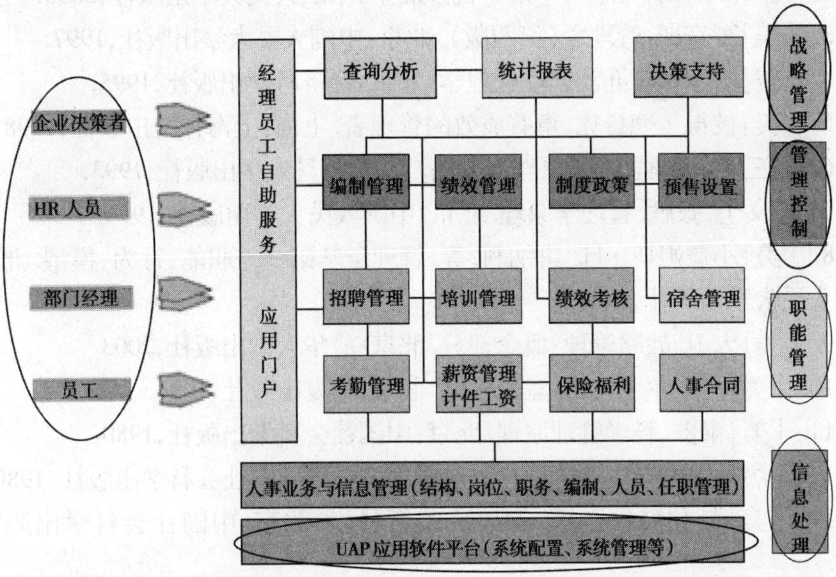

图 7-28　上海世纪出版股份有限公司 ERP 系统的人力资源管理模块
(资料来源:用友软件集团官网)

参考文献

1. 芮明杰. 管理学. 上海:上海人民出版社,1999.
2. 王凤彬,李东. 管理学(第2版). 北京:中国人民大学出版社,2003.
3. [美]罗宾斯. 管理学(第四版). 北京:中国人民大学出版社,1997.
4. [美]哈罗德·孔茨,等. 管理学. 北京:经济科学出版社,1995.
5. [美]彼得·德鲁克. 卓有成效的管理者. 上海:上海译文出版社,1998.
6. 周三多. 管理学——原理与方法. 上海:复旦大学出版社,1993.
7. 杨文士,张雁. 管理学原理. 北京:中国人民大学出版社,1994.
8. [美]小詹姆斯·H. 唐纳利,等. 管理学基础——职能、行为、模型. 北京:中国人民大学出版社,1981.
9. [美]大卫. 战略管理:概念部分. 北京:清华大学出版社,2003.
10. [美]迈克尔·波特. 竞争战略. 北京:华夏出版社,1997.
11. [美]泰罗. 科学管理原理. 北京:中国社会科学出版社,1980.
12. [法]法约尔. 工业管理与一般管理. 北京:中国社会科学出版社,1980.
13. [美]赫伯特·西蒙. 管理决策新科学. 北京:中国社会科学出版社,1982.
14. 杜栋. 信息管理学教程. 北京:清华大学出版社,2002.
15. 项保华. 企业战略管理——概念、技能与案例. 北京:科学出版社,1994.
16. 郁义鸿. 知识管理与组织创新. 上海:复旦大学出版社,2001.
17. 吴培良,郑明身,王凤彬. 组织理论与设计. 北京:中国人民大学出版社,1998.
18. 王耀先. 出版社的经营管理. 沈阳:辽宁教育出版社,1996.
19. 罗紫初. 出版发行学基础. 太原:山西经济出版社,1998.
20. 方卿,姚永春. 图书营销学. 太原:山西经济出版社,2000.
21. 黄先蓉. 书业法律基础. 太原:山西经济出版社,2001.
22. 阙道隆,徐柏容,林穗芳. 书籍编辑学概论. 沈阳:辽宁教育出版社,1998.
23. 魏玉山,杨贵山. 西方六国出版管理研究. 北京:中国书籍出版社,1995.
24. 唐德华,孙秀君. 著作权法及配套规定新释新解. 北京:人民法院出版社,2003.

25. 史梦熊,牛慧兰. 出版产业与著作权法. 北京:科学出版社,2000.

26. 吴汉东. 西方诸国著作权制度研究. 北京:中国政法大学出版社,1998.

27. 田胜立. 中国著作权疑难问题精析. 武汉:华中理工大学出版社,1998.

28. 彭国华. 新闻出版版权法制理论与实务. 长沙:湖南人民出版社,2002.

29. 黄凯卿. 图书发行自动化. 武汉:武汉大学出版社,2000.

30. 左美云. 企业信息管理. 北京:中国物价出版社,2002.

31. 杨学山. 企业信息化建设和管理. 北京:北京出版社,2001.

32. 王恩波,朱宪宁. 管理者与信息系统. 北京:企业管理出版社,1998.

33. 何明珂. 电子商务与现代物流. 北京:经济科学出版社,2002.

34. [美]W. 爱德华兹·戴明. 戴明论质量管理. 海口:海南出版社,2003.

35. [美]雷蒙德·A. 诺伊. 雇员培训与开发. 北京:中国人民大学出版社,2001.

36. [美]雷蒙德·A. 诺伊,约翰·霍伦拜克,拜雷·格哈特,帕克雷克·莱特. 人力资源管理:赢得竞争优势. 北京:中国人民大学出版社,2001.

37. [日]松田龟松,著;赵儒煜,译. 简明质量管理手册. 北京:科学出版社,2002.

38. 周朝琦,侯龙文,郝和国. 质量经营. 北京:经济管理出版社,2000.

39. 周朝琦,侯龙文. 质量管理创新. 北京:经济管理出版社,2000.

40. 洪生伟. 质量管理. 北京:中国计量出版社,2001.

41. 费安玲. 著作权法案例教程. 北京:中国政法大学出版社,1999.

42. 姚红. 中华人民共和国著作权法解释. 北京:群众出版社,2001.

43. 谢晋宇. 企业人力资源的形成——招聘、筛选与录用. 经济管理出版社,1999.

44. 林泽炎. 3P 模式——中国企业人力资源操作方案. 北京:中信出版社,2001.

45. 王学力. 企业薪酬设计与管理. 广州:广东经济出版社,2001.

46. 中国出版科学研究所. 出版改革与出版发展战略研究. 北京:中国书籍出版社,1998.

47. 杨牧之. 发挥行业协会作用,构建高效有序的图书发行新体制. 中国出版,2001(9).

48. 苏加滨. 论质量成本的控制. 世界标准化与质量管理,2002(10).

49. 苏雨恒.论出版社的全面质量管理.中国出版,2001(10).

50. 王素娟.对目前网络著作权侵权案件的法律分析.法律适用,2002(7).

51. 章雪峰.中国出版行政管理如何面对入世.出版科学,2001(2).

52. 章雪峰,胡俊修.加入 WTO 形势下出版行业协会职能浅析.出版科学,2002(2).

53. 江翠平.中外书业行业协会的比较及启示.出版发行研究,2003(7).

54. 胡德池.网络出版的特点与数字版权保护.求索,2003(2).

55. Peter Druke. Management: Tasks, Responsibilities and Practices. New York: Harper & Row, 1974.

56. Edgar Schein. Organizational Culture and Leadership. San Francisco: Jossey-Bass, 1985.

57. 周玉清,刘伯莹,周强. ERP 原理与应用教程[M].北京:清华大学出版社,2010.

58. 程国卿,吉国力.企业资源计划 ERP 教程[M].北京:清华大学出版社,2008.

59. 王惠芬,黎文,葛星.企业资源计划——ERP[M].北京:经济科学出版社,2007.

60. 汪曙华.试论我国出版业实施 ERP 必要性及影响因素[J].北京印刷学院学报,2006(4).

61. 王一婵.从高等教育出版社 ERP 项目看我国出版企业信息化建设[J].科技与出版,2009(2).

62. 汪曙华.我国出版业应用 ERP 实现管理信息化的趋势与掣肘[J].怀化学院学报,2007(8).

63. 陶艺军.高等教育出版社 ERP 系统实施案例分析[D].北京:对外经济贸易大学,2006.

64. 周蔚华.试析出版流程再造中的事业部制.出版广角,2004(1).

65 肖旭,等.现代企业组织管理创新.广州:中山大学出版社,2007.

66. 郝振省.中国新闻出版产业改革开放 30 年.北京:人民出版社,2008.

67. 肖东发.出版经营管理.北京:北京大学出版社,2008.

68. 周蔚华.出版产业散论.上海:复旦大学出版社,2009.

69. 张新华.转型期中国出版业制度分析.北京:中国传媒大学出版社,2010.

70．史东辉，王利明，董宝生．中国图书出版产业的产业组织分析．南宁：广西人民出版社，2008．

71．柳斌杰，邬书林．中国出版年鉴（2011 年卷）．北京：中国出版年鉴出版社，2011．

72．柳斌杰，于友先，邬书林．中国出版年鉴（2011 年卷）．北京：中国出版年鉴出版社，2010．

73．王璞，曹叠峰．流程再造．北京：中信出版社，2005．

后 记

转眼间,《现代书业企业管理学》出版已近十年,这十年,我国出版业发生了巨大的变化。随着书业企业转企改制工作的完成,书业企业的管理理念、管理方式也随之发生变化,基于此,有必要对该书进行修订,将最新的研究成果与管理方法融入其中。

《现代书业企业管理学(第2版)》依然延续第一版的结构体系,但对第二章出版管理体制、第四章书业企业组织管理和第五章书业企业人力资源管理等章节进行了修订;第七章则是全新的内容——书业企业资源计划(ERP),这部分由浙江传媒大学教师、我的博士生刘畅女士独立完成。中国少年儿童新闻出版总社冯广涛先生为第四章的修订做出了贡献,博士生李靓为本书的修订做了大量的资料工作,在此,向他们表示衷心的感谢。

特别要感谢吴培华总编辑,如果没有他的信任和敦促,此书恐怕难以成形,还要感谢苏州大学出版社薛华强先生一如既往的支持与辛勤付出,使本书得以顺利出版。在本书的写作过程中,参考和引用了许多相关著作和论文,在此,向这些作者表示深深的敬意和衷心的感谢!

囿于本人的学识和能力,书中定有疏漏讹误之处,恳请各位专家、同仁和读者不吝赐教。

朱静雯

2013年1月